知识产权法

季连帅　安　娜◎主编

ZHISHI
CHANQUAN
FA

中国政法大学出版社
2024·北京

声　　明　1. 版权所有，侵权必究。

　　　　　2. 如有缺页、倒装问题，由出版社负责退换。

图书在版编目（CIP）数据

知识产权法 / 季连帅，安娜主编. -- 北京：中国政法大学出版社，2024. 12.
ISBN 978-7-5764-1881-1
Ⅰ. D913.04
中国国家版本馆CIP数据核字第202408RJ06号

出　版　者	中国政法大学出版社
地　　　址	北京市海淀区西土城路25号
邮寄地址	北京 100088 信箱 8034 分箱　邮编 100088
网　　　址	http://www.cuplpress.com（网络实名：中国政法大学出版社）
电　　　话	010-58908285(总编室) 58908433（编辑部）58908334(邮购部)
承　　　印	固安华明印业有限公司
开　　　本	720mm×960mm　1/16
印　　　张	19.75
字　　　数	316千字
版　　　次	2024年12月第1版
印　　　次	2024年12月第1次印刷
定　　　价	89.00元

前 言

知识产权制度促进了工业文明的确立，并随着技术进步成为主宰经济发展的决定性的杠杆，其逐步转化为创新型经济体制中举足轻重的基础财产制度。尤其是以人工智能、物联网、区块链、生命科学、量子物理、新能源、新材料、虚拟现实等一系列创新技术引领的第四次工业革命，更进一步确立了知识产权制度在现代社会财产制度中的核心地位。根据《中华人民共和国民法典》之规定，知识产权法作为财产法，是民法制度的组成部分，是与物权法、合同法、人格权法、婚姻家庭法、继承法、侵权责任法等一样并列的专门财产法律制度。知识产权法学既是民法学科的重要分支，也是相对独立的领域法学。

全书遵从我国现行法律体系的安排，旨在以民法的理论基础、思维方法、制度设计与知识框架为基础，吸收借鉴国内外的理论研究成果，构建既具全球视野又有中国特色的知识产权法学的理论与知识体系。全书共分五编，包括导论与各论两大部分。导论部分阐述了知识产权的基本概念、对象、权利客体、制度构成、制度功能，知识产权与民法的关系，知识产权法的历史、现状与发展趋势等；各论部分结合我国现行法律、法规与司法实践以及我国参与知识产权国际事务的实践，系统解读了著作权法、专利法、商标法以及保护知识产权的主要国际公约、全球性条约和多边条约的原则和内容等。

本书由哈尔滨学院法律系季连帅教授、安娜副教授执笔，其中季连帅撰写完成第一编、第二编和第五编内容，安娜撰写完成第三编和第四编内容。

本书为黑龙江省第三批省级一流本科课程"知识产权法"；哈尔滨学院第五批课程思政示范课程和教学团队培育项目"知识产权法"阶段性成果。

目 录

第一编 知识产权法导论

第一章 知识产权法概述 ··········· 003
第一节 知识产权的概念 ··········· 003
第二节 知识产权的性质与特征 ··········· 004
第三节 知识产权法与宪法 ··········· 007
第四节 知识产权法与民法 ··········· 007
第五节 知识产权法的体系 ··········· 008

第二章 知识产权制度的历史沿革与发展趋势 ··········· 013
第一节 著作权制度的历史沿革与发展趋势 ··········· 013
第二节 专利制度的历史沿革与发展趋势 ··········· 017
第三节 商标制度的历史沿革与发展趋势 ··········· 021

第二编 著作权法

第三章 著作权的客体 ··········· 029
第一节 作品的概念和分类 ··········· 029
第二节 著作权法不予保护的客体 ··········· 037

第四章 著作权的取得与归属 ··········· 040
第一节 著作权的取得 ··········· 040
第二节 著作权的归属 ··········· 042

第五章　著作权的内容 ········· 049
第一节　著作人身权 ········· 049
第二节　著作财产权 ········· 052
第三节　著作权的保护期 ········· 060

第六章　著作权的限制 ········· 063
第一节　合理使用 ········· 063
第二节　法定许可使用 ········· 066
第三节　强制许可使用 ········· 068

第七章　著作权的利用 ········· 069
第一节　著作权利用的特殊机制——集体管理制度 ········· 069
第二节　著作权许可使用 ········· 071
第三节　著作财产权的其他利用方式 ········· 075

第八章　侵害著作权的法律责任 ········· 080
第一节　侵害著作权的行为 ········· 080
第二节　侵害著作权法律责任的类型 ········· 083

第三编　专利法

第九章　专利权的对象 ········· 089
第一节　发明 ········· 089
第二节　实用新型 ········· 094
第三节　外观设计 ········· 098
第四节　专利法不予保护的对象 ········· 101

第十章　专利权取得的实质条件 ········· 104
第一节　发明与实用新型专利权的取得条件 ········· 104
第二节　外观设计专利权的取得条件 ········· 114

第十一章　专利权产生的形式要件 ········· 117
第一节　专利申请的原则 ········· 117
第二节　专利申请文件 ········· 120
第三节　专利申请的提出 ········· 125
第四节　专利申请的审批 ········· 127

第十二章　专利权的内容 ········· 131
第一节　专利权的内容 ········· 131
第二节　专利权人的义务 ········· 133
第三节　专利权的限制 ········· 135
第四节　专利实施的特别许可 ········· 140

第十三章　专利权的主体 ········· 147
第一节　发明人、申请人和专利权人 ········· 147
第二节　专利权的归属 ········· 150

第十四章　专利权的保护 ········· 155
第一节　侵害专利权的行为 ········· 155
第二节　侵害专利权行为的抗辩事由 ········· 157
第三节　侵害专利权的法律责任 ········· 159

第四编　商标法

第十五章　商标和商标法概述 ········· 163
第一节　商标概述 ········· 163
第二节　其他商业标记 ········· 167
第三节　商标法概述 ········· 171
第四节　商标法的基本原则 ········· 172

第十六章　商标权的对象 ········· 176
第一节　商标的分类 ········· 176

第二节 商标注册的积极条件 179

第三节 商标注册的消极条件 181

第十七章 商标权 189

第一节 商标权的内容 189

第二节 商标权的特征 191

第三节 商标权的主体 192

第四节 商标权人的义务 194

第五节 商标权的取得方式 196

第十八章 商标注册与注册商标的变动 200

第一节 商标注册的申请 200

第二节 商标注册的审查和核准 202

第三节 注册商标的期限、续展与变更 208

第四节 注册商标的转让和转移 211

第五节 注册商标的使用许可 215

第六节 注册商标的终止 218

第十九章 注册商标无效 223

第一节 导致商标无效的情形 223

第二节 注册商标无效宣告的程序 225

第三节 注册商标无效的追溯力问题 227

第二十章 商标评审与商标确权制度 228

第一节 商标评审委员会及商标评审制度 228

第二节 商标复审裁决 230

第三节 商标确权与商标确权终审制度 232

第二十一章 驰名商标及其保护 235

第一节 驰名商标的概念 235

第二节 驰名商标的认定 236

第三节 驰名商标的保护 239

第二十二章　注册商标专用权的保护 ········· 242
- 第一节　注册商标专用权的保护范围 ········· 242
- 第二节　侵害商标权的表现形式 ········· 243
- 第三节　认定侵害商标权的几个问题 ········· 246
- 第四节　侵害商标权的法律责任 ········· 249

第五编　知识产权保护的国际条约

第二十三章　知识产权保护国际条约概述 ········· 255
- 第一节　知识产权保护国际条约的概念和特点 ········· 255
- 第二节　知识产权保护国际条约的分类 ········· 257
- 第三节　知识产权国际保护与生物多样性和传统知识的保护 ········· 259

第二十四章　《与贸易有关的知识产权协定》 ········· 261
- 第一节　概述 ········· 261
- 第二节　《与贸易有关的知识产权协定》的基本原则 ········· 264
- 第三节　《与贸易有关的知识产权协定》规定的知识产权的内容 ········· 266

第二十五章　《保护工业产权巴黎公约》 ········· 268
- 第一节　概述 ········· 268
- 第二节　《保护工业产权巴黎公约》的保护范围 ········· 269
- 第三节　《保护工业产权巴黎公约》的基本原则 ········· 271
- 第四节　《保护工业产权巴黎公约》的共同规则 ········· 275

第二十六章　《保护文学和艺术作品伯尔尼公约》 ········· 282
- 第一节　概述 ········· 282
- 第二节　《保护文学和艺术作品伯尔尼公约》的保护对象的范围 ········· 284
- 第三节　《保护文学和艺术作品伯尔尼公约》的著作权内容和限制 ········· 286
- 第四节　《保护文学和艺术作品伯尔尼公约》对作者权利的保护期限及溯及力 ········· 292
- 第五节　《保护文学和艺术作品伯尔尼公约》关于对发展中国家的优惠的规定 ········· 294

第二十七章 《世界知识产权组织版权条约》与《世界知识产权组织表演和录音制品条约》 …… 295
第一节 概述 …………………………………………………… 295
第二节 《世界知识产权组织版权条约》的主要内容 …………… 296
第三节 《世界知识产权组织表演和录音制品条约》的主要内容 …… 298

参考文献 ……………………………………………………………… 303

第一编

知识产权法导论

【内容提示】

知识产权属于民事财产权利,知识产权法属于财产法,是民法的重要组成部分。在财产法中,因权利发生的前提与根据不同,而把财产权划分为物权、债权和知识产权。知识产权在现代财产权利体系中居于核心地位。本编主要涉及知识产权法概述和知识产权制度的历史沿革与发展趋势两部分内容。

【思政讨论】

2020年11月30日,中共中央政治局就加强我国知识产权保护工作举行第二十五次集体学习。在这次学习中,习近平主席强调了知识产权保护工作的重要性,明确提出:"创新是引领发展的第一动力,保护知识产权就是保护创新。"他要求从加强知识产权保护工作方面,为贯彻新发展理念、构建新发展格局、推动高质量发展提供有力保障。

讨论:

(1)如何理解"保护知识产权就是保护创新"这一观点?

(2)大学生能为知识产权保护工作做些什么?

第一章
知识产权法概述

【内容提示】

本章论述了知识产权法概述，其内容主要包括：（1）知识产权的概念；（2）知识产权的性质与特征；（3）知识产权法与宪法；（4）知识产权法与民法；（5）知识产权法的体系。

第一节　知识产权的概念

"知识产权"这一术语，最早见于17世纪中叶的法国，由法国学者卡普佐夫所创，后为比利时法学家皮卡弟所发展。[1]但被国际社会逐渐接受并广泛运用是在1967年《成立世界知识产权组织公约》签订之后。

关于知识产权的界定，有多种说法，大致可以归纳为三种：一是下定义的方式，二是列举知识产权的主要组成部分的方式，三是列举知识产权保护客体或划分的方式。

以下定义的方式定义知识产权，主要体现在有关知识产权法的教科书中。比如，世界知识产权组织编写的《知识产权法教程》一书认为：知识产权客体是指人的脑力、智力的创造物。沿袭此提法编写的教材由此定义知识产权，即人们就其智力创造的成果依法享有的专有权利。

以列举知识产权主要组成部分的方式界定知识产权是国内外著作普遍采取的方法。比如，知识产权传统上包括著作权、专利以及商标三个法律领域，或者将三者结合在一起统称为知识产权。[2]

以列举知识产权保护客体或者划分的方式表述知识产权概念的代表是两

---

[1]　参见吴汉东主编：《知识产权法学》，北京大学出版社2011年版，第1页。
[2]　参见郑成思主编：《知识产权法教程》，法律出版社1993年版，第1页。

部国际公约：一是《成立世界知识产权组织公约》第 2 条第 8 款列举了 7 种类型的知识产权；二是同样列举了 7 类知识产权的《与贸易有关的知识产权协定》（以下简称 TRIPS 协定）。

上述关于知识产权概念的表述都有一定的局限性。具体来看：下定义的方式虽然简练、抽象，但无法囊括知识产权客体的全部，仅限于概括创造成果，未涉及商业标记；列举知识产权主要组成部分的方式不能揭示概念的全部外延；列举知识产权保护客体或者划分的方式表述相对全面，但略显烦琐，加之知识产权是一个开放、发展的体系，难免挂一漏万。现下，我国学术界通常采用的方式既有总结归纳，也有对目前为止知识产权的主要客体范围作类型化的、全面却不封闭的表述。因此，本书认为，知识产权是基于创造成果和商业标记依法产生的权利的统称。[1]

第二节　知识产权的性质与特征

一、知识产权的性质

首先，知识产权是私权。TRIPS 协定开篇强调和确认了这一性质。知识产权所反映和调整的社会关系是具有平等地位的自然人、法人等主体之间的财产关系，因而体现了民事权利的最本质的特征，所以属于民事权利，也就是"私权"。社会生活中公权力与私权往往交织在一起。在知识产权的保护中，公权力发挥着关键性的作用。例如，专利局作为公权力机构的职能，是依法确权、私权登记、颁发证照和向社会公示私权的存在及其合法性。它对自然人、法人或其他民事主体提出的确认私权的请求所作出的决定，所遵照、适用的是专利法等私权法的规定。公权力不可或缺的保障性作用再突出，也不能改变法律规范对其私权性质的确认。

其次，绝大多数国家将知识产权看作是一项财产权。民法理论根据民事权利有无直接的财产内容，将民事权利划分为财产权和人身权。在较早的一些知识产权著作中，有些学者主张知识产权兼具财产权和人身权双重性质，现在这种观点比较少见。究其原因，某些著作中基于发明人、设计人享有署

---

[1] 参见刘春田主编：《知识产权法学》，高等教育出版社 2022 年版，第 3 页。

名的权利而被认为专利权也包括人身权的内容，实际上是混淆了发明人、设计人的权利和专利权人的权利。知识产权的财产权属性，主要体现在权利人对其权利对象即知识产品的支配。知识产权的权能主要包括：按照自己意愿自由处置其知识产权的权利、按照知识产品的用途对其进行使用的权利、通过使用或处分获得财产利益的权利。

最后，知识产权是一种无形财产权。一般认为，财产分为不动产、动产和无形财产三类。知识产权的客体即知识产品（智力成果），相对于动产、不动产之有形而言，它不具有物质形态，不发生有形控制的占有，具有非物质性。对此，我国台湾地区学者曾世雄先生认为，财产权之有形或无形，并非指权利而言，而系权利控有之生活资源，即客体究竟有无外形。例如，房屋所有权，其权利本身并无有形无形之说，问题在于房屋系有体物；作为著作权，亦不产生有形无形问题，关键在于作品系智能产物，为非物质形态。[1] 社会生活中的知识产品虽然需要凭借一定的形式呈现出来，才能够被社会和人类所了解和利用，以服务于人们，但知识产品的表现形式也就是物质载体并非知识产权的客体，知识产权的效力也是及于知识产品，并不直接涉及载体。

二、知识产权的特征

知识产权作为财产权，其特征是在与其他形态的财产权的比较中归纳出来的。通常认为，财产权一般由物权、债权和知识产权组成。知识产权与债权的区别是显而易见的，无须赘述。本书知识产权的特征是指知识产权与物权特别是所有权相比而言所体现的特点。

（一）法定性

物权人的利益既可以借助法律实现，也可以通过事实上对物权的客体物的占有来实现。知识产权权利人无法通过对其知识实行占有来实现其利益，须经国家法律直接确认，核准授予。知识产权的法定性主要表现为：第一，在客体范围，任何一个国家的法律都不保护一切形式的智力成果。哪些智力成果可以取得知识产权，由国家法律加以直接规定，这是各国知识产权制度的通例；第二，在权利产生上，法律规定了权利产生的条件和程序，具体的

---

[1] 参见曾世雄：《民法总则之现在与未来》，台湾三民书局1983年版，第151页。

智力成果要取得相应的知识产权,受到法律的保护,必须符合法定的条件,并履行特定的法律手续。例如,商标权的产生,绝大多数国家都要求依照法定程序申请注册,并取得商标注册证后方为有效。

(二) 专有性

知识产权是一种专有性的民事权利,它同作为有形财产权的所有权一样,具有排他性和绝对性的特点,但在效力内容上存在差异。知识产权专有性的独特法律表现是:第一,所有权的专有性是绝对的,即所有人行使对物的权利,既不允许他人干涉,也不需要他人积极协助,在所有物为所有人控制的情况下,无地域、时间的限制。知识产权的专有性则是相对的,除权利人同意或法律强制规定外,任何第三人不得享有或使用该项权利。换言之,法律明确地、广泛地规定了对知识产权的限制制度。例如,第三人依据法定的"合理使用""法定许可"等制度,可以行使依法属于知识产权人的权利。同时,知识产权的独占性只在一定空间地域和有效期限内发生效力。第二,由于知识产权的对象所具有的无形性,知识产权人对其权利对象所享有的权利并不体现为直接的占有,而是体现为对知识产品的取得、利用、传播等行为的排他性的独占权利。因此,对于同一项知识产品只能授予一项知识产权,即不允许有两个或两个以上同一属性的知识产权并存。

(三) 时间性

知识产权不是没有时间限制的永恒权利。知识产权只在一个法定期限内受法律保护,超过了该期限,其权利客体便进入公有领域,成为全人类的共同财富,任何国家、任何人都可以自由地加以利用。时间性是知识产权区别于有形财产权的一个重要特征。作为有形财产的所有权不受时间限制,只要其所有权的财产本身没有灭失,权利即受到法律保护。根据法律规定的时效所产生的后果也只涉及财产权利主体的变更,而财产本身作为权利客体并不会受到影响。

知识产权的保护具有时间性,是世界各国为了促进科学文化发展,鼓励智力成果公开所普遍采用的原则。建立知识产权制度的目的在于采取特别的法律手段调整因知识产品创造或使用而产生的社会关系,这一制度既要促进文化知识的广泛传播,又要注重保护创造者的合法利益,协调知识产权专有性与知识产品社会性之间的矛盾,对知识产权的保护时间加以限制,即协调以上两方面矛盾的有效手段。

第三节　知识产权法与宪法

知识产权法是指因调整知识产权的归属、行使、管理和保护等活动中产生的社会关系的法律规范的总称。各国立法通常将著作权法、专利法、商标法和反不正当竞争法等一起，统称为"知识产权法"，我国亦如此。宪法作为国家根本大法、母法，是制定知识产权法的依据。

首先，宪法为知识产权法提供了基础和指导。宪法和知识产权法在内容上相互补充，共同构成了国家法律体系的重要组成部分。宪法为知识产权法的制定和实施提供了基本框架和原则性指导，而知识产权法则在宪法的基础上，针对知识产权这一特定领域进一步细化和完善了知识产权保护的具体制度和措施。它详细规定了知识产权的取得、行使、保护和限制等方面的内容，为知识产权的保护提供了有力的法律保障。

其次，宪法对公民从事创造活动的自由作为其基本权利予以确认，鼓励创造活动推动科学事业发展。《中华人民共和国宪法》（以下简称《宪法》）第20条规定："国家发展自然科学和社会科学事业，普及科学和技术知识，奖励科学研究成果和技术发明创造。"第23条规定："国家培养为社会主义服务的各种专业人才，扩大知识分子的队伍，创造条件，充分发挥他们在社会主义现代化建设中的作用。"第47条规定："中华人民共和国公民有进行科学研究、文学艺术创作和其他文化活动的自由。国家对于从事教育、科学、技术、文学、艺术和其他文化事业的公民的有益于人民的创造性工作，给以鼓励和帮助。"第89条第7项规定："国务院行使下列职权：（七）领导和管理教育、科学、文化、卫生、体育和计划生育工作。"这些规定，既揭示了国家鼓励发明创造、重视人才的价值追求，也为创造活动的合法性提供宪法性基础。

第四节　知识产权法与民法

知识产权法与民法是部分与整体的关系，它与民法的其他部分共同构成民法。历史上，各国知识产权法主要以单行法律形式存在，如著作权法、专利法、商标法、反不正当竞争法等。近年来，以俄罗斯为代表的部分国家将知识产权法纳入民法典。法国则是将著作权法、专利法和商标法等汇编成《法国知识产权法典》，但实际上仍处于《法国民法典》的统驭之下，否则无法自行实施。虽然目前大多数国家的知识产权单行法律还未在体例上纳入民法典，但并不影响它们在民法体系中的地位。总的来说，知识产权法是民法在知识产权领域内的具体化和特殊化，二者在立法精神、制度上密不可分。

我国知识产权法律的创立可以追溯到改革开放初期。1980年，我国加入世界知识产权组织（WIPO），随后开始制定和逐步完善知识产权法律体系。由于受行政工作习惯的影响，早期立法欠缺民法的精神、宗旨和原则对它们的系统整合。知识产权制度与民法体系未能有机融合，导致法律实践中出现了不小的困境。值得庆幸的是，1986年颁布的《中华人民共和国民法通则》（以下简称《民法通则》）第五章"民事权利"中专门规定了知识产权，包括著作权、专利权、商标权、发现权、发明权和其他科技成果权。此外，第六章"民事责任"中第118条规定："公民、法人的著作权（版权），专利权、商标专用权、发现权、发明权和其他科技成果权受到剽窃、篡改、假冒等侵害的，有权要求停止侵害，消除影响，赔偿损失。"这些规定明确了知识产权的私权性质、范围及保护方法，确定了知识产权法的地位，为后来的知识产权各单行法律的规范与完善指明了方向。

2020年颁布的《中华人民共和国民法典》（以下简称《民法典》）作为我国民事法律领域的重要里程碑，全面系统地规范了民事活动的基本规则和制度。它不仅继承了我国民事立法的优良传统，还借鉴了国外民事立法的有益经验，充分体现了科学性、时代性和民族性。在知识产权方面，同样也作出了明确规定，确立了知识产权作为民事权利的重要地位，并规定了知识产权的客体范围、保护原则等内容。这些规定为知识产权的保护提供了有力的法律支持，促进了我国创新驱动发展战略的实施。

第五节　知识产权法的体系

知识产权法的体系是一个多层次、多维度的法律框架，既包括国内法层面的法律法规、规章和司法解释，也包括国际条约层面的合作与规范。这一体系为知识产权的创造、运用、保护和管理提供了全面的法律保障。

一、国内法层面

在国内法层面，知识产权法律体系涵盖了法律、行政法规、地方性法规、自治条例和单行条例、行政规章以及最高人民法院的司法解释等多个层次。主要的知识产权法律包括《中华人民共和国著作权法》（以下简称《著作权法》）、《中华人民共和国专利法》（以下简称《专利法》）和《中华人民共和国商标法》（以下简称《商标法》）等，这些法律分别保护文学、艺术和科学作品的著作权，发明创造、实用新型和外观设计的专利权，以及商品和服务的商标权。同时，还有相关的行政法规如《中华人民共和国著作权法实施条例》（以下简称《著作权法实施条例》）、《中华人民共和国专利法实施细则》（以下简称《专利法实施细则》）、《中华人民共和国商标法实施条例》（以下简称《商标法实施条例》）等，为知识产权法律的实施提供了具体的细则和指导。

（一）著作权法

著作权，是指基于文学、艺术和科学作品依法产生的权利。它通常有狭义说和广义说之分。狭义的著作权是指各类作品的作者依法享有的权利，其包括人身权方面的内容，如发表权、署名权、修改权等；还有诸多财产权方面的内容，如复制权、发行权、表演权、播放权、展览权、改编权等。广义的著作权除了包括狭义著作权之外，还涉及艺术表演者、录音录像制作者和广播组织依法享有的权利，一般称为"著作邻接权"。本书采用广义说。

著作权法是调整因著作权的产生、控制、利用和支配而产生的社会关系的法律规范的总称。著作权法旨在保护文学、艺术和科学作品作者的著作权及相关权益，明确著作权归属、内容、保护期限及限制，涵盖文字、音乐、美术等多种作品形式，并规定发表、复制、发行等多项权利，促进文化繁荣，打击侵权行为。目前，我国著作权法体系由《著作权法》《著作权法实施条例》等法律法规、部门规章和包括司法解释在内的大量规范性文件构成。

（二）专利法

专利权，简称"专利"，是发明创造人就其发明创造向专利管理部门提出专利申请，并在符合相关条件下依法享有的专有权利。专利权是一种无形财产权，具有独占性、时间性和地域性的特点。专利权的内容丰富，包括独占实施权、转让权、实施许可权、放弃权和标记权等。专利权人可以根据自己的需要，选择行使这些权利，以维护自己的合法权益。同时，专利权也是企业技术创新和研发成果的重要保障，对于激励企业不断研发创新、推动科技进步具有重要意义。

专利权法，是调整因发明创造的归属和实施而产生的各种社会关系的法律规范。该法旨在保护专利权人的合法权益，鼓励发明创造，推动发明创造的应用，提高创新能力，促进科学技术进步和经济社会发展。专利权法的主要内容包括专利权的授予条件、申请和审查批准程序、专利权人的权利和义务、专利权的期限和终止、专利权的无效宣告以及专利权的保护等。这些规定为专利权人提供了全面的法律保护，同时也为公众提供了使用专利技术的合法途径。

（三）商标法

商标权是商标注册人对其注册商标享有的专有权利，包括使用权、许可使用权、独占权和禁止权。它确保商标注册人在指定商品或服务上独占使用该商标的权利，并有权禁止他人在相同或类似商品上使用相同或近似商标。

商标法是调整商标关系的法律规范的总称。这些商标关系包括：第一，商标注册关系。规定商标注册的条件、程序、审查标准等，确保商标注册的合法性和有效性。第二，商标使用关系。明确商标使用人的权利和义务，包括商标使用的方式、范围、质量责任等，以保障商标的有效使用和消费者的合法权益。第三，商标管理关系。确立商标管理部门的职责和权限，对商标的使用、转让、许可等行为进行监督和管理，维护商标市场的秩序和公平竞争。第四，商标保护关系。对侵犯商标专用权的行为进行打击和制裁，包括责令停止侵权行为、赔偿损失等，以保护商标权人的合法权益。

这些商标关系共同构成了商标法的核心内容，旨在通过法律规范促进商标的合法注册、有效使用、严格管理和充分保护，从而维护商标市场的健康发展和公平竞争。

（四）与知识产权相关的反不正当竞争法

反不正当竞争法主要调整在国家规制不正当竞争行为过程中发生的社会关系，该法明确了不正当竞争行为的定义、种类和表现形式，如混淆行为、商业贿赂、虚假宣传、侵犯商业秘密等，并规定了相应的法律责任和处罚措施。

反不正当竞争法与知识产权法关系密切。这主要表现在：第一，从制止不正当竞争的价值追求来看，知识产权法属于广义的反不正当竞争法的范畴。无论是著作权法还是专利法、商标法，都是通过禁止不正当竞争行为来实现对合法权利的保护。第二，从调整范围来看，二者对某些行为共同予以规制，存在法条上的竞合现象。比如，知名商品的包装、装潢可同时成为著作权法、专利法以及反不正当竞争法的保护客体。在这种情况下，知识产权法的规定优先适用。第三，从保护知识产权的功能来看，反不正当竞争法是知识产权法的重要组成部分，对知识产权制度起着重要的补充作用。凡是现有知识产权单行法律未予以规范或者超出其保护范围的内容，均可由反不正当竞争法来补位调整。

值得注意的是，反不正当竞争法与知识产权法在立法目的、保护方式和保护重点方面有所差异：第一，立法目的不同。反不正当竞争法旨在促进社会主义市场经济健康发展，鼓励和保护公平竞争，制止不正当竞争行为，保护经营者和消费者的合法权益。它侧重于维护市场竞争的公平性和秩序，防止市场被不正当竞争行为扭曲；知识产权法的主要目的是保护知识产权权利人的合法权益，包括著作权、专利权、商标权等，确保这些权利在法定期限内不受侵犯。它侧重于对创新成果的保护，激励创新和知识传播。第二，保护方式不同。反不正当竞争法通过禁止一系列不正当竞争行为来保护市场公平竞争和消费者权益。它采取的是行为规制的方式，即禁止某些特定的不正当竞争行为；知识产权法通过授予知识产权权利人独占权或排他权，允许其在一定期限内对创新成果进行独占使用或控制。它采取的是权利赋予的方式，即明确知识产权权利人的权利内容和范围。第三，保护重点不同。反不正当竞争法重点在于维护市场竞争的公平性和秩序，防止不正当竞争行为对市场造成扭曲和破坏。它关注的是市场竞争行为本身是否正当、合法；知识产权法重点在于保护知识产权权利人的创新成果和合法权益，确保这些成果在法定期限内得到充分的保护。它关注的是知识产权权利人的权利是否受到侵犯，以及如何通过法律手段进行救济。两者在维护市场秩序和保护创新成果方面各有侧重，共同构成了保护市场竞争和创新发展的重要法律基础。

二、国际条约层面

知识产权法的体系涉及多个重要的国际条约和协定，如世界贸易组织中的 TRIPS 协定、《保护工业产权巴黎公约》（以下简称《巴黎公约》）、《保护文学和艺术作品伯尔尼公约》（以下简称《伯尔尼公约》）、《世界知识产权组织版权条约》以及《世界知识产权组织表演和录音制品条约》等。这些国际条约旨在加强各国在知识产权保护方面的合作，促进知识产权的国际交流和发展。

思考题：

1. 简述知识产权的概念。
2. 简述知识产权的性质与特征。
3. 论述知识产权法与民法的关系。
4. 论述知识产权法的体系。

第二章
知识产权制度的历史沿革与发展趋势

【内容提示】

本章论述了知识产权制度的历史沿革与发展趋势,其内容主要包括:(1)著作权制度的历史沿革与发展趋势;(2)专利制度的历史沿革与发展趋势;(3)商标制度的历史沿革与发展趋势。

第一节 著作权制度的历史沿革与发展趋势

一、著作权制度的历史沿革

(一)特许出版权时期

特许出版权时期主要出现在封建社会后期,随着造纸术和印刷术的普及,书籍出版成本降低,出版行业繁荣,但也带来了盗印问题。出版商为了维护自身利益,要求政府给予保护,而政府出于书籍审查、言论控制和稳定税收的需求,也愿意与出版商合作,赋予其出版特定书籍的垄断权,即特许出版权。特许出版权并非真正意义上的著作权,而是一种封建政府或君主授予的出版特权,具有公权性质。特许出版权的主要目的是限制盗印、保护出版商的利益,并满足封建政府的审查和控制言论的需要。特许出版权在各国都有所体现。例如,威尼斯共和国政府、罗马教皇、法国国王和英国国王都曾向印刷出版商授予专有印刷、出版的特权。这一时期的著作权制度与现代著作权制度存在本质区别,虽然已经出现了对作品翻印行为的初步限制和保护意识,但特许出版权并不保护作者的权利,而只是要保护印刷出版商。

(二)著作财产权时期

随着出版权利获得保护,作者作为著作真正源泉的地位逐渐凸显。在资产阶级革命的推动下,作者阶层强烈要求保护其权利。1709年,英国议会通过了世界上第一部关于保护作者权利的法律——《安妮女王法》(也被称为《安妮法令》或《为鼓励知识创作而授予作者及购买者就其已印刷成册的图书在一定时期内之权利的法》)。该法令的颁布标志着著作权制度的一个重要转折点:第一次提示了著作权法的立法目的,是立足于鼓励知识分子的努力创作,以促进社会整体文化的发展与进步。该法明确了作者对其作品的支配权,从主要保护出版者转向主要保护作者,确立了作者在著作权法上的主体地位,为现代著作权制度的建立奠定了基石。同时,由于权利依法产生,不再是基于皇家授权取得,也使原来的特权,由公法领域转化为由民法所调整的可处分的财产权。该转变在著作权制度历史上具有里程碑意义。

(三) 作者权时期

18世纪末,著作权概念在德国启蒙思想家如康德等学者的推动下得到了重要发展。他们的核心观点在于,作品不仅是商品,更是作者人格的反映。这一时期,著作权被视为作者个人禀赋和人格权利的实现,强调了对作者精神权利的重视和保护。康德等学者的理论为著作权立法提供了哲学基础,推动了著作权法从保护出版者向保护作者的转变,进一步确立了作者在著作权法中的核心地位。这种思想对后来欧洲大陆法系国家的著作权立法产生了深远影响,导致大陆法系国家称著作权法为作者权法,也使著作权的概念更为明确,内容更为丰富。至此,在大陆法系国家的法律中,著作权已发展成为以作者为核心的、由相互依存的多项人身权利和财产权利相结合的民事权利,形成了以法国、德国为代表的作者权体系立法。同时,由于其他一些国家的经济、社会文化和法律传统的不同,立法上则形成了以英国、美国及其他英联邦国家为代表的版权体系。之后,随着国际往来的与日俱增以及国际条约的协调作用,两大法系之间的区别日渐模糊。

(四) 著作权保护的国际化

在19世纪中叶前后,一些国家开始意识到著作权保护对于促进文化交流和保护创作者权益的重要性。为了将著作权保护扩大到外国公民,这些国家通过签订双边条约,给予外国国民与本国国民同样的保护。这些条约通常规定了著作权保护的具体范围、期限和条件,为跨国著作权保护提供了法律基础。除了双边条约外,互惠原则也是当时实现著作权国际化保护的重要手段。根据互惠原则,一国在给予另一国国民著作权保护时,会期望该另一国也给予其国民相应的保护。这种原则在一定程度上促进了各国之间的著作权保护合作，但也存在一定的局限性和不确定性。

尽管双边条约和互惠原则在一定程度上促进了著作权的国际化保护，但由于缺乏统一的标准和形式，各国之间的著作权保护水平参差不齐，给跨国创作者带来了诸多不便。因此，建立一个统一的著作权国际保护体系成为时代的必然需求。经过长期不懈的努力，1886 年，法国、德国、意大利、瑞士等 10 个国家在瑞士伯尔尼签订了《伯尔尼公约》。该公约是著作权领域第一个世界性多边国际条约，也是至今影响最大的著作权公约。它规定了著作权保护的基本原则、范围、期限和权利限制等内容。该公约的签订标志着著作权保护的国际化进入了一个新的阶段。它不仅为各国提供了统一的著作权保护标准，还促进了各国之间的著作权保护合作和交流。随着越来越多的国家加入该公约，其影响力不断扩大，为全球范围内的著作权保护提供了有力保障。但是，由于有些国家著作权保护水平较低，达不到《伯尔尼公约》的水平，长期处于国际著作权保护之外的状况。在联合国教科文组织主持下，经过 3 年多的努力，于 1952 年 9 月在日内瓦有 50 个国家代表参加的政府间代表会议上，通过了一个新的著作权保护公约——《世界版权公约》。该公约于 1955 年 9 月生效。它是对现行国际著作权条约的补充。1995 年，世界贸易组织正式成立，TRIPS 协定于同年 1 月 1 日生效，该协定对世界贸易组织成员的知识产权制度产生了重大影响，各国知识产权制度的更新改造登上历史舞台。1996 年 12 月，为解决数字技术和互联网给著作权制度带来的冲击，《世界知识产权组织版权条约》和《世界知识产权组织表演和录音制品条约》诞生。这些条约极大地推动了各国著作权制度的趋同，成为著作权国际保护的重要法律依据。

（五）我国著作权制度的历史与发展

我国著作权制度从孕育、产生、发展至今，大体经历了以下四个阶段。

第一，古代萌芽阶段。宋代，随着印刷术的普及，书籍的大量生产和流通催生了版权意识的萌芽。作者开始在书籍的封面或序言中注明"不许雕印"等声明，标志着版权意识的初步形成。清代，版权意识进一步发展，出版商开始重视书籍的版式设计，清政府也出台了相关法规，如《大清印刷物专律》等，对出版物进行了版权保护的规定。

第二，近代草创阶段。清末，颁布了《大清著作权律》，这是中国第一部著作权法，标志着中国著作权制度的正式确立，但此时的著作权制度仍处于草创期。中华民国时期，中国继续发展著作权制度，颁布了第一部现代意义上的著作权法，但受政治、经济等因素影响，执行效果有限。

第三，新中国成立后的迷离期与发展期。1949年新中国成立后，政府着手制定和完善著作权制度。1990年，《著作权法》正式颁布，标志着中国著作权制度的重大发展，对保护作者权益、促进文化产业发展具有重要意义。此后，《著作权法》经历了多次修订和完善，如1992年《实施国际著作权条约的规定》出台，2001年加入WTO后的进一步修正，以适应国际知识产权保护的需求。

第四，逐步完善阶段。进入21世纪，中国著作权制度继续完善。2001年《著作权法》进行了第一次修正，主要目的是对原法进行完善和调整，以适应经济社会发展和科技进步的需要。这次修改加强了对著作权的保护，明确了相关权利人的权益，并规范了著作权的行使和管理。2001年《集成电路布图设计保护条例》出台，为集成电路布图设计的保护提供了法律依据。2010年，我国对《著作权法》做了第二次修正，进一步完善著作权保护制度，加强著作权保护，促进文化产业的繁荣和发展。2011年，《著作权法》启动了第三次修正工作，旨在适应新技术发展和新产业、新兴业态的需要，解决长期困扰权利人的问题，并明晰版权作品创作、传播、使用、管理、保护的法律边界和法律责任。2020年《著作权法》完成了第三次修正，主要引入了"视听作品"概念，扩大了保护客体范围，并调整了著作权权利内容、权利限制和权利保护期限等规定。随后，现行的著作权法律法规、司法解释包括《著作权法》《著作权法实施条例》《计算机软件保护条例》等，为著作权的保护提供了全面的法律框架。

二、著作权制度的发展趋势

（一）国际化与标准化

随着全球化的深入发展，著作权保护日益呈现出国际化的趋势。我国积极参与国际版权合作与交流，加入了一系列国际版权公约和条约，如《伯尔尼公约》《世界版权公约》等，并不断完善国内立法以与国际接轨。

同时，随着新技术的发展和应用，著作权保护的标准也在不断提高。例如，对于数字作品、网络作品等新兴作品形态的保护，需要制定更加具体、细化的保护标准和措施。

(二) 多元化与综合化

著作权保护手段和方法将更加多样化。除了传统的法律手段外，还可以运用技术手段、行政手段等多种方式加强对著作权的保护。例如，通过数字水印、版权认证等技术手段来防止作品被非法复制和传播；通过加大行政监管和执法力度来打击侵权行为等。

同时，著作权保护也将更加注重综合化。即不仅要保护作者的创作成果和合法权益，还要关注作品传播、使用过程中的各方利益平衡问题。例如，在保护著作权的同时也要考虑到公众对作品的合理使用需求以及文化产业的发展需求等。

(三) 强化司法保护与执法力度

随着著作权纠纷案件数量的不断增加和新型疑难问题的不断涌现，人民法院将进一步加大司法保护力度和执法力度。通过完善审判机制、提高审判效率、加大赔偿力度等方式来缩短维权周期、降低维权成本、便利维权举证等。同时，也将加大对侵权行为的打击力度和惩罚力度以维护市场秩序和公平竞争环境。

第二节 专利制度的历史沿革与发展趋势

一、专利制度的历史沿革

(一) 专利制度的起源

西方国家专利制度的起源可以追溯到 13 世纪的皇家特许令。在这一时期，欧洲的君主或王室开始通过授予垄断权来吸引商人投资和开发新技术，这些垄断权通常包括排他性的生产、销售和开采权，成为早期专利的雏形。虽然这些特许令与现代专利法有所不同，但它们为后来的专利制度奠定了基础。

1474 年 3 月，威尼斯邦国元老院颁布了世界上第一部专利法。这部法律规定了对于在威尼斯制造的新机械装置，只要精巧且能够使用和操作，经过登记后，在 10 年内他人不得制造相同的装置，从而奠定了专利制度的基础。此后，随着商品经济的发展和技术的进步，专利制度逐渐在西方国家普及和发展。

到了16、17世纪，工业革命席卷欧洲。特别是在英国的伊丽莎白女王时代，钦赐特权制度已被统治者滥用，使其成为增加皇室收入的揽财手段，不少无新意的产品被授予专利特权，以此来封赏宠臣。这种状况令民众怨声载道。同时，工业革命造就了资产阶级。他们虽无贵族身份，却掌握着国家经济命脉，他们要求废除特权制度，限制王权。直至詹姆斯一世时期，英国正式建立起一套新型的保护与鼓励技术进步的立法，即1623年的《垄断法》，摒弃了英王依其个人喜好而授予特权的制度，进一步完善了专利制度。

（二）专利制度的发展

19世纪，专利制度在欧洲国家普及，各国相继颁布专利法，确立了专利的申请、审查、授权和保护等主要流程。英国在1852年颁布的《专利法》成为现代专利法的典范。

随着时间的推移，专利法对技术、经济发展的促进作用在那些坚持实施专利制度的国家得到了验证。那些没有实施专利制度的国家在国际贸易和人才竞争中劣势凸显。因此，在19世纪末、20世纪初，实施专利制度的国家数量持续增加，那些废止或一直未建立专利制度的国家也逐渐建立专利制度。

进入20世纪后，科技进步和全球化进程加快，专利制度在全球范围内得到进一步发展和完善。专利法的修订和更新更加频繁，以适应新技术和新产业的发展。同时，国际的专利合作与保护也进一步加强。

最近30年，随着信息技术和生物技术的飞速发展，专利制度在保护这些领域的创新成果方面发挥了更加重要的作用。同时，专利制度的国际化趋势也日益明显，各国在专利保护方面加强了合作与协调。

（三）专利制度的国际协调

通过国际条约、公约和双边或多边协议，统一或协调各国在专利保护方面的法律和实践，以促进跨国专利的申请、审查、授权和保护。这一过程旨在减少跨国专利申请的障碍，提高专利制度的效率和一致性。专利制度的国际协调自1883年起，以《巴黎公约》的签订为标志，逐步推进。该公约奠定了专利国际保护的基础，确立了专利独立性、优先权等原则。此后，随着全球化和科技进步的加速，专利制度的国际协调不断深化，包括《专利合作条约》（PCT）等更多国际条约的出台，进一步简化了跨国专利申请流程，提高了专利审查效率。虽然目前尚未实现全球统一的专利法，但一些国际组织正在推动专利实体法的统一化进程，以减少各国专利法之间的差异和冲突。至

2023年，专利制度的国际协调已成为推动全球创新合作、促进经济全球化的重要力量。

（四）我国专利制度的历史与发展

清朝末年，我国专利制度尚处于萌芽阶段。第一个将西方专利思想引入中国的是太平天国时期的洪仁玕。虽然他在《资政新篇》中提出了对技术发明进行专利保护的主张，但这一主张因太平天国革命的失败而未能实现。然而，这一思想为我国后来的专利制度奠定了初步的基础。

光绪年间，清朝政府在资产阶级改良派的影响下，开始关注专利制度。1882年，光绪皇帝批准赐予上海机器织布局的机器织布工艺10年专利，这是我国历史上首次正式批准的专利。此后，又陆续批准了多项与造纸、酿酒、纺纱、织布等相关的专利，标志着我国专利制度开始起步。

进入民国时期，我国专利制度得到了进一步的发展。民国政府先后颁布了《暂行工艺品奖励章程》和《奖励工业品暂行条例》等法规，对专利制度进行了初步的探索和完善。这些法规在保护发明创造、促进技术创新方面发挥了一定的作用。然而，由于战乱频繁、政局动荡，这些法规并未能得到充分的实施。

新中国成立后，我国专利制度进入了新的发展阶段。1950年，政务院制定了《保障发明权与专利权暂行条例》，这是新中国第一部涉及专利制度的法律规范。然而，由于历史原因和当时的经济社会发展状况，我国的专利制度在随后的几十年里并未能得到充分的发展。

1978年以来，随着改革开放的深入进行，我国开始筹划建立体系化的专利制度与商标制度。经过多年的筹备和讨论，1984年3月12日，《专利法》获得全国人民代表大会常务委员会表决通过，并于1985年4月1日正式实施。这标志着我国现代专利制度的正式建立。《专利法》的实施为我国专利事业的发展提供了有力的法律保障。此后，我国专利制度不断完善和发展，先后于1992年、2000年、2008年和2020年进行了多次修正。这些修正和补充不仅扩大了专利保护的范围、提高了保护水平，还适应了经济社会发展的需要和国际专利制度的发展趋势。

进入21世纪后，我国专利事业取得了长足的发展。专利申请量、授权量大幅攀升，专利审批能力显著增强。据统计，自《专利法》实施以来，我国专利申请量和授权量均呈现出快速增长的态势。特别是在近十年间，我国专利申请量和授权量均位居世界前列。

此外,我国还积极参与国际专利合作与交流,加入了一系列国际专利条约和公约。这些国际合作提升了我国在国际专利领域的影响力和话语权,为我国专利制度的完善和发展提供了有效保障。同时,我国还积极推进专利转化运用工作,促进科技成果向现实生产力的转化。现在,我国已成为全球专利申请量较多的国家之一,专利制度为我国经济社会发展提供了有力支撑。

二、专利制度的发展趋势

(一) 国际化与标准化

随着全球化的深入发展,专利制度的国际化趋势日益明显。各国纷纷加强与国际专利制度的接轨,积极参与国际专利合作与交流。同时,专利保护的标准也在不断提高,以适应新技术、新产业的发展需求。各国在专利审查、保护等方面加强合作,共同推动专利制度的标准化进程。

(二) 强化保护与激励创新

未来专利制度将更加注重对创新成果的保护。通过加强专利审查、加大侵权打击力度等措施,提高专利保护水平,保障创新者的合法权益。同时,专利制度也将更加注重激励创新。通过优化专利申请流程、降低申请成本等方式,鼓励更多的创新主体积极申请专利,推动科技进步和产业发展。

(三) 促进专利转化运用

专利制度的最终目的不仅仅是保护创新成果,更重要的是推动其转化运用。未来专利制度将更加注重促进专利的商业化、产业化进程。通过建立专利转化运用平台、加强产学研合作等方式,推动专利技术的转移转化和产业化应用,为经济社会发展注入新的动力。

(四) 应对新技术挑战

随着人工智能、大数据、区块链等新技术的发展和应用,专利制度也面临着新的挑战和机遇。未来专利制度将不断适应新技术的发展需求,制定相应的专利保护策略和规范。同时,也将加强对新技术领域专利申请的审查和管理力度,确保专利制度的公正性和有效性。党的二十大报告提出"加强知识产权法治保障,形成支持全面创新的基础制度"。未来,专利制度将继续在鼓励科技革新、推动经济发展等方面发挥重要作用,并不断完善以适应新技术、新环境的发展需要。

第三节 商标制度的历史沿革与发展趋势

一、商标制度的历史沿革

(一) 商标制度的起源

在远古时代，人们为了区分自己的物品或部落的财产，开始在物品上刻画简单的符号或标记。这些符号可能具有某种象征意义，如部落的图腾、个人的标识等。这些原始的标记方式可以视为商标制度的萌芽。

随着社会的进步和文明的发展，商标的使用逐渐普及。在古希腊和古罗马时期，人们开始在商品上使用标记来区分商品来源和品质。这些标记可能包括文字、图案或符号，它们不仅具有区分商品的功能，还逐渐演变成了商家信誉的象征。之后，随着商业活动日益增多和市场的扩大，商标的使用更加频繁和普遍。商人们为了在市场上脱颖而出，开始在商品上使用独特的商标来表明自己的身份和商品来源。这些商标可能由商家自行设计，也可能由行业协会或政府颁发。商标的出现不仅方便了消费者的识别和选择，也促进了商家之间的竞争和品牌的形成。

到了中世纪时期，随着商业的繁荣和城市的兴起，商标制度逐渐得到了发展和完善。行会作为当时商业组织的重要形式，对商标的使用和管理起到了重要作用。行会要求成员在商品上打上行会认可的标记，以便区分商品来源和品质。同时，政府也开始对商标进行管理和保护，通过立法手段来规范商标的使用和防止侵权行为的发生。

(二) 商标制度的发展

19世纪，随着工业革命的推进，现代意义上的商标制度在欧洲各国相继建立。法国在1804年颁布法典，首次肯定了商标权受保护，成为世界上第一个建立商标注册制度的国家。

19世纪末至20世纪初，西方国家的生产力水平大幅提升，商标的重要性日益凸显。许多知名企业开始注重商标的培育和保护，商标逐渐成为企业品牌形象的重要组成部分。

20世纪以来，西方国家商标制度在立法完善、国际化趋势、构成要素扩展、驰名商标保护及商标管理创新等方面取得了显著发展。首先，随着市场竞争的加剧和商品经济的发展，许多西方国家在20世纪制定了或完善了商标法。这些法律为商标的注册、使用和保护提供了明确的法律依据，如法国、美国、德国等国家都相继出台了商标法。其次，商标的构成要素在20世纪逐渐丰富。除了传统的文字、图形、字母等要素外，一些国家开始允许将颜色、声音、气味等作为商标注册，这大大拓宽了商标的保护范围。再者，随着知名品牌在市场竞争中的作用日益凸显，西方国家开始加强对驰名商标的保护。通过立法明确驰名商标的认定标准和保护措施，防止他人恶意注册或使用与驰名商标相同或相似的商标。最后，在商标管理方面，西方国家也进行了不断的创新。例如，一些国家开始采用电子化管理方式，提高商标注册的效率和便捷性；同时，也加强了对商标侵权行为的打击力度，维护了市场的公平竞争秩序。

(三) 商标制度的国际协调

早期，各国商标制度相对独立，国际商标保护的协调主要通过双边或多边协议进行。随着国际贸易的扩大和跨国公司的兴起，商标国际保护的需求日益迫切。国际组织和协议在商标国际协调中发挥了越来越重要的作用。它们通过制定和实施国际规则和标准，促进了各国商标制度的协调与统一。主要包括：第一，1883年的《巴黎公约》。该公约是国际商标保护的重要基础，确立了国民待遇、优先权、商标独立原则等基本原则。要求各成员国在商标注册、使用和保护方面给予其他成员国国民与本国国民相同的待遇。规定了商标注册的优先权制度，使得商标申请人在一个成员国提交申请后，在一定期限内可在其他成员国享有优先权。第二，马德里体系。它是一套商标国际注册体系，由《商标国际注册马德里协定》及其议定书构成。允许商标申请人通过向本国商标局提交一份申请，即可在多个成员国获得商标保护，简化了国际商标注册的流程。成员国之间互相承认对方的商标注册效力，实现了商标国际注册的便利化。第三，《商标法条约》和《商标法新加坡条约》。二者旨在进一步简化和统一各国商标注册的行政程序。规定了商标注册申请、审查、注册、续展等各个环节的标准化流程。鼓励使用电子通信手段进行商标注册和管理，提高了商标注册的效率。第四，TRIPS协定。它包含了大量关于商标国际保护的规定。要求各成员国加大商标保护力度，打击商标侵权行为。规定了商标权的最低保护标准，包括商标注册、权利范围、侵权救济等方面。以上各项制度共同构成了商标制度的国际协调体系，为商标在国际范围内的注册、使用和保护提供了有力的法律保障。

(四)我国商标制度的历史与发展

我国商标制度的历史与发展经历了商标文化的萌芽、商标立法与发展、商标制度改革与完善等多个阶段。这些阶段共同构成了我国商标制度的发展历程,展现了我国商标事业的不断进步和发展壮大。

第一,古代商标文化的萌芽。我国商标文化的起源可以追溯到西汉时期,甚至更早。那时,人们已经开始通过文字、图形等标志来区分商品的来源。例如,在铁器上刻字以标记商品的生产者或销售者,这可以视为我国最早的实物商标。此外,一些古代文献中也记载了商标的使用,如曹操《短歌行》中提到的"杜康",展现了我国商标文化的深厚渊源。

第二,晚清时期的商标立法。随着西方列强的入侵和商品经济的发展,我国开始意识到商标保护的重要性。1904年,清政府颁布了《商标注册试办章程》,这是我国历史上第一部商标法规。该章程的颁布标志着我国商标制度的正式建立,尽管其内容和实施效果受到当时历史条件的限制。

第三,民国时期的商标法发展。进入民国时期,我国商标制度得到了进一步的发展。1923年,北洋政府颁布了《商标法》,并设立了商标局,实现了商标注册的规范化管理。这一时期,我国出现了第一批注册商标,如荣氏兄弟注册的"兵船"面粉商标,成为我国近代第一号注册商标。该商标的设计独特,结合了文字与图形,体现了当时对西方学习的理念和"一帆风顺"的愿景。

第四,新中国成立初期的商标制度。新中国成立后,为了保障市场公平竞争和消费者权益,政务院于1950年批准了《商标注册暂行条例》。该条例实行全国商标统一注册制度,是新中国第一部商标法规。同年10月1日,《商标公报》首次公告了183件商标,其中包括新中国第一号注册商标"太阳"。这标志着新中国商标注册的开端,为后来的商标事业奠定了基础。

第五,改革开放后的商标法完善。1982年,我国制定了《商标法》,并于1983年正式实施。这是我国现代商标法的开创之作,标志着我国商标制度进入了一个新的发展阶段。此后,我国分别于1993年、2001年、2013年和2019年对《商标法》进行了多次修正和完善,以适应市场经济发展的需要。特别是近年来,随着全球经济一体化的加速和我国经济的快速发展,我国商标注册量持续增长,商标保护力度不断加强。

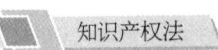

此外，在商标法的基本原则方面，我国始终坚持自愿注册原则、注册保护原则和申请在先原则。这些原则为商标注册和管理提供了明确的法律依据和制度保障。同时，我国还积极参与国际商标合作与交流，推动商标国际保护的进程。

二、商标制度的发展趋势

（一）国际化与统一化

商标法律制度的国际化是指随着世界经济的发展，在国际范围内出现的商标法立法方式国际化、法律内容统一化、法律效力全球化的发展趋势。这种趋势表现为各国商标法律制度的相互借鉴和融合，以及国际公约对各国商标法律制度的统一要求。例如，世界贸易组织（WTO）签署的TRIPS协定就明确规定了商标的保护标准，要求各成员遵循统一的商标保护原则。

随着全球经济一体化的加速，商标制度将更加注重国际化与统一化。各国将加强商标保护的合作与交流，推动商标制度的国际协调与统一。这包括商标构成要素的统一、商标权保护期限的统一以及商标侵权认定标准的统一等。例如，TRIPS协定规定了商标的构成要素可以包括文字、字母、数字、图形、三维标志、颜色组合以及声音等，这一规定被许多国家采纳并体现在其商标法中。

（二）数字化与智能化

随着科技的飞速发展，商标制度的数字化趋势日益明显。电子化申请、在线查询、数字档案管理等技术的应用，使得商标注册和管理流程更加高效和透明。许多国家的知识产权局已经实现了商标注册的在线提交和处理，大幅缩短了申请周期，降低了成本。

同时，人工智能（AI）和机器学习技术的应用，为商标制度的智能化发展提供了可能。AI可以帮助快速识别潜在的商标冲突，提供策略建议，甚至预测市场趋势。智能化的商标检索和分析系统能够更准确地判断商标的可注册性和侵权风险，为商标申请人提供更加精准的服务。

（三）强化保护与打击侵权

随着市场竞争的加剧和知识产权意识的提高，各国对商标权的保护力度不断加大。商标法不断修订和完善，以提供更加全面和有效的保护。例如，《商标法》对驰名商标的保护进行了严格规定，对于恶意抢注、摹仿等侵权行为给予了严厉打击。

此外，为了维护市场秩序和消费者权益，各国都加大了对商标侵权行为的打击力度。通过建立完善的侵权举报和查处机制，加大市场监管和执法力度，对商标侵权行为进行严厉处罚。同时，加强国际合作，共同打击跨国商标侵权行为。

（四）绿色环保标志趋势

随着社会对环保问题的日益关注，绿色环保标志逐渐成为商标行业的一个重要趋势。企业通过在商标中融入绿色环保元素，可以传递其环保理念和社会责任，提升品牌形象和竞争力。

未来，绿色环保标志在商标制度中的地位将进一步提升。各国可能会出台更多鼓励和支持绿色环保标志的政策和措施，推动企业在商标注册和使用过程中更加注重环保问题。同时，随着消费者对环保产品的需求不断增加，绿色环保标志也将成为企业吸引消费者的重要手段之一。

思考题：

1. 简述我国著作权制度的历史与发展。
2. 简述我国专利制度的历史与发展。
3. 论述商标制度的发展趋势。

第二编

著作权法

【内容提示】

在我国，著作权即版权。著作权法属于知识产权法，是民法的重要组成部分。本编主要涉及如下内容：著作权的客体；著作权的取得与归属；著作权的内容；著作权的限制；著作权的利用；侵害著作权的法律责任。

【思政讨论】

2024年2月8日，全球首例生成式 AI 服务侵犯著作权案宣判，原告上海新创华文化发展有限公司（奥特曼系列形象著作权被授权方）诉被告某 AI 公司，因后者在其经营的 Tab 网站（化名）提供 AI 绘画服务时，生成了与奥特曼形象实质性相似的图片，侵犯了原告的复制权和改编权。广州互联网法院判决被告立即停止侵权行为，赔偿原告经济损失 10 000 元，并采取技术措施避免再次生成相似图片。

讨论：

（1）在人工智能技术日新月异的背景下，如何平衡技术创新与著作权保护的关系？

（2）著作权法应如何适应新技术的发展，确保创作者的权益得到充分保障？

第三章 著作权的客体

【内容提示】

本章论述了著作权的客体,其内容主要包括:(1)作品的概念和分类;(2)著作权法不予保护的客体。

第一节 作品的概念和分类

一、作品的概念

(一)作品是智力创造成果

我国《著作权法》第3条将作品界定为"文学、艺术和科学领域内具有独创性并能以一定形式表现的智力成果"。《日本著作权法》第2条规定"作品系文艺、科学、美术、音乐领域内思想或情感的原创表达"。《伯尔尼公约》第2条第1款规定,"文学艺术作品"一词,包括文学、科学和艺术领域内的一切成果,而不问其表现形式或表现方式如何。由此可见,作品是涉及文学、科学和艺术领域内的智力成果。

(二)作品是思想的表达

作品是思想的表达。著作权所保护的是对思想的表达,而非思想本身。这便是所谓思想/表达的二分法,即著作权法保护的是表达,而不是思想。《美国版权法》第102条(b)款规定,在任何情形下,对作者独创作品的版权保护,不得扩大到任何思想、工艺、方法、系统、运算方式、概念、原理或者发现,无论作品以何种形式对其加以描述、解释、说明或体现。二分法原则也为国际公约所遵循。例如,TRIPS协定第9条第2款规定:"版权的保护仅延伸至表达方式,而不延伸至思想、程序、操作方法或数学概念本身。"

（三）作品是文学艺术科学领域内的表达

作品是思想的表达，且属于文学、艺术和科学领域。这里的文学、艺术和科学领域有别于工商业等实用领域。一件新产品，主要用于满足人们的物质需求，则不是作品。但根据制造该产品的技术和流程而撰写的生产说明书，属于文字作品。

（四）作品必须具有独创性

作品必须具有独创性即作品必须是作者独立创作，且具有最低限度的创造性。但著作权法对作品的独创性的要求并不高，远低于专利法对发明的创造性的要求。只要作品是作者独立创作的，而不是复制他人的作品，即反映了作者的个性，就可受法律保护，哪怕与他人的作品恰巧相同。然而，著作权法对作品的独创性的要求虽然"门槛"较低，但不具有独创性的对象也有被"绊倒"的情形。1991年，美国最高法院在费斯特出版股份公司诉乡村电话服务公司一案中就曾判决乡村电话服务公司出版的电话簿白页因缺乏独创性而不受版权法保护。[1]

二、作品的种类

我国《著作权法》第3条规定了作品的8个种类，这是法律意义上的分类。在司法实践中，一些应受著作权法保护的对象，即使无法将其归为某种所列种类，亦可通过该条中"符合作品特征的其他智力成果"这一兜底条款加以保护。

（一）文字作品

文字作品是指小说、诗词、散文、论文等以文字形式构成的作品。这里所说的文字包括以字、词、数字等字符形式表现的文章、故事、科普读物、技术说明书、某个时期的工农业生产发展和国民收入比较表、盲文读物等。文字的书写方式并不影响文字作品的性质，例如，它可以采取计算机打印、手写或者印刷等形式。当然，书法作品可以按照美术作品来保护。

（二）口述作品

口述作品是指即兴的演说、授课、法庭辩论等以口头语言形式表现的作品。口述也是语言的表现形式。如果事先拟好讲稿，事后的宣读、朗诵等是

---

[1] See Feist Publications, Inc. v. Rural Telephone Service Co., 499 U.S. 1991, p. 340, p. 350.

对文字作品的表演，不属口述作品。口述作品是一种体现为听觉的、时间的、流动的艺术，它以语言为表现手段，以声音为物质载体，有感而发、随机创作、即兴完成，并以口述为原始表现形式。从世界范围来看，大陆法系国家倾向于保护口述作品，英美法系国家则要求作品必须以一定的物质形式固定下来，因而一般不保护口述作品。

（三）音乐、戏剧、曲艺、舞蹈、杂技艺术作品

1. 音乐作品。音乐作品是指通过旋律、和声、节奏等音乐元素组成的艺术表达形式。它具有抽象性、时间性和表演性等特点，能够直接作用于人的听觉，引发情感共鸣。根据我国《著作权法》，音乐作品被明确列为著作权法保护的客体之一。音乐作品的创作者或权利人依法享有对其作品的著作权，包括复制权、发行权、表演权、信息网络传播权等。未经著作权人许可，擅自使用其音乐作品将构成侵权。侵犯音乐作品著作权的行为包括但不限于未经许可复制发行音乐作品、未经许可通过信息网络传播音乐作品、未经许可公开表演音乐作品等。这些行为均可能构成对著作权人合法权益的侵害，需承担相应的法律责任，包括民事赔偿、行政处罚甚至刑事责任。

2. 戏剧作品。戏剧作品是指由演员表演、台词、剧情等元素构成的舞台艺术形式。它具有综合性、直观性和表演性等特点，能够生动展现人物形象和社会生活。戏剧作品同样受到著作权法的保护。著作权人对其戏剧作品享有发表权、署名权、修改权、保护作品完整权以及复制、发行、表演等财产权利。未经著作权人许可，擅自使用其戏剧作品将构成侵权。侵犯戏剧作品著作权的行为可能包括未经许可演出戏剧作品、擅自改编或复制剧本等。这些行为将受到法律的制裁，著作权人有权要求侵权人承担停止侵害、消除影响、赔礼道歉、赔偿损失等民事责任。

3. 曲艺作品。曲艺作品是指以说唱为主要表现形式的民间艺术形式，包括相声、评书、快板等多种类型。它具有地域性、口头性和表演性等特点，能够生动展现地方文化和民俗风情。根据《著作权法》的规定，创作者对其曲艺作品享有著作权，包括表演权、复制权等。未经著作权人许可，擅自使用其曲艺作品进行表演或复制将构成侵权。为了保护曲艺作品的著作权，创作者可以及时申请著作权登记，明确权利归属和侵权证据。同时，加强与相关组织和机构的合作，共同打击侵权行为也是有效的方式之一。

4. 舞蹈作品。舞蹈作品是指由人体动作、节奏和表情等元素构成的艺术

表现形式。它具有动态性、情感性和审美性等特点,能够直接作用于人的视觉和情感。编舞者作为舞蹈作品的作者享有著作权。未经著作权人许可,擅自使用其舞蹈作品进行表演或复制将构成侵权。值得注意的是,舞蹈作品要受到著作权法保护需要具备独创性。这意味着舞蹈作品需要是独立创造且具备创新因素的艺术表达形式。

5. 杂技艺术作品。杂技艺术作品是指通过形体动作和技巧表现的艺术形式,包括杂技、魔术、马戏等。它具有高难度性、观赏性和表演性等特点,能够展现人体的极限魅力和艺术创造力。杂技艺术作品同样受到著作权法的保护。但需要注意的是,杂技作品的保护重点在于其编排和表演中的艺术性成分而非单纯的动作和技巧。只有具有独创艺术性的杂技艺术节目才构成著作权法上的作品。为了保护杂技艺术作品的著作权,创作者可以及时申请著作权登记,明确权利归属和侵权证据。同时,加强与相关组织和机构的合作也是有效的方式之一。此外,利用技术手段防止和追踪非法复制和传播也是重要的保护措施。

(四)美术、建筑作品

1. 美术作品。我国《著作权法实施条例》第 4 条将美术作品定义为绘画、书法、雕塑等以线条、色彩或者其他方式构成的有审美意义的平面或者立体的造型艺术作品。通常包括绘画、书法、雕塑、工艺美术、建筑艺术等。绘画指用笔、刀等工具,墨、颜料等物质材料,在纸、木板、纺织物或墙壁等平面上,通过构图、造型和色彩等表现手段,创造可视的形象。雕塑是指用雕、刻、塑三种方法,以各种可塑的或可雕可刻的材料,制作各种具有一定体积的形象,通常分为雕刻和塑造。书法一般指用毛笔等书写汉字的艺术。

美术作品除了纯欣赏性作品,还包括具有实用性的工艺美术,两者同属于视觉艺术作品。工艺美术又称实用艺术品,指人们日常生活中使用的道具及其他物品,它们通过材料、精心构思技巧或者制作过程的关联而表现出美的效果。也就是说,实用艺术品既是产品,同时又具有实用功能和审美功能。实用艺术品包括家具、瓷器、洁具、茶具、灯饰、地毯等。《伯尔尼公约》第 2 条对纯美术作品和实用艺术品分别进行规定,从而避免了关于实用艺术品是否应当给予著作权保护的争论。不过,在我国,关于实用艺术品是否应当受著作权法的保护,存在较大争议。一种观点认为,应当对美术作品作广义解释,包括实用艺术品;另一种观点则认为,《伯尔尼公约》对这两种对象是分别加以规定的，因此不应将实用艺术品包含在美术作品当中，但仍可通过外观设计形式提供专利保护。事实上，我国《实施国际著作权条约的规定》及司法实践已经对实用艺术作品进行了保护。

2. 建筑作品。建筑作品是指以建筑物或者构筑物的形式表现的有审美意义的作品。建筑作品不同于建筑物，建筑物只有在某种程度上具有标志、传意、象征功能时，才是一项艺术作品。世界知识产权组织和联合国教科文组织认为建筑作品应当包括两项内容：（1）建筑物本身（仅仅指外观、装饰或设计上含有独创性成分的建筑物）；（2）建筑设计图与模型。

我国著作权法对建筑作品的范围的界定与世界知识产权组织和联合国教科文组织的并不完全一致。在我国，建筑作品仅指建筑物本身，而对其工程设计图与建筑模型作为另类对象加以保护。应当指出，如果建筑物的形式没有独创的设计成分，则不能成为著作权法所保护的对象。受著作权法保护的是建筑物本身的独创部分，其构成材料、建筑方法不受著作权法保护。世界上有很多宫殿、博物馆、剧院、教堂、体育馆等都具有独创性，可以受到著作权法的保护。

（五）摄影作品

摄影作品是指借助器械在感光材料或者其他介质上记录客观物体形象的艺术作品。其独创性体现在拍摄过程中根据所拍摄对象的不同特性，选取了不同的场景、角度、距离、光线、拍摄手法及后期处理方式，体现了作者的创造性劳动。摄影作品的范围非常广泛。世界知识产权组织区分摄影作品和以摄影方式表现的作品，认为摄影作品包括"一切摄影作品和以摄影方式表现的其他作品"，如人物肖像照片、风景照等，即传统意义上的照片；"以摄影方式表现的作品"则指电影影片中的单独镜头、储存在计算机中可通过终端屏幕显示出来的摄影作品，以红外线摄影、激光摄影、数码摄影等先进技术拍摄出来的作品等。摄影作品受到著作权法的保护。未经著作权人许可，擅自使用、复制、发行、信息网络传播摄影作品等行为将构成侵权。

（六）视听作品

视听作品是指通过机械装置能直接为人的视觉和听觉所感知的作品。它包括电影作品、电视剧作品、电子游戏动画、短视频等。电影作品是视听作品中最重要的一类，包括故事片、科教片、美术片等。电影作品是由众多作者创作的综合性艺术作品，如由小说作者、将小说改编成剧本的剧本作者、将剧本改编成"分镜头剧本"的作者（导演）、拍摄影片的摄影作者、配乐的词曲作者、美工设计的作者等共同创作完成的。著作权法所说的电影作品是摄制完成的影片，或具有独立意义的片段，而不是其中的阶段性成果，也不是电影艺术中的构成要素。我国2001年修改《著作权法》时，将原来规定的"电视、录像作品"修改为"以类似摄制电影的方法创作的作品"。这是因为以拍摄电影方式制作的那部分电视片、录像片，其拍摄过程与电影作品相同，应当作为著作权法保护的对象。现行《著作权法》改称为"视听作品"，更适合数字化时代的发展需要。

（七）工程设计图、产品设计图、地图、示意图等图形作品和模型作品

图形作品，是指为施工、生产绘制的工程设计图、产品设计图，以及反映地理现象、说明事物原理或者结构的地图、示意图等作品。这些作品通过线条、图形和符号等元素，对特定的事物或概念进行表达。图形作品具有直观性、准确性和科学性等特点，是工程技术、科学研究和艺术创作等领域不可或缺的重要工具。工程设计图是指利用各种线条绘制的、作为建设或施工依据的工程实物基本结构和造型的平面图案，如工厂、矿山、铁路、公路、桥梁等设计图；产品设计图纸是指以各种线条绘制的，用以说明生产的产品造型及结构的平面图案，如服装设计图、家具设计图等；地图是一种客观反映地理实况、人口分布实况、矿藏实况，并为人们方便识别而具有指示性和艺术性的作品。著作权法将地图作为保护对象正是因为它具有一定的指示性和艺术性。地图可以分为普通地图和专用地图。示意图是指以点、线、几何图形、标记等为表现形式来说明较复杂的事物及其原理，或显示事物的具体形状、轮廓而创作的作品，如人造卫星运行图、分子结构模拟图、动物解剖图等。

模型作品是指为展示、试验或者观测等用途，根据物体的形状和结构，按照一定比例制成的立体作品。模型作品可以是对实际物体的缩小或放大复制，也可以是创作者根据想象或设计构思制作的原创作品。模型作品具有直观性、立体感和可操作性等特点，广泛应用于教学、科研、展览、玩具制造等领域。与图形作品类似，模型作品同样受到著作权法的保护，未经著作权人许可，任何单位和个人不得擅自复制、发行、展览或以其他方式使用模型作品。

根据《著作权法》的规定，图形作品、模型作品受到法律的保护，未经

著作权人许可，任何单位和个人不得擅自复制、发行、展览或者以其他的方式使用图形作品与模型作品。

(八) 计算机软件

计算机软件包括计算机程序及文档。计算机程序是指为了得到某种结果而可以由电子计算机等具有信息处理能力的装置执行的代码化指令序列，计算机文档是指在程序创作过程中用自然语言或形式化语言所编写的用来描述程序的内容、组成设计、功能规格、测试结果及使用方式的文字资料和图表，如程序设计说明书、流程图、用户手册等。

《著作权法》将计算机软件作为著作权法的保护对象，同时又颁布《计算机软件保护条例》对其加以具体调整。根据该条例的规定，受保护的软件必须由开发者独立开发，并已固定在某种有形物体上，亦即该计算机程序已经相当稳定、相当持久地固定在某种载体上，而不是瞬间的感知、复制、传播程序。

(九) 民间文学艺术作品

民间文学艺术作品是指在一国国土上，由该国的民族或种族集体创作，经世代相传，不断发展而构成的作品。这些作品通常反映了特定地域、民族或社群的生活习俗、宗教信仰、审美观念等。民间文学艺术作品的表现形式丰富多样，包括但不限于以下几个方面：(1) 语言形式。如民间故事、民间诗歌、谜语、谚语等。这些作品通过口头传播的方式流传至今，具有浓厚的地域特色和民族风情。(2) 音乐形式。如民歌、民间器乐等。这些音乐作品旋律优美、节奏明快，反映了人民的生活情感和审美追求。(3) 动作形式。如民间舞蹈、戏剧、游戏等。这些作品通过肢体动作和表演艺术展现了人民的智慧和创造力。(4) 物质材料体现的形式。如民间绘画、雕塑、工艺品、编织品等。这些作品通过物质材料将民间艺术的独特魅力展现得淋漓尽致。目前为止，世界上已有 50 多个国家将民间文学艺术作品纳入了著作权法的保护范围。

民间文学艺术作品与普通作品相比，具有如下特点：第一，集体性。民间文学艺术作品是某一民族、族群或社群集体智慧的结晶，而非个人创作的成果。这种集体性使得作品的创作和传承过程具有广泛的社会基础。第二，长期性。这些作品经历了漫长的历史过程，代代相传，并在传承过程中不断丰富、发展和完善。这种长期性使得民间文学艺术作品具有深厚的文化底蕴和历史积淀。第三，变异性。在传承过程中，民间文学艺术作品会根据时代变迁、社会环境变化以及传承者的个人理解和创新而发生变异。这种变异性使得作品具有多样性和灵活性。第四，继承性。民间文学艺术作品是世代相传的宝贵遗产，每一代传承者都在继承前人智慧的基础上进行创新和发展。这种继承性保证了作品的连续性和生命力。

我国历史悠久，民族众多，民间文学艺术源远流长，如《阿凡提的故事》《在那遥远的地方》《康定情歌》等都是典型的优秀民间文学艺术作品。民间文学艺术作品作为文化遗产的重要组成部分，受到法律的保护。根据我国《著作权法》第6条的规定，民间文学艺术作品的著作权保护办法由国务院另行规定。这意味着民间文学艺术作品在著作权法框架内享有一定的保护，但具体保护方式和范围需要根据作品的性质和具体情况来确定。在实践中，侵害民间文学艺术著作权的行为主要有非法使用、未注明来源群体或地区、擅自许可第三人使用以及歪曲、篡改作品等。对于这些侵权行为，法律提供了民事救济、行政救济和刑事救济等多种方式来保护权利人的合法权益。

民间文学艺术作品是民族文化的瑰宝，它们不仅丰富了人们的精神生活，还促进了文化的交流与传播。保护和传承民间文学艺术作品对于维护文化多样性、弘扬民族文化精神以及推动文化创意产业的发展具有重要意义。同时，民间文学艺术作品也是连接过去与未来的桥梁，它们让我们能够了解历史、认识现在并展望未来。

（十）符合作品特征的其他智力成果

符合作品特征的其他智力成果是指那些在法律规定的8种典型作品类型之外，但仍具有独创性并能以一定形式表现的智力成果。这些智力成果表现形式多样，包括但不限于以下几种类型：（1）新兴创作形式。如电子游戏、虚拟现实作品、交互式艺术作品等，这些作品通过新的技术手段和表现形式，为观众提供了独特的艺术体验。这些作品在创作过程中融入了作者的独创性构思，并通过特定的技术手段得以实现和呈现。（2）跨领域艺术融合。如结合了音乐、舞蹈、戏剧等多种艺术形式的多媒体作品，这类作品打破了传统艺术门类的界限，通过跨领域的艺术融合，创造出全新的艺术表达形式。这些作品在创作过程中需要创作者具备多方面的艺术素养和创新能力。（3）传统艺术形式的创新表达。如对传统民间故事、神话传说的现代演绎，通过对传统题材的创新性改编和重新诠释，赋予其新的时代内涵和艺术魅力。这些作品在尊重原作精神的基础上，融入了创作者的独特见解和创意元素。

以电子游戏为例，虽然电子游戏在著作权法中并未被明确列举为一种作品类型，但司法实践中已经将其认定为符合作品特征的其他智力成果。在《率土之滨》诉《三国志·战略版》著作权一案中，法院认为电子游戏的独创性体现在游戏规则、游戏素材和游戏程序的具体设计、选择和编排中，并通过游戏画面予以呈现。因此，电子游戏作为一种新的创作形式，同样受到著作权法的保护。

符合作品特征的其他智力成果是著作权法保护的重要对象之一。这些智力成果体现了创作者在文学、艺术和科学领域内的创造性劳动和独特贡献。对其进行保护，具有重要的意义和价值：第一，激励创新。通过赋予创作者对其智力成果的法律保护，可以激励更多的人投身于文学、艺术和科学领域的创作活动，推动社会文化的繁荣和发展。第二，维护公平竞争。对符合作品特征的其他智力成果进行保护，可以防止他人未经许可擅自使用或剽窃他人的创作成果，维护市场的公平竞争秩序。第三，促进文化交流与传播。符合作品特征的其他智力成果往往具有独特的艺术价值和文化内涵，对其进行保护可以促进文化的交流与传播，增进不同国家和地区之间的了解和友谊。

第二节　著作权法不予保护的客体

一、官方文件及其官方译本

根据我国《著作权法》第 5 条第 1 项的规定，法律、法规，国家机关的决议、决定、命令和其他具有立法、行政、司法性质的文件，及其官方译文不受著作权法保护。法律不保护这些作品是《伯尔尼公约》第 2 条第 4 款确立的原则，也是国际通例。官方文件和译本是公共政策的体现，旨在维护公共利益和社会秩序，其公开和传播对于公众知情和参与公共事务至关重要。如果通过著作权加以保护，禁止他人复制，则有违官方的初衷。

二、单纯事实消息

单纯事实消息指通过报纸、期刊、广播电台、电视台等媒体传播的某一事件或事实的发生、时间、地点、人物等基本信息的消息，不表达任何主观观点或评论，这类消息不受著作权法保护。这是因为事实消息是对客观事实的简单陈述，不具有独创性，且其传播对于公众了解社会动态具有重要意义。当然，如果在时事新闻中报道者对时事新闻进行了整理加工，以综述、评论等表达形式进行报道，这样报道者便付出了自己的创造性劳动，应当受著作权法的保护。

三、历法、通用数表、通用表格和公式

历法是为了配合人们日常生活的需要，根据天象而制订的计算时间的方法。历法主要可以分为太阴历、太阳历和农历（或阴阳合历）。太阴历最早由公元前3000年左右的苏美尔人制定，后被古埃及人、古希腊人等文明继承和发展。太阳历最早由古埃及人制定，后被古罗马人改进和推广。儒略历是一种著名的太阳历，由罗马独裁者恺撒于公元前46年颁布，后被格里历取代。农历（或阴阳合历）起源于商朝时期，结合了太阴历和太阳历的优点。农历中包含了许多与神话、传说、民俗、节日等相关的内容，如十二生肖、二十四节气等，在中国有着悠久的历史和深厚的影响，也被周边国家如日本、韩国、越南等所采用或参考。人们运用这些方法都能计算出时间和节气，推算日期，其结果具有唯一性。因此，不适合以著作权法加以保护。

通用数表是指具有通用性的表示数值关系的表格，如对数表、三角函数表等。这些数表在科学计算、工程设计、统计分析等领域具有广泛的应用。它们通常基于数学公式或实验数据编制而成，为使用者提供了便捷的数值查询和计算工具。通用数表不受著作权法保护，因为它们属于公共知识领域，是科学研究和工程技术中不可或缺的基础资料。

通用表格主要指其格式和项目具有通用性的表格，如一般的财务表格、课程表、时刻表等。这些表格在日常生活和工作中被广泛使用，用于记录、整理和分析各种信息。通用表格的设计通常遵循一定的规范和标准，以确保信息的准确性和可比性。与通用数表类似，通用表格也不受著作权法保护，因为它们属于公共知识领域，是信息交流和社会活动中不可或缺的基础工具。

公式是用数学符号表示各个量之间一定关系的式子，能普遍应用于同类事物的方式方法。在自然科学（如数学、物理学、化学、生物学等）和社会科学中，公式都是表达命题、定理或定律的重要工具。公式具有普遍性、精确性和可验证性等特点，是科学研究和工程技术中不可或缺的基础元素。公

式的创造和发现往往标志着人类对自然界和社会现象认识的深化和拓展。然而，公式本身作为科学知识的表现形式之一，并不直接受著作权法保护，因为它们属于公共知识领域，是科学研究和工程技术中共享的资源。但需要注意的是，如果公式是以特定形式（如软件、数据库等）被固定下来并用于商业目的时，则可能涉及软件著作权、数据库权等相关法律问题。

思考题：

1. 如何理解作品的概念？
2. 戏剧、舞蹈、杂技艺术作品与其他作品的区别是什么？
3. 民间文学艺术作品与普通作品相比有何特点？
4. 著作权法不予保护的客体有哪些？

第四章 著作权的取得与归属

【内容提示】

本章论述了著作权的取得与归属，其内容主要包括：（1）著作权的取得；（2）著作权的归属。

第一节 著作权的取得

作品创作完成之后，是否需要附加其他条件或者履行法律规定的程序才能取得著作权，对此，各国的做法不一，主要体现在以下三个原则。

一、注册取得原则

注册取得原则是指以登记注册作为取得著作权的条件，作品只有经登记注册之后才能产生著作权。我国历史上《大清著作权律》以及后来的《中华民国著作权法》（中国1928年著作权法）都曾实行过登记制。通过注册可以明确有效地证明著作权人的身份，减少权属争议，有利于及时处理著作权纠纷，保护著作权人的合法权益。但是注册取得制度也有一定的局限性，它并不能充分保护那些未及时登记的作品，也不能保护那些来自未实行著作权注册取得制度国家的作品，且手续繁杂。因此，大多数原来实行注册取得著作权制度的国家都放弃了注册制或者简化了手续。现在，很多国家尽管保留着注册制度，但注册并非取得著作权的条件，而是享有著作权的证明方式。

二、加注标记取得原则

加注标记取得原则是指在作品上作出能明确标示作品存在的标志，以区别于其他作品，并标明其作品的所有权归属。通过加注标记，可以明确作品的所有权归属，防止他人未经授权擅自使用作品，减少侵权行为。《世界版权公约》采纳了这种原则，涉及著作权标记的内容有：（1）"不许翻版""著作权保留""著作权所有"之类的声明，或须将其缩略为字母 C（C 是英文 Copyright 的首字母）的外面加上一个圆圈，如果是音像制品，则在字母 P（P 是英文 Phonogram 的首字母）的外面加上一个圆圈；（2）著作权人的姓名或名称；（3）作品的出版年份。如果未加注上述标记或未将上述标记载于适当位置就不能享有著作权。加注著作权标记简单易行，又是取得著作权的初步证据。因此，即使是那些采取自动保护原则的国家，也普遍在作品复制件上加注著作权标记。

三、自动取得原则

自动取得原则是指著作权自作品创作完成之日起产生，而无需履行审查、登记等任何手续。著作权的取得无须履行任何手续，简化了取得著作权的程序。对于自动取得原则而言，作品创作的完成是一个关键的时间点。完成包括全部完成和部分完成，只要一件作品能够表达作者一定的思想和感情，或者作品能够为人们所欣赏，就可以认定为完成。这一原则在 1908 年被《伯尔尼公约》确定下来，目前大多数实行著作权保护制度的国家都采用这一原则。

需要注意的是，无须履行任何手续，并不意味着无须满足任何条件。在一些英联邦国家的著作权法上，只有本国国民、在本国有长期住所的外国国民或者无国籍人、在本国首次出版其作品的非本国国民、本国所加入的公约之成员国的国民、在本国所加入公约的成员国中首次出版其作品的非成员国国民才可能享有著作权。

我国《著作权法》明确规定，中国公民、法人或者其他组织的作品，不论是否发表，依照本法享有著作权。即著作权自作品创作完成之日起产生，并受著作权法的保护。实务中，不少出版物在复制件上加注了著作权标记，著作权的状态不受影响。同时我国还颁布了《作品自愿登记试行办法》，对作品实行自愿登记制度。这种登记仅具有初步证据的作用，并不是取得著作权的法定条件。

自动取得原则降低了著作权取得的门槛，有利于激发创作者的积极性。它与国际著作权法律制度发展趋势保持一致，有利于国际的文化交流与合作。

第二节 著作权的归属

一、著作权归属的原则

我国《著作权法》实行自动保护原则，作品一经创作完成，著作权即自动产生。著作权原则上属于作者，但是著作权法另有规定的除外。

(一) 作者的概念和条件

作者，一般指文学、艺术和科学作品的创作者，有时也指某种理论的创始人，或某一事件的组织者或策划者。在著作权法的语境下，作者特指创作作品的人，即直接产生文学、艺术及科学作品的智力活动者。要成为作者，通常需要具备以下条件：第一，自然人身份。作者必须是具有直接思维能力的自然人。虽然法人或其他组织在某些特定情况下可以视为作者（拟制作者），但通常情况下，只有自然人才能成为作品的创作者。第二，实际创作作品。作者必须实际创作了作品。创作是指从构思到表达完成的过程，是设计完成文学艺术形式的行为。为他人创作进行组织工作、提供咨询意见、提供物质条件或进行其他辅助工作的人，即使对作品的创作起了重要作用，也不被视为作者。第三，产生著作权法规定的作品。作者通过创作活动产生的作品必须符合著作权法的相关规定，才能享有著作权。这些作品包括文学、艺术和科学领域内具有独创性并能以一定形式表现的智力成果。

(二) 拟制作者

拟制作者是指在某些特定情况下，不具有实际创作能力的法人或非法人组织被视为作者。法人或者其他组织能否成为作者，学界对此有不同的看法。有的学者认为，作者只能是具有思维能力的自然人，而法人或者其他组织没有思维，没有意志，不可能直接成为作者，法人或者其他组织的思维或者意志最终还要通过自然人来实现。持相反观点的学者主张，自然人是事实作者。在某些特殊情况下，为了满足某种利益需求，在法律上也可以把自然人以外的其他民事主体视为作者，给他们以作者的法律资格。而且，从比较法的角度看，有关的国际公约和多数国家著作权法并不禁止把法人或者其他组织视为作者。

根据我国《著作权法》的规定，原则上只有自然人才可以作为作者。但是，在某些情况下，法人和其他组织可以被视为作者，称为拟制作者。这是一种立法技术的选择。当一部作品同时符合以下条件时，法人、其他组织视为作者：第一，由法人或者其他组织主持创作，即代表法人或者其他组织的人员负责组织该项创作，而不是由该法人或者其他组织的工作人员自发进行。第二，创作思想和表达方式代表、体现法人或者其他组织的意志，一般是依法或者按照章程而体现出来。第三，由法人或者其他组织承担责任，而不是由执笔人负责。常见的法人作品有政府工作报告、单位工作总结等。

（三）作者的推定

作者的推定是指在没有相反证明的情况下，根据一定的事实或行为推定在作品上署名的公民、法人或其他组织为作者。我国《著作权法》规定，如无相反证明，在作品上署名的自然人、法人或其他组织即为作者。这一推定原则的依据在于，署名通常被视为作者身份的一种公开声明，具有公示效力。

在具体实践中，作者的推定主要基于作品上的署名情况。如果作品上明确署有作者姓名或名称，且没有相反证据证明该署名不实，那么就可以推定署名为作品的作者。需要注意的是，被推定为作者的自然人不一定是实际作者，被推定为作者的法人或非法人组织则不是实际作者，但著作权法仍认定其在某些特定情况下的作者身份。在推定作者身份的情况下，实际作者如果在确权诉讼中证明作品是由其本人而并非由署名者所创作（即所谓"相反证明"），可最终被确认为该作品的作者。

二、法律的特别规定

我国《著作权法》对著作权的原始归属作了原则性的规定，同时又明确了某些特殊作品的著作权归属。

（一）演绎作品的著作权

演绎作品是指对已有作品进行改编、翻译、注释、整理等创造性劳动而产生的作品，又称为派生作品。构成演绎作品，并不要求被演绎的对象是著作权保护的作品。根据我国《著作权法》的规定，演绎作品的著作权由改编、翻译、注释、整理人享有。然而，在行使这些权利时，演绎作品的作者不得侵犯原作品的著作权。这意味着演绎作品必须注明原作品的名称和作者姓名，并且在使用前通常需要征得原著作权人的同意。

（二）合作作品的著作权

合作作品，又叫共同作品或者合著作品，是两人或两人以上合作创作的作品。这里的两人可以是自然人、法人、其他组织的两两组合。但是，没有参加创作的人，不能成为合作作品的作者。认定合作作品，应当考虑下面三方面的因素：（1）合作作者之间应有共同创作某一作品的意思表示；（2）在创作过程中，合作作者之间始终贯彻合作作者的意图，有意识地调整各自的创作风格和习惯，以便使他们的合作成果相互照应、衔接、协调和统一，达到整体的和谐；（3）每个合作作品所完成的文学艺术形式，应当达到著作权法所要求的作品的标准。

合作作品的著作权由合作作者共同享有。如果作品可以分割使用，作者对各自创作的部分可以单独享有著作权，但在行使这些权利时，不得侵犯合作作品整体的著作权。如果合作作者不能就著作权的行使达成一致，且没有正当理由的，任何一方不得阻止他方行使除转让、许可他人专有使用、出质以外的其他权利，但所得收益应当合理分配给所有合作者。

（三）汇编作品的著作权

汇编作品是指汇编若干作品、作品的片段或者不构成作品的数据或者其他材料，对其内容的选择或者编排体现独创性的作品。这种独创性体现在汇编者对材料的选择、编排、整理等方面，而非材料的本身。汇编作品有以下几点要求：第一，独创性。汇编作品必须体现汇编者的独创性，即对所选内容的选择和编排必须具有一定的创造性。简单地将其他作品材料拼凑在一起，没有独创性的，不构成汇编作品。第二，合法性。汇编作品在汇编过程中必须遵守法律法规，尊重原作品的著作权。未经原作品著作权人同意，不得擅自汇编其作品或作品的片段。第三，署名权。汇编作品应当署上汇编者的姓名或名称，以明确作品的著作权归属。

根据我国《著作权法》的规定，汇编作品的著作权由汇编人享有，但行使著作权时，不得侵犯原作品的著作权。这意味着汇编人可以对其汇编的作品享有著作权，包括复制、发行、出租、展览、表演、放映、广播、信息网络传播、摄制、改编、翻译、汇编等权利，但在行使这些权利时，必须确保不侵犯原作品的著作权。

（四）视听作品的著作权

视听作品，也称为影视作品，是指通过技术手段将图像、声音、文字等元素融合在一起，形成动态的、具有艺术感的作品形式。视听作品包括电影、电视剧、纪录片等通过类似摄制电影的方法创作的作品。

对于视听作品的著作权归属，国外采用了不同的立法例：（1）这类作品的所有著作权一律归属制片人，目的在于保护投资人的利益，如美国。（2）这类作品的作者只能是参加创作的每一个自然人，如导演、编剧、作词人、作曲人、摄影师等，他们享有作品的原始著作权。但是，可以通过合同向制片人转让该作品的专有使用权，如法国、英国、匈牙利等国。（3）著作权归其创作者如导演、编剧等作者所有，制片者为邻接权人，而且，作者们的权利被视为自始已交给制片者行使，这种做法被称为"法定转让"制度，如德国。（4）将视听品当作汇编作品来处理，如俄罗斯和罗马尼亚等国。

按照我国现行《著作权法》，视听作品中的电影作品、电视剧作品的著作权由制作者享有，但编剧、导演、摄影、作词、作曲等作者享有署名权，并有权按照与制作者签订的合同获得报酬；视听作品中的剧本、音乐等可以单独使用的作品的作者有权单独行使其著作权。显然，视听作品的整体著作权，除作者的署名权外，其他权利，包括人身权利中的修改权、发表权、保护作品的完整权和所有财产权利均归制作者所有。同时，这类作品中的剧本、音乐等相对完整的、可以单独使用的作品，其作者可分别享有著作权。

（五）职务作品的著作权

职务作品是指公民为完成法人或者其他组织工作任务所创作的作品。构成职务作品需要满足以下条件：（1）作者和所在单位之间具有劳动法律关系。这里的劳动关系是广义的，既包括劳动法上订有劳动合同的关系，也包括整个企事业单位经过聘任合同或者其他手续形成的劳务关系。（2）对作品的使用应当属于作者所在单位工作任务或者业务范围之内。（3）创作的目的是完成本单位的工作任务，是指自然人在该法人或者该组织中应当履行的职责属于作者的职责。

根据《著作权法》及相关规定，职务作品的著作权归属根据作品的性质和创作条件有所不同：（1）一般职务作品著作权。一般职务作品的著作权由作者享有，即创作作品的公民。这包括人身权（如署名权）和财产权（如复制权、发行权等）。法人或者其他组织有权在其业务范围内优先使用这些作品。这意味着单位可以在其正常业务活动中优先使用这些作品，但不得侵犯作者的著作权。此外，作品完成两年内，未经单位同意，作者不得许可第三人以与单位使用的相同方式使用该作品。这一规定旨在保护单位的优先使用权。(2) 特殊职务作品著作权。对于特殊职务作品，作者通常只享有署名权，著作权的其他权利由法人或者其他组织享有。特殊职务作品包括了两种情况。一种主要是利用法人或者其他组织的物质技术条件创作，并由法人或者其他组织承担责任的工程设计图、产品设计图、地图、计算机软件等职务作品。这里的"物质技术条件"是指法人或者组织为公民完成创作专门提供的资金、设备或者资料。这类作品往往需要单位在资金、人员和物质上的大量投入，并且承担着投资的风险，法律规定著作权归其所有，有利于单位收回投资；另一种是法律、行政法规规定或者合同约定著作权由法人或者其他组织享有的职务作品。我国著作权法允许当事人约定职务作品著作权的归属。

（六）委托作品的著作权

委托作品，是指受托人依据委托人的具体要求，通过其专业技能所创作的作品。这种创作关系建立在双方签订的委托合同基础之上，作品的内容、形式、风格等往往受到委托合同中特定要求的约束。委托作品在形式上与独立创作的作品存在显著区别，其无法脱离委托人和受托人之间的法律关系而独立存在。

委托作品的特点主要在于：第一，创作依据的特定性。委托作品的创作并非完全基于受托人个人的自由意志，而是受到委托合同中具体要求的限制和指导。这种特定性确保了作品能够满足委托人的特定需求和期望。第二，权利归属的灵活性。委托作品的著作权归属问题具有高度的灵活性。根据我国《著作权法》的规定，委托人和受托人可以通过合同约定著作权的归属。这种约定可以是著作权完全归属受托人、完全归属委托人，也可以是双方共享著作权。这种灵活性为双方提供了充分的协商空间，以达成符合各自利益的协议。第三，原件所有权的分离性。委托作品的原件所有权和著作权在法律上是可以分离的。通常情况下，作品的原件所有权归委托人所有，但著作权的归属则依据双方的合同约定或法律规定来确定。这种分离性使得委托人和受托人可以在不同层面上享有和使用作品的权益。第四，创作主体的外部性。委托作品的创作主体通常是独立于委托人单位的外部人员。这种外部性使得委托作品在创作过程中能够引入更多的专业知识和技能，同时也为外部创作者提供了展示才华和获取经济收益的机会。

根据我国《著作权法》的规定，委托作品的著作权归属问题遵循以下法律原则：

第一，意思自治原则。在委托作品的著作权归属问题上，我国法律充分尊重当事人的意思自治。委托人和受托人可以根据双方的意思表示自由约定著作权的归属。这种约定体现了合同自由原则在著作权法领域的适用，有助于保护当事人的合法权益和促进作品的创作与传播。

第二，无约定归受托人原则。在当事人没有就委托作品的著作权归属作出明确约定或者没有订立委托合同的情况下，著作权属于受托人。这一原则体现了对作者创作劳动的尊重和保护，鼓励更多的人投身于创作事业，为社会提供更多的优秀作品。

第三，使用限制与权利平衡。虽然著作权可能归属受托人，但委托人在约定的使用范围内享有使用作品的权利。这种规定既保护了受托人的著作权权益，又兼顾了委托人的合理需求。如果双方没有约定使用作品的范围，委托人可以在委托创作的特定目的范围内免费使用该作品。这种平衡机制有助于维护委托人和受托人之间的和谐关系，促进作品的合理利用和传播。

（七）美术、摄影作品原件的展览权

对于美术、摄影作品而言，展览权是著作权人的一项重要权利，允许其自行或授权他人公开陈列作品原件或复制件。它主要涉及两种权利：一是美术等作品的原件的所有人对作品原件享有的所有权；二是美术等作品的著作权。二者是两种性质的权利，实际生活中也常常出现美术等作品原件的所有权人与作品著作权人分离的情况。根据著作权法原理，作品的原件仅仅是该作品的物质载体，一般而言，著作权的归属与作品载体所有权的转移无任何联系，因此美术等作品原件所有权的转移，并非作品著作权的转移。此原理适用于任何原件所有权可能转移的作品。这样处理，使得作品原件的展览十分困难，因为著作权人由于不享有作品原件所有权而无法行使展览权，作品原件的所有人享有原件的所有权却不能展览它。美术作品的价值在很多情况下就无法实现。为此，我国《著作权法》第20条第1款规定，美术作品原件的展览权由原件所有人享有。我国《著作权法》还规定，展览权的对象既包括美术作品的原件，也包括复制件。这一规定既保护了原件所有权人的利益，也体现了著作权与物权之间的平衡关系。

（八）由他人执笔，本人审阅定稿并以本人名义发表的报告、讲话等作品的著作权

由他人执笔，本人审阅定稿并以本人名义发表的报告、讲话等作品，在这类作品属于法人或者其他组织被视为作者的作品的情况下，著作权由该法人或者其他组织享有，执笔人和本人均不能享有任何著作权。在这类作品不属于法人或者其他组织被视为作者的作品的情况下，著作权由报告人或者讲话人（本人）享有，执笔人不享有任何著作权，但根据具体情况，著作权人可以支付执笔人适当的报酬。

（九）当事人合意以特定人物经历为题材完成的自传体作品的著作权

当事人合意以特定人物经历为题材完成的自传体作品，如果当事人对著作权的归属有约定的，按照约定确定该作品的著作权归属；没有约定或者约定不明的，该作品的著作权归该特定人物享有，执笔人或者整理人对作品完成付出劳动的，著作权人可以向其支付适当的报酬。

思考题：

1. 简述著作权的取得原则。
2. 简述著作权的归属原则。
3. 视听作品的著作权如何归属？
4. 职务作品的著作权如何归属？
5. 委托作品的著作权如何归属？

第五章 著作权的内容

【内容提示】

本章论述了著作权的内容,其内容主要包括:(1)著作人身权;(2)著作财产权;(3)著作权的保护期。

第一节 著作人身权

著作人身权指的是作者依法享有的以人身利益为内容的权利,与著作财产权相对。通常情况下,著作人身权由作者享有。我国《著作权法》规定了发表权、署名权、修改权、保护作品完整权四项内容。

一、发表权

发表权,又称为公表权或公开权,是指作者依法享有的决定是否将作品公之于众以及如何公之于众的权利。这里的"公之于众",是指著作权人自行或者经著作权人许可将作品向不特定的人公开,但不以公众知晓为构成条件。发表权是著作权中的一项重要人身权利,体现了作者对作品的控制权和决定权。

发表权具有以下几个特点:第一,一次性行使。发表权只能行使一次。一旦作者选择将作品公之于众,发表权即已行使完毕,之后不能再次行使。这意味着作品的首次公开即发表权的行使。第二,专属性。发表权通常只能由作者本人行使,且不能转让或许可给他人。这一特征体现了发表权的专属性,即与作者的人身紧密相关。第三,受第三人权利制约。如果因作品而产生的权利涉及第三人的,发表权往往还受到第三人权利的制约。例如,作品中可能包含了他人的肖像权、隐私权等内容,作者在行使发表权时需考虑这些因素。第四，保护期限。发表权的保护期限根据作品类型和作者身份的不同而有所差异。一般来说，公民作品的发表权保护期为作者终生及其死亡后50年；法人或其他组织作品的发表权保护期为50年，但作品自创作完成后50年内未发表的，不再受著作权法保护。

二、署名权

署名权是指表明作者身份，在作品上署名的权利。这是著作人身权中的一项基本权利，各国法律普遍对此有明确规定。它体现了作者对自己作品的身份标识和归属确认，是保护作者权益的重要手段。

署名权的内容主要包括：第一，署名决定权。作者有权决定是否在作品上署名以及以何种方式署名。作者可以选择署真名、艺名、笔名或假名，甚至不署名。这种决定权是作者对公开其作者身份与作品关系的自由意志体现。第二，署名方式决定权。作者有权决定署名的方式，包括署名的位置、字体、大小等具体形式。这是作者对作品呈现方式的一种控制权，有助于确保作品与作者身份的正确关联。第三，署名顺序决定权。在合作作品中，各个合作者都具有署名权，且署名顺序应由合作作者共同商议决定。署名顺序的不同，往往对作者的影响也很大，因此这一权利对于合作作者而言具有重要意义。第四，署名指示权。如果作品已经署名发表，其他人在以后以出版、广播或改编等各种形式公开利用时，应当注明作者的署名。这是对作者署名权的一种延伸保护，确保作者在作品被后续利用时仍能保留其身份标识。第五，署名权不可转让性。署名权具有人身专属性，不得转让、继承或放弃。这是因为它与作者的人身利益紧密相连，是作者对作品身份归属的一种固有权利。这些权利共同构成了作者对作品署名问题的全面控制权，有助于保护作者的合法权益并维护作品的正常传播秩序。

三、修改权

修改权是著作权人对自己创作的作品享有的基本权利之一，它允许作者根据自己的意愿对作品进行修改，或者授权他人进行修改。这种修改是对作品的立意、观念、文字等方面的调整和完善，旨在使作品更加符合作者的表达意图和艺术追求。

修改权具有以下几个特点：第一，专属性。修改权是著作权人专有的权利，只有著作权人或者经其授权的人才能行使。未经著作权人同意，任何人不得擅自修改其作品。

第二，人身权属性。修改权属于著作权中的人身权范畴，它保护的是作者与作品之间的人格联系。因此，修改权的保护期不受限制，作者或作者的权利继承者永久享有修改权。

第三，非创作性。与改编权不同，修改权并不产生新的作品。它只是对原作品进行修饰和完善，不构成对作品的根本性改变，也不产生具有独创性的新作品。而改编权则是在原作品的基础上进行创造性的劳动，创作出一个具有独创性的新作品。

著作权人可以随时自行修改其作品，无需征得他人同意。著作权人也可以授权他人修改其作品。在授权时，可以明确修改的范围、方式等具体要求，以确保修改结果符合作者的意愿。在某些特定情况下，如报社、杂志社对投稿作品进行文字性修改和删节时，虽然无需征得作者同意，但这些修改不能改变原作品的实质性内容。如果作者不接受编辑的修改，编辑应尊重其意见。

侵犯修改权的行为通常表现为未经著作权人同意擅自修改其作品。这种行为不仅损害了著作权人的人格利益，还可能对作品的市场价值和社会影响造成负面影响。因此，各国法律都明确规定了侵犯修改权的法律责任，以维护著作权人的合法权益。

四、保护作品完整权

保护作品完整权是指未经作者授权，任何人不得对作品进行实质性修改，更不得故意改变或用作伪的手段改动原作品。保护作品完整权包括两个方面的内容：其一，作品本身遭受了改动，如对摄影作品进行了剪辑，改变了作品的主题；其二，作品本身并未改变，但对作品进行了其他使用，如将用于公益广告的美术作品改作商业用途等，从而损害了作者的名誉与声望。需要注意的是，如果作品本身没有遭受改动，在认定某行为是否侵犯了保护作品完整权时，应当以该行为损害了作者的名誉或者声望为要件。

保护作品完整权的核心在于保护作品中所要表达的思想、观点和情感的完整，而非单纯的文字或表达形式的完整。在改编、翻译等情况下，只要未改变作品的基本思想和情感，通常不视为侵犯保护作品完整权。在某些情况下，保护作品完整权会受到一定的限制。按照我国著作权法和其他国家的惯例，下述情况不应认为侵害了作品完整权：第一，出版者为刊载需要，对作品作文字性修改、删减；第二，著作权人许可他人将作品摄制成电影作品和以摄制电影的方法摄制作品的，视为已同意对其作品进行必要的改动；第三，为教学目的不得已对作品的用词、用语所作的改动；第四，为计算机硬件的正常运转或者为版本升级而对计算机软件所作的必要改动；第五，建筑物的所有人或管理人为了改建、修缮、扩建建筑物而进行的必要改动；第六，被许可使用人在未改变主题的情况下，对美术作品、摄影作品载体尺寸、大小进行的改动；第七，按照作品的性质、使用目的或者按照诚信原则不得已对作品进行的其他改动。[1]

第二节 著作财产权

根据我国《著作权法》的规定，著作财产权包括复制权、发行权、出租权、展览权、表演权、放映权、广播权、信息网络传播权、摄制权、改编权、翻译权、汇编权，除此之外还规定了一个兜底条款。

一、复制权

复制权有广义和狭义之分。狭义的复制权仅指与原作品同一形态的复制，如将文书加以手抄、印刷、照相，将绘画、雕刻加以摹拓等。随着技术的发展，复制的方式也在不断扩展。而广义的复制权还包括对原作品加以若干改变，但不改变其宗旨和核心内容，如将小说改编成剧本、拍成电影等。复制权是著作权人自己复制或者许可他人复制其作品并获得报酬的权利。复制权是著作权财产权利中重要的一项权能，几乎其他权利的实现都以复制权为基础。

我国《著作权法》第10条第1款第5项规定："复制权，即以印刷、复印、拓印、录音、录像、翻录、翻拍、数字化等方式将作品制作一份或多份的权利。"这一法律规定明确了复制权的含义和范围，为著作权人行使复制权提供了法律保障。需要注意的是，未经著作权人许可，擅自复制其作品的行

---

[1] 参见李雨峰、王玫黎：《保护作品完整权的重构——对我国著作权法相关条款的质疑》，载《法学论坛》2003年第2期。

为构成侵权。在认定是否侵犯复制权时，需要考虑是否存在合理使用等抗辩事由。根据《著作权法》的相关规定，某些情况下未经许可使用作品可能并不构成侵权，如为了个人学习、研究或者欣赏而使用他人已经发表的作品等。

二、发行权

发行权是指以出售或者赠与方式向公众提供作品的原件或者复制件的权利。发行权是著作权人实现作品经济价值的重要途径之一。著作权人可以自己发行作品，也可以授权他人发行。发行的方式灵活多样，包括散发、出借、出售、赠与等。

发行权主要有以下几个特点：第一，与复制权紧密相关。有学者指出，准许作品或者复制品发行的权利和准许制作这些复制品的权利是相互关联、密不可分的。[1] 发行权与复制权有密切联系，因为发行往往涉及复制件的传播。然而，发行权的目的在于防止或阻止盗版或非法复制品的流转，从而保护著作权人的经济利益。在我国，复制和发行共同构成了出版。第二，行使方式特定。发行权主要以出售或赠与方式向公众提供作品的原件或复制件，体现了著作权人对作品传播方式的控制。第三，权利用尽规则。在某些情况下，发行权行使一次后即告用尽，即作品的原件或复制件一旦经著作权人同意进入市场后，著作权人对于该特定复制品的进一步发行通常无权再行控制。这一规则限制了著作权人在作品流通中的持续控制力。德国、美国、奥地利等国的著作权法对此都有规定。我国著作权法对此虽没有明文规定，但应作如此解释。第四，国际差异。不同国家对发行权的保护程度和行使限制存在差异。有些国家可能对发行权行使次数进行限制，而有些国家则不对其作任何限制，导致权利保护水平有所不同。

三、出租权

出租权，是指有偿许可他人临时使用视听作品、计算机软件的原件或者复制件的权利。出租权实质上是出租附着在载体上的作品。出租权主要适用于视听作品、计算机软件的原件或者复制件。对于传统书刊，虽然也可以适

---

[1] 参见［西］德利娅·利普希克:《著作权与邻接权》，中国对外翻译出版公司、联合国教科文组织2000年版，第138页。

用出租权，但并非其主要应用场景。

例外情况：如果计算机软件并非出租的主要标的，则不适用出租权的相关规定。

出租权的主体主要包括录音录像制作者、电影作品和以类似摄制电影的方法创作的作品的著作权人、计算机软件的著作权人等。著作权人可以通过创作作品的方式取得出租权，这是最基本的方式。著作权人可以许可他人行使出租权，并依照约定或者法律规定获得报酬。根据《民法典》的相关规定，公民的著作权、专利权中的财产权利可以作为遗产被继承。未经著作权人许可擅自出租其作品或其复制件的行为构成侵权，侵权者应当承担相应的法律责任。这包括停止侵权行为、赔偿损失等。

四、展览权

展览权，又称展示权，是指公开陈列美术作品、摄影作品的原件或者复制件的权利。美术作品包括绘画、版画、漫画、卡通、素描、书法、字形绘画、雕塑等；摄影作品包括照片、幻灯片及其他以摄影的方法创作的作品。一般情况下，作品原件的价值高于复制件的价值。但有些复制件也具有相当的艺术造诣和展览价值，因此，作品的原件和复制件都可以成为展览的对象。

展览不仅是信息、通信和娱乐的综合体现，也是面对面沟通中充分挖掘五官感觉的营销媒介。展览的主要目的是宣传、展示和推广某个主题或产品。通过展览，观众可以近距离接触展品，了解展品背后的故事和文化内涵，从而加深对相关主题或产品的认知和理解。此外，展览也是企业推广新产品、树立品牌形象的重要手段之一。展览的形式也灵活多变，既可以在展览馆、博物馆等大型专业场所进行，也可以在会议中心、商场、街头等公共场所举办。随着科技的发展，线上展览也成为一种新兴的展览形式，观众可以通过网络平台随时随地观看展览。

在我国著作权法的框架下，展览权仅适用于美术作品和摄影作品等特定类型的作品，而对于文学作品、戏剧作品等其他类型的作品则不适用，与德国、日本相同。韩国著作权法仅规定美术作品享有展览权；美国则对展览权的对象没有任何限制；西班牙处于二者之间，规定所有的艺术作品都享有展览权。

展览权一般由著作权人享有。但是，根据我国《著作权法》的规定，美术作品原件所有权的转移，虽然不影响著作权人的其他权利，但是作品原件的展览权却转移给原件的所有人。显然，该权利受到了相当程度的限制。这样规定是为了解决作品原件的所有权与著作权的冲突，便于当事人行使权利和对作品的利用。

五、表演权

表演权，即公开表演作品，以及用各种手段公开播送作品的表演的权利。其特点在于必须以公开的方式进行，面向不特定的多数人。表演权可以区分为两种类型：一是现场表演。现场表演是指演出者运用演技，向现场观众直接表演作品的行为。如话剧演员对话剧的表演、钢琴家现场弹奏乐曲、演唱者对音乐作品的演唱等。它具有即时性、现场性和互动性，观众可以直观地感受到表演者的演技和情感表达。二是机械表演。机械表演是指借助录音机、录像机等技术设备将自然人的表演公开传播，即以机械方式传播作品的表演。它具有可重复性、传播范围广的特点。

《伯尔尼公约》规定，表演权的对象是文学作品、音乐作品和戏剧作品，排除了广播电台和电视台对作品的无线播放[1]。德国、英国的适用范围也是如此。美国、法国、意大利则把表演权的范围扩大到电影作品。机械表演不应包括广播电台和电视台的无线播放，也不包括电影作品的放映，前者属于作品的广播权，后者属于作品的放映权。

六、放映权

放映权，即指通过放映机、幻灯机等技术设备公开再现美术、摄影、电影和以类似摄制电影的方法创作的作品等的权利。"公开再现"是其本质特征，这意味着放映行为必须面向不特定的公众进行，而非个人或家庭内部的私密放映。放映权的适用对象，各个国家的规定有所不同。我国与德国的规定较为相似，其适用范围不仅限于电影作品，同样适用于美术作品、摄影作品及其他能够放映的作品。随着科技的发展，放映权所涵盖的作品类型也在不断扩展，如视频、音频、音像、音乐、MTV、电视节目、电视连续剧等。

---

[1] 世界知识产权组织：《保护文学和艺术作品伯尔尼公约：（1971年巴黎文本）指南》，刘波林译，中国人民大学出版社2002年版，第53页。

但是，很多国家和地区规定，放映权仅适用于视听作品，如英国、美国、西班牙、日本等。

放映权的行使通常需要获得著作权人或相关权利人的许可。对于电影作品而言，放映权通常由制片人行使，要放映电影只需征求制片人同意即可，无须再征得各有关部分作者的许可。放映权的行使方式可以是有偿的，也可以是无偿的，但无论有偿还是无偿，未经许可擅自放映作品都会触及放映权。同时，放映权也要受到一定的限制：第一，合理使用制度。在某些情况下，如为了个人学习、研究或欣赏目的而少量复制放映作品，可能构成合理使用，不视为侵权。但具体是否构成合理使用，需要根据法律规定和具体案情进行判断。第二，法定许可与强制许可。在某些国家或地区的法律中，可能存在法定许可或强制许可制度，允许在一定条件下不经著作权人许可即可使用其作品。

放映权受到著作权法的严格保护。任何未经许可擅自放映作品的行为都可能构成侵权，需要承担相应的法律责任。侵权人可能面临停止侵权、赔偿损失等法律后果。放映权作为著作权法中一项重要的财产权利，它保护了著作权人对其作品通过放映机、幻灯机等技术设备公开再现的控制权。随着科技的发展和文化产业的繁荣，放映权在促进作品传播和文化交流方面发挥着越来越重要的作用。同时，法律也为放映权的行使提供了明确的规范和保护机制，以确保著作权人的合法权益得到有效维护。

七、广播权

广播权是著作权人就其作品享有的向公众传播的权利。其特征在于传播方式的多样性，既包括传统的无线广播，也包括有线传播、转播以及通过扩音器等其他工具的传播。广播权是著作财产权的重要内容，它赋予了著作权人对其作品传播方式的广泛控制权。广播权主要适用于文字作品、口述作品、音乐、戏剧、曲艺、舞蹈作品、电影、电视以及录像作品等。这些作品类型涵盖了文学艺术和科学领域的各个方面，体现了广播权在著作权法中的广泛适用性。

著作权人可以自行行使广播权，也可以通过许可合同的方式授权他人行使。在许可他人行使广播权时，著作权人有权要求被许可人支付报酬。广播电台、电视台等播放组织在播放他人已发表的作品时，虽然可以不经著作权人许可，但应当支付报酬。对于已经出版的录音制品，播放组织同样可以不经著作权人许可播放，但同样需要支付报酬。广播权虽然赋予了著作权人广泛的传播控制权，但也受到一定限制。例如，在法定许可和合理使用等特定情况下，他人可以在未经著作权人许可的情况下使用其作品。此外，广播权还受到其他相关法律法规的限制，如《无线电管理条例》等法规对无线电波的使用和管理进行了规定，从而间接影响了广播权的行使。

未经著作权人许可广播他人作品或广播他人作品未按规定支付报酬的，应当承担相应的法律责任。这些责任可能包括停止侵害、消除影响、公开赔礼道歉、赔偿损失等。在司法实践中，法院会根据具体案情和法律规定来判断侵权行为的性质和后果，并作出相应的判决。

八、信息网络传播权

信息网络传播权是指著作权人及其他权利人享有的以有线或者无线方式向公众提供作品，使公众可以在其个人选定的时间和地点获得作品的权利。这是著作权人在网络环境下对其作品传播的重要控制权。它允许著作权人决定其作品是否以及如何通过网络进行传播，包括网站、博客、社交媒体、视频平台等各种网络渠道。

信息网络传播权的特点在于：第一，电子环境。信息网络传播权是在电子环境下行使的，包括互联网、移动通信网等以数字化形式存储和传输作品的网络环境。第二，交互性。信息网络传播权允许公众在其个人选定的时间和地点获得作品，体现了传播的交互性。第三，权利内容包括公开传播权和交换传播权。公开传播权是指通过信息网络向公众提供作品的权利，如上传或发布文章、音乐、视频等；交换传播权则是指通过信息网络将作品传输给其他人的权利，如通过电子邮件或即时通信软件发送文件。

未经著作权人许可擅自通过网络传播其作品的行为构成侵权，需承担相应的法律责任，包括民事责任、行政责任和刑事责任。在信息网络传播中，存在一些例外情况允许使用他人作品，如为学术研究、教学或社会公益等目的使用，但这种使用必须符合合理使用原则，不得侵犯原著作权人的合法权益。

九、摄制权

摄制权，是指以摄制电影或者以类似摄制电影的方法将作品固定在载体上的权利。摄制权强调的是"以摄制电影或者以类似摄制电影的方法",这意味着简单的机械录制并不构成摄制权所指的创作行为。摄制权适用于各种可以被拍摄成电影、电视剧、电视片或录像制品的作品,包括但不限于文字作品、音乐、美术、摄影作品等。摄制权的对象既包括原创作品本身,也包括作品中包含的各个元素,如剧本、音乐、美术设计等。未经许可,将他人的作品或作品中的元素摄入电影、电视等视听作品,都可能构成侵犯摄制权。

摄制电影的过程往往包含改编权的行使,因为将作品拍摄成电影通常需要对原作进行一定的改编以适应影视表现形式的需求。然而,改编权和摄制权是两个独立的权利,分别受到著作权法的保护。此外,摄制完成后形成的视听作品,还可能涉及信息网络传播权的问题。如果视听作品被上传至网络供公众在线观看或下载,那么著作权人还可以主张信息网络传播权来保护其作品的网络传播权益。

著作权人可以自己摄制作品并固定在载体上,也可以授权他人摄制作品。一旦作品的作者与制片人签订合同,同意将其作品摄制成视听作品,在视听作品摄制完成后,作者除享有署名和获得报酬的权利外,其他权利归视听作品制片人享有。而且,这时视为著作权人已经同意对其作品进行必要的不构成歪曲篡改的改动。但是,作者对自己的创作部分,如电影作品的剧本、音乐等,仍享有独立的著作权。

十、改编权

改编权即改编作品,创作出具有独创性的新作品的权利。改编应该是改编者的创造性劳动,不是简单地重复原作品的内容,而是在表现形式上有所创新,达到新的效果或新的创作目的。改编主要包括以下两种情况:一是不改变作品原来类型而改编作品。例如,将长篇著作缩写为简本,或者将短篇小说改写为长篇小说等。这种改编方式保持了原作品的类型不变,但在内容、结构或表达上进行了创新。二是在不改变作品基本内容的情况下将作品由一种类型改编成另一种类型。例如,将小说改编成剧本、将漫画改编成动画等。这种改编方式改变了原作品的类型,但保留了其基本内容,并在表现形式上进行了创新。改编权体现了著作权人的再创作能力,它允许著作权人在原作品的基础上进行二次创作,形成与原作品既有联系又有区别的新作品。

著作权人可以自行改编其作品,创作出新的作品并享有相应的著作权。

著作权人也可以授权他人行使其改编权，允许他人对原作品进行改编并创作出新作品。在这种情况下，著作权人通常会与被授权人签订书面合同，明确双方的权利和义务。

改编权受到《著作权法》的严格保护。根据该法的规定，著作权人可以许可他人行使其改编权并依照约定或者法律规定获得报酬，同时著作权人也有权禁止他人未经许可擅自改编其作品。未经著作权人许可擅自改编其作品的行为构成侵权，侵权人应当承担包括停止侵害、消除影响、赔礼道歉、赔偿损失等相应的法律责任。情节严重的还可能构成犯罪受到刑事处罚。

十一、翻译权

翻译权指的是将作品从一种语言文字转换成另一种语言文字的权利，如将中文译成外文或者少数民族文字。翻译是在原作的基础上进行再创作，但是翻译必须忠实于原作，不得侵犯原作的著作权。翻译权适用于文字作品、口述作品、电影或者以类似摄制电影的方法创作的作品等所有以语言为其表现形式的作品。

翻译应取得原作品著作权人的许可，并在作品中注明原作者和作品名称。在特定情况下，如为学校教学、科研翻译已发表的作品，或国家机关为执行公务使用作品等，可以不经著作权人许可进行翻译，但需符合合理使用原则。无论是对原作的理解与判断，还是在完成新作品过程中的选择、取舍、组合等，都是一种独创性的劳动，所以，法律赋予翻译人以新的与原作同等的著作权。当然，由于翻译毕竟是对已有作品的再创作，新作中凝结的是原作与二度创作的双重劳动，所以在保护翻译作者利益的同时，也要保护原作者的著作权。国际性著作权公约如《伯尔尼公约》和《世界版权公约》也对翻译权进行了规定，强调翻译权是著作权人的一项专有权利，并允许在一定条件下进行强制许可翻译。

十二、汇编权

汇编权是指将作品或者作品的片段或者其他材料通过选择或者编排，汇集成新作品的权利。汇编区别于改编，汇编是对各种类型的作品、作品的片段或不构成作品的数据或其他材料，在内容的选择或编排上体现独创性的作品，如期刊、报纸、百科全书等。汇编行为主要在于排版和编辑。改编则是以现有的已完成的音乐作品或其他类型作品局部为素材,重新进行编配的创作工作。改编行为主要在于创造性,改变作品的表现形式,创作出具有独创性的新作品。

汇编权主要包括以下特点:第一,选择或编排。汇编权的核心在于对原作品或作品片段的选择和编排。这种选择和编排是创作活动的核心,体现了汇编者的独创性。第二,独创性。选择和编排必须构成有独创性的汇编作品,而不仅仅是复制原作品或作品片段。独创性是汇编作品获得著作权保护的关键。以选择和编排新颖的宋词选编为例,尽管每首词的著作权可能已经丧失,但如果词选对每首词的选取以及全书的整体结构形式安排体现了独创性,则汇编人对这种形式享有新的著作权。这充分说明了汇编权在创作过程中的重要性和独特性。第三,不侵犯原作品著作权。汇编权在行使过程中,不得侵犯原作品著作权人的合法权益,包括发表权、署名权、保护作品完整权和获得报酬权等。

多数国家明确或者暗示地承认了汇编权,《伯尔尼公约》第2条之二也有规定。著作权人可以自行行使汇编权,将作品或作品片段进行选择和编排,创作出新的汇编作品。著作权人也可以通过授权合同的方式,允许他人行使汇编权。在授权他人行使汇编权时,著作权人有权要求被授权人支付相应的报酬。

第三节 著作权的保护期

一、著作人身权的保护期

著作人身权,作为著作权的重要组成部分,主要包括发表权、署名权、修改权和保护作品完整权。著作人身权的保护期根据其权利性质的不同而有所差异。署名权、修改权和保护作品完整权作为与作者身份直接相关的权利,其保护期不受时间限制,永久受法律保护。而发表权作为决定作品是否公之于众的权利,其保护期则受到时间限制,具体期限根据作者身份和作品类型而有所不同。这些规定旨在平衡作者、传播者及社会公众之间的利益,促进文化的繁荣和发展。

(一) 无期限保护的权利

第一，署名权。作者表明其身份，在作品上署名的权利。这一权利的保护期不受时间限制，永久受法律保护。即使作者去世后，其署名权仍由其继承人或法定机构代为保护，他人不得随意更改或抹去作者的署名。

第二，修改权。作者修改或者授权他人修改作品的权利。同样，修改权的保护期也是永久性的，不受时间限制。这意味着作者或其继承人有权对作品进行修改，或者授权他人进行修改，以维护作品的完整性和作者的创作意图。

第三，保护作品完整权。作者保护其作品不受歪曲、篡改的权利。这一权利的保护期也是永久性的，不受时间限制。任何未经作者或其继承人许可的歪曲、篡改作品的行为，都将构成对保护作品完整权的侵犯。

(二) 有限期保护的权利

发表权是作者决定作品是否公之于众的权利。发表权的保护期与著作权中的财产权利保护期相同，受到时间限制。具体来说：对于自然人作者的作品，发表权的保护期为作者终生及其死亡后50年，截止于作者死亡后第50年的12月31日；对于合作作品，保护期则截止于最后死亡的作者死亡后第50年的12月31日；对于法人或其他组织的作品，以及由法人或其他组织享有的职务作品，发表权的保护期为50年，从作品首次发表时起算，截止于首次发表后第50年的12月31日。若作品在创作完成后50年内未发表，则发表权不再受著作权法保护。

二、著作财产权的保护期

根据我国《著作权法》的规定，自然人作品的著作财产权，原则上采死亡起算主义，法人作品的著作财产权，原则上采发表起算主义，但又规定了一定的特例。具体而言：

第一，自然人的作品，其著作财产权的保护期为作者终生及其死后50年，截止于作者死亡后第50年的12月31日；如果是合作作品，期间截止于最后死亡的作者死亡后第50年的12月31日。该期间是固定不变的，与作品是否发表及何时发表无任何关系。

第二，法人或者其他组织的作品、著作权（署名权除外）由法人或者非法人单位享有的职务作品，其著作财产权的保护期截止于作品首次发表后第

50 年的 12 月 31 日，但作品自创作完成后 50 年内未发表的，不再保护。

第三，视听作品无论其归属于自然人还是法人，其财产权利的保护期均采发表起算主义，即保护期截止于作品首次发表后的第 50 年的 12 月 31 日。

第四，作者身份不明的作品，著作财产权的保护期采用发表起算主义，即截止于作品首次发表后第 50 年的 12 月 31 日。作者身份一旦确定，则适用一般自然人的著作财产权期间。之所以采用发表起算主义，原因在于，作者身份不明的作品，其作者身份无法确定，因而作者的死亡时间无法确定，采用发表起算主义是不得已的选择。

我国著作权法对著作财产给予 50 年的保护期满足了《伯尔尼公约》和 TRIPS 协定的要求。这两个公约规定，成员国或者地区对著作财产权必须给予最低 50 年的保护，但并不禁止成员国或者地区给予超过 50 年的保护期。实际上，有些国家的著作权法规定的保护期就超过了 50 年，如美国、英国、德国、法国都规定了 70 年或更长的保护期。

思考题：

1. 简述发表权的特点。
2. 简述修改权的行使。
3. 新技术发展对著作财产权的内容有何影响？
4. 简述著作权的保护期。

第六章 著作权的限制

【内容提示】

著作权的限制,即在著作权范围确定之后,出于利益平衡之需,允许他人在一定条件下不经著作权人许可而使用作品,是著作权制度自身的组成部分。本章主要涉及如下内容:(1)合理使用;(2)法定许可使用;(3)强制许可使用。

第一节 合理使用

一、合理使用的概念

合理使用是指在特定的条件下,法律允许他人自由使用享有著作权的作品,而不必征得权利人的许可、不向其支付报酬的合法行为。这是著作权法中对著作权人权利的一种重要限制机制,旨在平衡著作权人、作品使用者和社会公众之间的利益,有助于促进知识的传播和文化的繁荣,同时保障著作权人的合法权益不受不合理侵害。

合理使用的具体条件一般包括:第一,被使用的作品必须已经发表。使用作品的目的必须是正当的,如个人学习、研究、欣赏,或为介绍、评论某一作品等,且通常出于非商业用途。第二,合理使用不应侵犯著作权人的著作财产权以外的其他合法权利,如署名权、修改权等。第三,使用作品时,应当指明作者姓名、作品名称,并不得影响作品的正常使用,也不得不合理地损害著作权人的合法利益。

二、合理使用的标准

关于著作权的合理使用,国际上广泛接受的"三步检验标准"。根据《伯尔尼公约》、TRIPS 协定等国际公约，合理使用必须符合三个条件：只能在特定情形下作出；与作品的正常利用不相冲突；没有不合理地损害权利人的合法权益。我国《著作权法》也承认"三步检验标准"。

在认定合理使用的司法实践中，美国采用了因素主义立法模式，具体体现在《美国版权法》第 107 条中。判断合理使用的四个因素包括：使用的目的和性质（是否具有商业性质）；被使用作品的性质；与整个作品相比所使用的部分的数量和内容的实质性；使用对作品潜在市场或价值的影响。

三、合理使用的类型

《著作权法》第 24 条规定了属于合理使用的行为的 13 种类型，具体包括：

1. 为个人学习、研究或者欣赏，使用他人已经发表的作品。目的只能是学习、研究或者欣赏，而不能扩大到出版、出租等；主体只能是个人；对象不能是未发表的作品只能是已发表的作品。

2. 为介绍、评论某一作品或者说明某一问题，在作品中适当引用他人已经发表的作品。所谓"适当"是指所引用的部分不能构成引用人作品的主要内容或者实质内容，如果"引用"比例失当，则有可能构成抄袭。

3. 为报道新闻，在报纸、期刊、广播电台、电视台等媒体中不可避免地再现或者引用已经发表的作品。但这种使用仍有如下限制：一是使用目的仅限于报道时事新闻；二是被使用的作品必须是已发表的；三是在报道中应当注明被使用的作品出处和原刊登作品的报刊、电台等的名称。

4. 报纸、期刊、广播电台、电视台等媒体刊登或者播放其他报纸、期刊、广播电台、电视台等媒体已经发表的关于政治、经济、宗教问题的时事性文章，但著作权人声明不许刊登、播放的除外。这类使用限于政治、经济、宗教问题的时事性文章，并赋予作者以保留权。

5. 报纸、期刊、广播电台、电视台等媒体刊登或者播放在公众集会上发表的讲话，但作者声明不许刊登、播放的除外。公众集会是指群众性的政治集会、庆祝活动或者纪念性的集会。只要作者未声明不许刊登、播放，各界媒体可对此类作品进行合理使用。

6. 为学校课堂教学或者科学研究，翻译、改编、汇编、播放或者少量复制已经发表的作品，供教学或者科研人员使用，但不得出版发行。这类使用限定的目的是课堂教学或者科学研究；限定的主体是教学或者科研人员；限定使用的方式是翻译或者少量复制。

7. 国家机关为执行公务在合理范围内使用已经发表的作品。这里的国家机关包括立法、司法、行政和军事机关。执行公务指国家机关为完成法律赋予的职责所从事的活动。

8. 图书馆、档案馆、纪念馆、博物馆、美术馆、文化馆等为陈列或者保存版本的需要，复制本馆收藏的作品。这里的作品包括未发表的作品，但复制其应尊重作者的发表权，不能将其陈列。

9. 免费表演已经发表的作品，该表演未向公众收取费用，也未向表演者支付报酬，且以不营利为目的。这类合理使用行为，既要求演出组织者不得向公众收费，也不能向演员支付报酬，二者缺一不可。

10. 对设置或者陈列在公共场所的艺术作品进行临摹、绘画、摄影、录像。室外公共场所的艺术作品，是指设置或者陈列在室外社会公众活动场所的雕塑、绘画、书法等艺术作品。

11. 将中国公民、法人或者非法人组织已经发表的以国家通用语言文字创作的作品翻译成少数民族语言文字作品在国内出版发行。构成这类合理使用应当具备以下条件：第一，针对的主体是具有中国国籍的自然人、法人或者其他组织的作品。外国人，包括外籍华人的作品，均不包括在内。第二，作品已发表。被翻译的作品必须是已经发表的以汉语言文字创作的作品。未发表的作品不受此条款保护。第三，翻译目标语言。翻译成的作品必须是少数民族语言文字作品。这体现了对少数民族语言文字和文化的尊重与保护。第四，出版发行范围。翻译后的作品必须在中国境内出版发行。

12. 以阅读障碍者能够感知的无障碍方式向其提供已经发表的作品。此项规定体现了我国立法对身体残疾者的人文关怀。

13. 法律、行政法规规定的其他情形。

需要注意的是，前款规定同样适用于对与著作权有关的权利的限制。

第二节　法定许可使用

一、法定许可使用的概念

法定许可使用是指在一些特定的情形下，使用他人已经发表的作品可以不经著作权人许可，但应按照规定向著作权人支付报酬，并尊重著作权人其他权利的一种制度。这种使用行为依法不认定为侵权，是对著作权人权利的一种合理限制。

根据我国著作权法的规定，著作权法定许可使用的条件主要包括以下几个方面：第一，已发表作品。法定许可使用的作品必须是已经发表的作品。未发表的作品不适用法定许可制度，因为法定许可制度旨在平衡著作权人、作品使用者和社会公众之间的利益，而未发表作品尚未进入公共领域，需要保护著作权人的发表权。第二，符合法定情形。使用行为必须符合《著作权法》规定的具体情形。第三，尊重著作权人其他权利。在使用作品的过程中，不得侵犯著作权人的精神权利，如署名权、保护作品完整权等，也不得影响作品的正常使用。这意味着使用者在使用作品时应当指明作者姓名或名称、作品名称，并保持作品的完整性和原意。第四，支付报酬。虽然法定许可使用行为无需事先征得著作权人许可，但使用者必须按照规定向著作权人支付报酬。这是法定许可与合理使用制度的主要区别之一。支付报酬是保护著作权人经济利益的重要措施，也是法定许可制度合法性的基础。第五，著作权人保留权。在法定许可使用的情形下，如果著作权人事先声明保留权利，即明确表示不允许他人以法定许可的方式使用其作品，则法定许可制度不再适用。这体现了对著作权人意思自治的尊重和保护。

二、法定许可使用的类型

1. 为实施九年制义务教育和国家教育规划而编写出版教科书，在教科书中汇编已经发表的作品片段或者短小的文字作品、音乐作品或者单幅美术作品、摄影作品。对于该项法定许可使用需要注意以下问题：第一，法定许可的适用范围。根据《著作权法》的相关规定，这种汇编行为属于法定许可使用范畴，但仅限于为实施九年制义务教育和国家教育规划而编写出版的教科书。这意味着，其他类型的出版物或用途不适用此法定许可规定。第二，著作权人声明保留权利的处理。《著作权法》明确规定，除作者事先声明不许使用的外，可以不经著作权人许可进行汇编。因此，在汇编作品前，教科书编写者应当仔细核查原作品是否有相关声明，尊重著作权人的意愿。如果著作权人已声明保留权利，则不得擅自汇编其作品片段。第三，报酬支付义务。法定许可虽然无需事先征得著作权人许可，但教科书编写者应当按照规定向著作权人支付报酬。教科书编写者应当确保报酬支付的及时性和准确性，避免因报酬问题引发纠纷。第四，署名权和保护作品完整权的尊重。在汇编作品时，教科书编写者应当尊重著作权人的署名权和保护作品完整权。这意味着，在教科书中汇编的作品片段应当明确指明作者姓名或名称、作品名称，并保持作品的完整性和原意，不得进行歪曲、篡改等损害作品完整性的行为。第五，合理使用范围的限制。虽然属于法定许可使用范畴，但教科书编写者在使用作品时仍应遵守合理使用的原则。这包括使用作品的数量、比例应当合理，不得超出教学需要的范围；使用方式应当适当，不得损害作品的市场价值或影响著作权人的其他合法权益。

2. 报纸、期刊转载或作为文摘资料刊登其他报刊已经登载的作品。转载是指将原创内容从原出处转移或复制到其他报刊上已发表的作品，供他人阅读或使用；摘编是指对文章内容进行摘录、编辑。对于该项法定许可使用，需要注意以下问题：第一，著作权人声明不得转载、摘编的，不适用法定许可使用。但著作权人如果要排除法定许可使用，应当在报纸、期刊首次刊登该作品时附带声明；第二，只能在报刊之间进行；第三，依法定许可进行转载或摘编的，应该按照规定支付报酬，注明作者姓名、作品名称及原作首次刊登的报刊名称和日期，并且不得侵犯著作权人所享有的其他权利。

3. 录音制作者使用他人已经合法录制为录音制品的音乐作品制作录音制品。著作权人享有保留权。行使保留权的方式是在作品被合法录制为录音制品时附加声明。

4. 广播电台、电视台播放他人已发表的作品。对于该法定许可使用，著作权法未赋予著作权人以保留权。

5. 广播电台、电视台、互联网平台公开传播或者播出录音制品。对于这项法定许可使用需要以下问题：第一，对于该法定许可使用，著作权法未赋予著作权人以保留权；第二，广播电台、电视台播放已经出版的录音制品应当向著作权人支付报酬。

第三节　强制许可使用

强制许可使用，是指在一定条件下，由著作权主管机关根据情况，将对已发表作品进行特殊使用的权利授予特定使用人的行为。这种制度在国际著作权公约中被称为强制许可证，是一种非自愿的许可情形。强制许可使用的权利主要包括复制权、翻译权等。

著作权强制许可使用通常具有以下几个特点：第一，非自愿性。强制许可的授予并非基于著作权人的同意，而是由著作权主管机关根据法定条件决定。第二，条件限定。强制许可的授予受到严格条件限制，通常涉及公共利益、教育目的或新闻报道等特定情形。第三，有偿性。虽然强制许可的使用无需著作权人同意，但使用者必须向著作权人支付合理的报酬。第四，非独占性。通过强制许可获得的使用权是非独占性的，不得转让。

我国《著作权法》中没有直接规定强制许可制度，因此在实际操作中，应严格遵守现有法律法规，避免侵犯著作权人的合法权益。目前，我国已加入的《伯尔尼公约》和《世界版权公约》等国际公约确立了此项制度。随着著作权法律制度的不断完善和发展，未来我国著作权法是否会引入强制许可制度，仍需进一步观察和研究。

思考题：

1. 简述合理使用的标准。
2. 简述合理使用的类型。
3. 简述法定许可使用的条件。
4. 简述强制许可使用。

第七章 著作权的利用

【内容提示】

本章论述了著作权的利用,其内容主要包括:(1)著作权利用的特殊机制——集体管理制度;(2)著作权许可使用;(3)著作财产权的其他利用方式。

第一节 著作权利用的特殊机制——集体管理制度

一、著作权集体管理的概念与适用范围

著作权集体管理,指的是著作权人和邻接权人通过一种组织系统,对某些受著作权和邻接权保护的客体的使用予以许可、收取相应报酬,并向著作权人和邻接权人进行分配的制度。著作权集体管理的核心在于通过集体组织的力量,集中行使著作权人的权利,以简化权利行使过程,提高权利保护效率。著作权集体管理的适用范围是那些相对人较多、著作权人自己行使起来比较困难的权利,一般包括表演权、放映权、广播权、出租权、信息网络传播权、复制权等。在学理上,把依照集体管理方式收取费用的财产权利称为"小权利"。

二、著作权集体管理机构

著作权集体管理机构,即著作权集体管理组织,是依法设立,根据权利人授权,对权利人的著作权或者与著作权有关的权利进行集体管理的社会团体。在中国,主要的著作权集体管理组织包括中国音乐著作权协会、中国音像著作权集体管理协会、中国文字著作权协会、中国摄影著作权协会、中国

电影著作权协会等。这些组织依照相关法规进行登记并开展活动，它们通过集中行使权利人的著作权，维护权利人的合法权益，并促进作品的合法使用和传播。同时，这些组织也受到国家著作权主管部门的监督和管理，以确保其活动的合法性和公正性。随着文化产业的不断发展，著作权集体管理机构的作用将越来越重要。

著作权集体管理组织是非营利性法人，其运作不以营利为目的，而是为权利人的利益服务。著作权集体管理组织的设立方式、权利义务等，通常由国务院另行规定。它的运作模式体现在以下几个方面：第一，会员制度。著作权集体管理组织通常采取会员制度，只有成为会员的著作权人才能够享受组织的法律保护。会员需按照规定的程序和条件加入组织，并交纳相应的会员费。第二，授权管理。著作权集体管理组织代表会员进行维权活动，必须事先获得会员的明确授权。授权范围、期限和具体运作方式等需在合同中明确规定。第三，收费标准。著作权集体管理组织在维权过程中会产生一定的费用，如律师费、取证费等。这些费用通常由组织按照标准向会员收取，以保障组织的正常运转。第四，纠纷处理。著作权集体管理组织负责处理与侵权行为有关的纠纷。组织需采取积极有效的法律手段，维护会员的合法权益。

三、著作权集体管理的法律关系

著作权集体管理的法律关系体现在两个方面：一方面，在内部关系上，会员大会是著作权集体管理组织的权力机构，职能包括了制定和修改章程、制定和修改使用费收取标准、选举和罢免理事、制定内部管理制度、决定使用费转付方案和著作权集体管理组织提取管理费的比例等事项。同时，著作权集体管理组织还设立理事会，作为会员大会的执行机构，执行会员大会的决定，召集会员大会，并对会员大会负责。另一方面，在对外关系上，著作权集体管理组织除了履行其基本职责，比如，发放许可和收取许可使用费外，还涉及一系列其他事务，包括提起维护著作权的诉讼或者仲裁、与境外著作权集体管理组织签订协议、接受政府和社会公众的监督。另外，著作权集体管理组织与权利人之间是一种信托关系。按照这种关系，著作权人参加著作权集体管理组织之后，著作权集体管理组织可以以自己的名义从事上述活动，无须再获得著作权人的授权。

四、著作权集体管理机构的监督

对著作权集体管理机构的监督主要体现在以下几个方面：第一，内部监督。著作权集体管理组织应当依法建立财务、会计制度和资产管理制度，并按照国家有关规定设置会计账簿。在每个会计年度结束时制作财务会计报告，委托会计师事务所依法进行审计，并公布审计结果。第二，外部监督。国家著作权主管部门和其他有关部门对著作权集体管理组织进行监督和管理。监督方式有：检查著作权集体管理组织的业务活动是否符合法规及其章程的规定，核查会计账簿、年度预算和决算报告及其他有关业务材料，派员列席会员大会、理事会等重要会议等。第三，权利人和使用者的监督。权利人和使用者也有权对著作权集体管理组织进行监督。他们可以要求查阅相关记录和业务材料，对认为著作权集体管理组织有违反法规行为的情况，可以向国务院著作权管理部门检举或举报。对著作权集体管理机构的监督也是保障这一制度有效运行的重要环节。

第二节 著作权许可使用

一、著作权许可使用的概念与特征

著作权许可使用，又称为许可证贸易，是指著作权人授权他人以一定的方式，在一定的时期和一定的地域范围内商业性使用其作品并收取报酬的行为。这种授权行为通过许可使用合同来明确双方的权利义务关系，包括使用方式、使用期限、使用地域范围以及付酬标准等关键要素。著作权许可使用在著作权法中占有重要地位，它允许著作权人在保留其著作权人身份的前提下，通过许可他人使用其作品来实现经济利益和社会效益的最大化，是著作权人实现其作品价值的重要方式之一，也是促进文化繁荣和技术进步的重要手段。

著作权许可使用具有以下几个特征：第一，授权性。著作权人通过许可使用合同明确授权他人使用其作品。第二，商业性。被许可人通常在商业性活动中使用作品，并可能需要向著作权人支付报酬。第三，有限性。许可使用受到合同约定的时间、地域范围和使用方式的限制。第四，合同性。许可使用行为通过许可使用合同来明确双方的权利义务关系，具有法律效力。

二、著作权许可使用的种类

（一）独占许可使用

独占许可使用是指著作权人将全部或部分著作财产权在一定期限内独占性地许可被许可人使用，并在此期间内自己不得行使且不得再许可第三人行使同一权利的许可方式。这种许可方式赋予了被许可人在合同约定的时间、地域范围内以特定方式独占使用作品的权利，具有排他性和独占性。被许可人在获得独占许可后，有权排除包括著作权人在内的任何人在同一时间和地域范围内以相同方式使用作品。这种许可方式在商业实践中常用于保护被许可人的商业利益，确保其在特定市场或领域内的独家地位。

需要注意的是，独占许可使用合同可以向著作权行政管理部门备案，以作为发生纠纷时的证据。独占许可使用合同的形式应采取书面形式，并明确约定许可使用的权利种类、地域范围、期间、付酬标准和方法等关键条款。同时，被许可人在行使独占许可权利时，应遵守合同约定和相关法律法规的规定，不得侵犯著作权人的其他合法权利。如有违反，将承担相应的法律责任。

（二）排他许可使用

排他许可使用，又称独家许可使用，是指著作权人授权被许可人在一定期限和地域范围内以特定方式使用作品，同时保留自己在该范围内使用作品的权利，但不得再许可他人进行同样的使用。排他许可使用的特征体现在：第一，排他性。排他许可使用排除了除著作权人和被许可人之外的任何第三方在同一时间和地域范围内以相同方式使用作品的可能性。第二，著作权人保留使用权。与独占许可使用不同，排他许可使用允许著作权人自己也在授权范围内使用作品。第三，不得再许可第三人。著作权人在授权期限内，不得再向任何第三方发放该作品在授权范围内的使用许可。在商业实践中，排他许可使用因其既能保证被许可人在一定范围内的独占地位，又能保留著作权人自身的使用权，而具有广泛的应用价值。例如，在软件开发、品牌授权、音乐版权等领域，排他许可使用常被用于确保作品或品牌在一定市场或领域内的独特性和竞争力。

排他许可使用作为著作权许可使用的一种形式，其法律基础主要来源于

《著作权法》及相关法律法规。这些法律文件规定了著作权人可以通过合同方式将其享有的著作财产权中的一项或多项权利许可他人使用,并明确了许可使用的权利种类、地域范围、期间以及付酬标准等事项。被许可人享有在授权期限内、地域范围内以特定方式独占使用作品的权利,并有权排除第三方(不包括著作权人)的相同使用。被许可人应当按照合同约定支付许可使用费,并遵守合同约定的使用方式、地域范围等限制条件。著作权人保留在授权范围内使用作品的权利,但不得再许可第三人进行同样的使用。同时,著作权人也有义务保证被许可人能够按照合同约定行使权利,不受第三方的不法侵害。当被许可使用的权利受到第三人不法侵害时,被许可人可与著作权人共同提起诉讼;在著作权人不提起诉讼的情况下,被许可人可以以自己的名义独立提起诉讼,以保护自己的权利。

(三)普通许可使用

普通许可使用,又称非独占性许可使用或一般实施许可,是指著作权人授权被许可人在一定期限和地域范围内以特定方式使用作品,同时著作权人保留自行使用作品或再次许可他人使用的权利。普通许可使用的特征包括:第一,非独占性。普通许可使用不赋予被许可人独占性权利,即著作权人和其他被许可人均可在同一时间和地域范围内以相同方式使用作品。第二,灵活性。普通许可使用为著作权人提供了较大的灵活性,允许其根据市场需求和商业策略调整授权范围和使用条件。第三,广泛应用性。普通许可使用是著作权许可使用中最常见的形式之一,适用于各种作品的广泛传播和利用。在商业实践中,普通许可使用因其灵活性和广泛应用性而备受青睐。例如,在音乐、影视、文学、艺术等领域,普通许可使用常被用于作品的数字化传播、网络发行、实体出版等多种形式的利用。著作权人可以通过普通许可使用合同,将作品的使用权授予多家被许可人,从而实现作品的广泛传播和商业化利用。

在普通许可使用合同中,双方可能会因权利范围、使用方式、付酬标准等事项产生争议。此时,双方应依据合同约定和相关法律规定进行协商解决;协商不成的,可通过诉讼或仲裁等法律途径解决争议。在争议解决过程中,法院或仲裁机构通常会根据合同的具体约定、相关法律规定以及公平合理原则进行裁判或裁决。

三、著作权许可使用合同的内容

著作权许可使用合同是著作权人与被许可人之间就作品使用权限所达成的法律协议，其内容详尽地规定了双方的权利与义务。著作权许可使用合同的主要内容包括：

1. 许可使用的权利种类

著作权许可使用合同首先需明确许可使用的权利种类，这是合同的核心内容之一。著作财产权包括复制权、发行权、出租权、展览权、表演权、放映权、广播权、信息网络传播权、摄制权、改编权、翻译权、汇编权等。在合同中，应具体列明被许可人获准行使的权利种类，如信息网络传播权、复制权等。这有助于双方明确权利范围，避免日后发生争议。

2. 许可使用的权利是专有使用权或者非专有使用权

专有使用权与非专有使用权是著作权许可使用中的两种重要类型。专有使用权是指著作权人授予被许可人在约定范围内对作品享有独占和排他的使用权，著作权人在此期间内不得再向第三人授予相同内容的许可。非专有使用权则允许著作权人向多人授予相同内容的许可，被许可人之间不存在排他性。在合同中，应明确许可使用的权利性质，以确保双方的权利与义务清晰、明确。

3. 许可使用的地域范围、时间期限

地域范围和时间期限是著作权许可使用合同中的关键条款。地域范围指被许可人行使权利的地域界限，如全国范围、特定国家或地区等。时间期限则限定了被许可人行使权利的有效期间。在合同中明确这些条款，有助于双方对权利行使的范围和时间有清晰的预期，避免产生误解和纠纷。

4. 付酬标准和方法

付酬标准和方法是著作权许可使用合同中涉及经济利益的重要部分。付酬标准应根据作品的商业价值、市场需求、使用方式等因素合理确定。付酬方法则包括一次性支付、分期支付、按比例分成等多种方式。在合同中明确这些条款，有助于双方对经济利益分配有清晰的预期，确保合同的公平性和可执行性。

5. 违约责任

违约责任条款是著作权许可使用合同中的保障性条款。当一方违反合同约定时，应承担相应的违约责任。违约责任可能包括继续履行、采取补救措施、赔偿损失等。在合同中明确违约责任条款，有助于双方对违约后果有清晰的预期，增强合同的约束力和执行力。

6. 双方认为需要约定的其他内容

除了上述主要内容外，双方还可以根据实际需要约定其他内容。例如，保密条款、争议解决方式、权利转让条款等。这些条款的约定有助于双方更好地维护各自的权益平衡。

综上所述，著作权许可使用合同的内容应详尽而明确，以确保双方对权利与义务有清晰的预期和共识。这有助于促进作品的合法传播和利用，同时也为双方的合作提供坚实的法律保障。

第三节　著作财产权的其他利用方式

一、著作财产权转让

（一）著作财产权转让的概念和特征

著作财产权转让是指著作权人作为转让人，通过合同方式将其享有的著作财产权中的一项或多项权利，有偿或无偿地转让给受让人的法律行为。这里的著作财产权包括但不限于复制权、发行权、出租权、展览权、表演权、放映权、广播权、信息网络传播权、摄制权、改编权、翻译权和汇编权等。转让完成后，受让人成为新的著作权人，享有相应的财产权利，而原著作权人则丧失已转让的权利。

著作财产权转让是著作权法中一个复杂而重要的法律行为，在进行著作财产权转让时，应严格遵守相关法律法规的规定，以确保转让行为的合法性和有效性。著作财产权转让的特征包括：

第一，转让对象的特定性。著作财产权转让的对象仅限于著作财产权，而不包括著作人身权。著作人身权，如署名权、修改权和保护作品完整权等，由于与作者的人格利益紧密相关，具有永久性和不可剥夺性，因此不能成为转让的对象。

第二，转让导致权利主体的变更。当著作财产权从原始权利人（著作权人）转移至受让人时，受让人便成为该部分权利的新的著作权人。这种转让行为导致著作权主体的变更,即原著作权人丧失已转让的权利,而受让人则取得相应的权利。

第三,转让的双方合意性。著作财产权的转让必须基于双方自愿和协商一致的原则。转让人和受让人需要就转让的权利种类、地域范围、转让价金、交付转让价金的日期和方式、违约责任等问题达成协议,并签订书面合同。这种双方合意性是著作权转让的重要特征之一。

第四,转让的法定性。著作财产权的转让必须是法律规定范围内的权利。超出法定范围的权利转让是无效的。这意味着,只有《著作权法》明确列出的那些财产性权利才可以被转让。此外,转让行为还需遵守相关法律法规的规定,如登记制度等。

第五,转让与作品载体所有权无直接关联。著作权的转让与作品载体的所有权无直接关联。作品通常需依附于特定的载体而存在,但著作权的转让并不涉及作品载体的所有权问题。这种特征体现了著作权与物权之间的区别。物权通常与特定的物或载体紧密相关,而著作权则更多地关注作品本身的内容和创造性表达。

第六,转让具有时间性和地域性。著作财产权的转让还受到时间和地域的限制。时间性体现在著作财产权的保护期有限,超过保护期的作品将不再受著作权法的保护,因此转让的期限也应在保护期内。地域性则体现在著作权转让受地域限制,一个国家法律所保护的某项权利只在该国范围内发生法律效力。

(二) 著作财产权转让的内容

著作权转让对当事人意义重大,为了避免不必要的纠纷,法律规定著作财产权的转让应当订立书面合同。这种合同详细规定了双方的权利和义务,以确保著作权的合法使用和权益的保障。著作权转让合同主要包括下列主要内容:作品的名称,转让的权利种类、地域范围,转让价金,交付转让价金的日期和方式,违约责任,双方认为需要约定的其他内容。著作财产权转让合同,可以向著作权行政管理部门备案。另外,根据《计算机软件保护条例》的规定,订立转让软件著作权合同,可以向国务院著作权行政管理部门认定的软件登记机构登记;中国公民、法人或者其他组织向外国人转让软件著作权的,应当遵守《中华人民共和国技术进出口管理条例》的相关规定。

(三) 著作财产权转让与许可使用的区别

著作财产权转让与许可使用是著作权法中两种重要的权利行使方式，它们在多个方面存在显著的区别：

第一，权利主体的变更不同。在著作财产权转让中，原著作权人将其享有的著作财产权全部或部分地转移给他人。一旦完成转让，原著作权人就不再享有已转让部分的著作权，受让人成为新的著作权人，享有相应的财产所有权。这种转让导致著作权权利主体的变更。在许可使用中，著作权人将其享有的著作财产权中的某些权利授权给他人使用，同时保留著作权所有权。这种使用方式并不会导致著作权的转移，被许可人只是获得了一定范围内使用作品的权利，著作权人仍然是权利的主体。

第二，权利范围与期限不同。受让人在转让完成后获得的是完整的财产权，包括使用、收益和处分的权能。除非合同另有约定，否则这种转让通常没有时间限制，受让人可以在著作权的保护期内自由行使这些权利。在许可使用中，被许可人获得的权利范围受到许可合同的严格限制，只能在合同约定的范围内、以一定的方式对作品进行使用。此外，许可使用通常都有一定的时间限制，许可使用期届满后，被许可的权利又回归著作权人。

第三，侵权诉讼主体不同。在著作财产权转让后，如发生侵权行为，受让人作为新的著作权人有权以自己的名义对侵权行为提起诉讼，保护自己的合法权益。在许可使用中，除非被许可人获得的是专有使用权，否则一般无权以自己的名义对侵权行为提起诉讼。侵权诉讼权仍由原著作权人行使。

第四，合同性质与形式不同。著作财产权转让合同是一种要式法律行为，必须签订书面合同以明确双方的权利和义务。这种合同具有财产权转让的性质。许可使用合同同样需要签订书面合同，但其性质更倾向于授权使用。在合同中应明确许可使用的权利种类、地域范围、期间以及付酬标准等重要条款。

第五，法律后果不同。转让完成后，原著作权人丧失已转让部分的著作权，受让人成为新的著作权人，享有相应的财产所有权。这种转让是不可逆转的，除非合同另有约定或存在法定无效情形。许可使用期限届满后，被许可人不再享有使用权，权利又回归著作权人。许可使用期间内双方的权利义务关系受许可使用合同的约束。

二、著作财产权质押

（一）著作财产权质押的概念与特征

著作财产权质押是指债务人或者第三人（出质人）依法将其著作权中的财产权出质，将该财产权作为债务的担保。在债务人不履行债务时，质权人（通常是债权人）有权依法以该财产权折价或者以拍卖、变卖该财产权的价款优先受偿。

著作财产权质押的特征包括：第一，标的为无体财产权。与动产质押不同，著作权质押的标的为无形的、可让与的财产权，即著作财产权。第二，出质人为作品创作者或继受者。出质人必须是合法著作权所有人，如果是两人以上共有的，出质人应为全体著作权人。第三，不以转移作品占有为要件。著作权质押的成立不以转移作品的占有为条件，质权人并不实际占有作品。第四，登记生效。著作权质押合同必须采用书面形式，并在国家版权局指定的登记机构进行登记，自登记之日起生效。第五，质权设立后出质人可继续使用作品。在质权设立后，出质人在无相反约定的情况下可以继续使用作品。

（二）著作财产权质押的法律效果

首先，担保债权实现。著作财产权质押旨在担保质权人（债权人）的债权实现，当债务人不履行债务时，质权人有权依法以该财产权折价或者以拍卖、变卖该财产权的价款优先受偿。

其次，限制出质人权利。出质人在质权存续期间，未经质权人同意，不得随意转让或许可他人使用已出质的著作财产权。出质人所得的转让费、许可使用费应当向质权人提前清偿所担保的债权或将之提存。

最后，对抗第三人。经过登记的著作财产权质押具有公示力，可以对抗第三人，保护交易安全。

三、著作财产权信托

著作财产权信托，是指著作权人通过转让或其他处分方式将其享有的著作财产权托付给受托人，由受托人按照约定的目的对著作财产权进行管理或处分的行为。著作财产权信托是一种特殊的财产权信托，其信托财产是著作财产权，而非有形的物质财产。信托设立后，受托人依据信托文件对著作财产权进行管理和处分，而著作权人（委托人）则丧失对该部分权利的直接控制权。

著作财产权信托的特征在于：第一，双重身份。在著作财产权信托中，著作权人往往同时是委托人和受益人，既享有设立信托的权利，也享有信托利益。第二，期限限制。信托的期限受到著作财产权保护期的限制，一般不得超过法律规定的保护期限。第三，独立性。信托一旦有效设立，信托财产即从委托人、受托人和受益人的自有财产中分离出来，成为一项独立运作的财产。

著作财产权信托的设立和运作受到《中华人民共和国信托法》和《著作权法》等法律法规的约束和保护。信托的设立需要签订书面信托合同，并进行必要的登记手续。信托期间，任何违反信托目的或损害受益人利益的行为都将受到法律的制裁。著作财产权信托作为一种有效的财产权管理和运作方式，通过专业的信托机构对著作财产权进行管理和处分，可以实现著作财产权的最大效益并保护受益人的利益。

思考题：

1. 简述我国的著作权集体管理制度。
2. 简述独占许可使用、排他许可使用和普通许可使用的区别。
3. 简述著作财产权转让的特征。
4. 简述著作权质押制度。

第八章
侵害著作权的法律责任

【内容提示】

本章论述了侵害著作权的法律责任,其内容主要包括:(1)侵害著作权的行为;(2)侵害著作权法律责任的类型。

第一节 侵害著作权的行为

一、侵害著作权行为的分类

侵害著作权行为是指未经著作权人授权而擅自使用他人作品的行为。不同国家对侵害著作权行为的分类不同。英美法系国家将侵害著作权的行为分为直接侵权行为和间接侵权行为,大陆法系国家则分为单独侵权行为和共同侵权行为。

在英美法系中,直接侵权行为指行为人的行为直接侵害了权利人的著作权,中间没有其他人行为的介入。例如,未经许可出租权利人的电影作品、未经许可商业性复制权利人的作品等。直接侵权行为在日常生活中比较常见。间接侵权行为则指行为人的行为并未直接实施受著作权控制的行为,但其行为与他人的直接侵权行为之间存在某种特定关系,基于法律原理或者公共政策的考虑,也应当被认定为侵权的行为。间接侵权包括教唆、引诱他人的侵权行为、故意帮助他人侵权的行为、"直接侵权"的预备行为和扩大侵权后果的行为。

在大陆法系中,单独侵权行为是行为人一人实施的侵害他人著作权利的行为。共同侵权行为指的是多人共同致人损害的行为,包括共同加害行为和共同危险行为。对共同加害行为的构成要件,有主观说和客观说两种。主观说要求加害人之间不仅有行为之分担，还必须有行为的意思联络；客观说认为，只要有共同加害的行为即构成共同侵权行为。共同危险行为指的是有多人参与，但不知其中谁为加害人，每一位参与人都要就全部损害负责的行为。《民法典》第1171条、第1172条分别规定了无意思联络承担责任的分别侵权行为。因此，我国立法上肯定的是客观说。

二、侵害著作权的表现形式

随着数字技术和加密技术的迅猛发展，加密措施渐渐成为保护作品的有效技术手段，为此，我国《著作权法》规定了涉及技术措施和权利信息的内容。通常情况下，未经权利人许可，任何组织或者个人不得故意避开或者破坏技术措施，不得以避开或者破坏技术措施为目的制造、进口或者向公众提供有关装置或者部件，不得故意为他人避开或者破坏技术措施提供技术服务；不得故意删除或者改变作品、版式设计、表演、录音录像制品或者广播、电视上的权利管理信息，不得在知道或者应当知道作品、版式设计、表演、录音录像制品或者广播、电视上的权利管理信息未经许可被删除或者改变时，仍然向公众提供。当然，立法上还规定了除外情形。

我国《著作权法》第50条第1款列举了可以避开技术措施的情形，但指出不得向他人提供避开技术措施的技术、装置或者部件，不得侵犯权利人依法享有的其他权利：

1. 为学校课堂教学或者科学研究，提供少量已经发表的作品，供教学或者科研人员使用，而该作品无法通过正常途径获取；

2. 不以营利为目的，以阅读障碍者能够感知的无障碍方式向其提供已经发表的作品，而该作品无法通过正常途径获取；

3. 国家机关依照行政、监察、司法程序执行公务；

4. 对计算机及其系统或者网络的安全性能进行测试；

5. 进行加密研究或者计算机软件反向工程研究。

我国《著作权法》第52条列举了侵犯著作权需要承担民事责任的行为类型：

1. 未经著作权人许可，发表其作品的；

2. 未经合作作者许可，将与他人合作创作的作品当作自己单独创作的作品发表的；

3. 没有参加创作，为谋取个人名利，在他人作品上署名的；

4. 歪曲、篡改他人作品的；

5. 剽窃他人作品的；

6. 未经著作权人许可，以展览、摄制视听作品的方法使用作品，或者以改编、翻译、注释等方式使用作品的，本法另有规定的除外；

7. 使用他人作品，应当支付报酬而未支付的；

8. 未经视听作品、计算机软件、录音录像制品的著作权人、表演者或者录音录像制作者许可，出租其作品或者录音录像制品的原件或者复制件的，本法另有规定的除外；

9. 未经出版者许可，使用其出版的图书、期刊的版式设计的；

10. 未经表演者许可，从现场直播或者公开传送其现场表演，或者录制其表演的；

11. 其他侵犯著作权以及与著作权有关的权利的行为。

我国《著作权法》第 53 条列举了可能同时需要承担行政责任，甚至刑事责任的侵犯著作权行为的类型：

1. 未经著作权人许可，复制、发行、表演、放映、广播、汇编、通过信息网络向公众传播其作品的，本法另有规定的除外；

2. 出版他人享有专有出版权的图书的；

3. 未经表演者许可，复制、发行录有其表演的录音录像制品，或者通过信息网络向公众传播其表演的，本法另有规定的除外；

4. 未经录音录像制作者许可，复制、发行、通过信息网络向公众传播其制作的录音录像制品的，本法另有规定的除外；

5. 未经许可，播放、复制或者通过信息网络向公众传播广播、电视的，本法另有规定的除外；

6. 未经著作权人或者与著作权有关的权利人许可，故意避开或者破坏技术措施的，故意制造、进口或者向他人提供主要用于避开、破坏技术措施的装置或者部件的，或者故意为他人避开或者破坏技术措施提供技术服务的，法律、行政法规另有规定的除外；

7. 未经著作权人或者与著作权有关的权利人许可，故意删除或者改变作品、版式设计、表演、录音录像制品或者广播、电视上的权利管理信息的，知道或者应当知道作品、版式设计、表演、录音录像制品或者广播、电视上的权利管理信息未经许可被删除或者改变，仍然向公众提供的，法律、行政法规另有规定的除外；

8. 制作、出售假冒他人署名的作品的。

第二节　侵害著作权法律责任的类型

侵害著作权的法律责任，是指侵权行为人违反著作权法或相关法律法规，对他人著作权造成损害时，依法应承担的法律后果。按照我国法律的规定，侵害著作权行为应承担的法律责任有民事责任、行政责任和刑事责任。

一、侵害著作权的民事责任

（一）责任形式

根据《著作权法》的规定，侵害著作权的民事责任形式主要包括以下几种：

第一，停止侵害。当行为人正在实施著作权侵权行为时，权利人有权请求法院判令行为人立即停止其不法行为。停止侵害是防止损害扩大的首要措施，旨在及时制止侵权行为，防止损害结果进一步扩大。

第二，消除影响、公开赔礼道歉。这项民事责任形式主要适用于对著作人身权的损害。消除影响的范围一般与侵权造成影响的范围相一致，旨在恢复权利人的名誉和消除侵权行为所带来的不良影响。公开赔礼道歉可以口头、书面或者在报刊上登载致歉声明等方式实行，其范围也应当与侵权的情节程度相适应。在通常情况下，消除影响与赔礼道歉合并使用。

第三，赔偿损失。主要适用于对著作财产权的侵犯。赔偿的范围一般以权利人实际受到的损失为准，对权利人受到的损失不法行为人应当全部赔偿。在权利人受到的损失不易计算的情况下，也可以将侵权人的不法获利作为权利人的损失额进行赔偿。赔偿损失旨在补偿权利人因侵权行为所遭受的经济损失，维护其合法权益。

（二）管辖

著作权侵权纠纷案的管辖规定主要由中级以上人民法院来管辖，一般情况下由侵权行为地人民法院管辖。这里的侵权行为地主要指的就是侵权行为实施地和侵权复制品储藏地以及查封扣押地，其都是有权管辖的。具体包括：侵权行为实施地，即侵权行为发生的地方；侵权复制品储藏地，指大量或者经营性储存、隐匿侵权复制品所在地；查封扣押地，指海关、版权、工商等行政机关依法查封、扣押侵权复制品所在地。

此外，对于网络著作权侵权纠纷案件，由侵权行为地或被告住所地人民法院管辖。对难以确定侵权行为地和被告住所地的，原告发现侵权内容的计算机终端等设备所在地可以视为侵权行为地。涉及域名的侵权纠纷案件，由侵权行为地或被告住所地的中级人民法院管辖。著作权合同纠纷案件，则由被告住所地或合同履行地人民法院管辖。

需要注意的是，对涉及不同侵权行为实施地的多个被告提起的共同诉讼，原告可以选择其中一个被告的侵权行为实施地人民法院管辖。仅对其中某一被告提起的诉讼，该被告侵权行为实施地的人民法院有管辖权。

(三) 举证责任分配

著作权法中的举证责任分配主要遵循"谁主张，谁举证"的基本原则。在著作权法案件中，如果一方主张另一方侵犯了其著作权，那么这一方就需要承担提供证据的责任，以证明其主张的事实是真实存在的。具体来说：第一，基本原则。根据《中华人民共和国民事诉讼法》（以下简称《民事诉讼法》）第67条第1款的规定："当事人对自己提出的主张，有责任提供证据。"这即举证责任分配的基本原则——"谁主张，谁举证"。第二，证据的真实性、关联性、合法性。当事人提供的证据必须具备真实性、关联性和合法性。真实性要求证据必须是真实的、客观存在的；关联性要求证据必须与案件事实存在客观联系，能够证明案件的真实情况；合法性要求证据的收集途径、方式以及形式都必须符合法律规定。第三，特殊情况的举证责任分配。我国《著作权法》规定，复制品的出版者、制作者不能证明其出版、制作有合法授权的，复制品的发行者或者电影作品或者以类似摄制电影的方法创作的作品、计算机软件、录音录像制品的复制品的出租者不能证明其发行、出租的复制品有合法来源的，需要承担法律责任。

二、侵害著作权的行政责任

侵害著作权的行政责任是指著作权行政管理部门对违反著作权法的行为人所给予的行政处罚。侵害著作权行为因性质不同，危害程度和范围也有所区别。有些侵权行为只损害了著作权人的合法权益，如使用他人作品未按规定支付报酬的，只承担相应的民事责任就可以达到法律救济的目的。但是，有些侵权行为不仅侵害了著作权人的权益,还欺骗了广大公众,损害了社会利益,破坏了国家正常的经济秩序。对这种行为,除了依法要承担民事责任以外,还应当承担行政责任。

具体来说,行政责任主要包括以下几种形式:(1)警告。警告是行政机关对违法行为人提出的告诫和谴责,主要适用于情节比较轻微的违法行为。其目的是通过口头或书面形式提醒侵权人其行为已违法,并督促其自行纠正,避免进一步违法。(2)责令停止制作和发行侵权复制品。著作权行政管理部门有权责令侵权人立即停止制作和发行侵权复制品,以防止侵权行为的继续和扩大。这种处罚形式的作用是使侵权人不能继续通过制作和发行侵权复制品营利。(3)没收非法所得。没收非法所得是指将侵权人通过侵权行为所获得的全部收益上缴国库。这种处罚形式旨在剥夺侵权人通过侵权行为获取的经济利益,体现对侵权行为的严厉打击。(4)没收侵权复制品及制作设备。著作权行政管理部门有权没收侵权复制品,以防止侵权复制品在市场上继续流通,进一步损害著作权人的合法权益。同时,对于用于制作侵权复制品的材料、工具、设备等,也可以予以没收,以从根本上消除侵权行为的物质基础。(5)罚款。罚款是行政机关对违法行为人进行经济制裁的一种手段。根据侵权行为的严重程度和非法经营额等因素,著作权行政管理部门可以对侵权人处以一定数额的罚款。具体罚款数额根据违法经营额来确定:违法经营额五万元以上的,可以并处违法经营额一倍以上五倍以下的罚款;没有违法经营额、违法经营额难以计算或者不足五万元的,可以并处二十五万元以下的罚款。

侵害著作权的行政责任是著作权法律保护体系中的重要组成部分。通过明确的行政处罚措施和严格的执法力度,保护著作权人的创作成果和合法权益,鼓励创新和创作;维护市场秩序,促进文化产业的公平竞争和繁荣发展;提高公众对著作权保护的认识和重视程度,形成尊重知识产权的良好社会氛围。

三、侵害著作权的刑事责任

侵害著作权的刑事责任是著作权法律保护体系中的重要组成部分,旨在严厉打击侵犯著作权的行为,维护著作权人的合法权益和正常的市场秩序,为著作权人提供强有力的保护屏障。

侵犯著作权罪是指违反著作权法规定,以营利为目的,未经著作权人许可,实施侵犯他人著作权的行为,且违法所得数额较大或者有其他严重情节的行为。《中华人民共和国刑法》（以下简称《刑法》）第 217 条对此进行了规定，以营利为目的，有下列侵犯著作权情形之一，违法所得数额较大或者有其他严重情节的，处 3 年以下有期徒刑或者拘役，并处或者单处罚金；违法所得数额巨大或者有其他特别严重情节的，处 3 年以上 10 年以下有期徒刑，并处罚金：（1）未经著作权人许可，复制发行、通过信息网络向公众传播其文字作品、音乐、美术、视听作品、计算机软件及法律、行政法规规定的其他作品的；（2）出版他人享有专有出版权的图书的；（3）未经录音录像制作者许可，复制发行、通过信息网络向公众传播其制作的录音录像的；（4）未经表演者许可，复制发行录有其表演的录音录像制品，或者通过信息网络向公众传播其表演的；（5）制作、出售假冒他人署名的美术作品的；（6）未经著作权人或者与著作权有关的权利人许可，故意避开或者破坏权利人为其作品、录音录像制品等采取的保护著作权或者与著作权有关的权利的技术措施的。

《刑法》第 218 条规定了销售侵权复制品罪。该条规定，以营利为目的，销售明知是本法第 217 条规定的侵权复制品，违法所得数额巨大或者有其他严重情节的，处五年以下有期徒刑，并处或者单处罚金。

需要注意的是，如果行为人既实施了《刑法》第 217 条规定的侵权行为，又实施了销售侵权复制品行为，不能适用数罪并罚，而应当按照刑法理论上的吸收犯的处理原理，以主行为定罪处罚，从行为可以作为量刑情节予以考虑，即以侵犯著作权罪定罪，从重处罚。

《刑法》第 220 条规定，单位犯上述之罪的，对单位判处罚金，并对其直接负责的主管人员和其他直接责任人员，依照上述各条规定予以处罚。

为了增强司法实践中的可操作性，最高人民法院、最高人民检察院进一步确定定罪量刑的标准，分别于 2004 年、2007 年先后通过了两个《关于办理侵犯知识产权刑事案件具体应用法律若干问题的解释》，分别对第 217 条、第 218 条中的"违法所得数额较大""有其他严重情节""违法所得数额巨大""有其他特别严重情节"等作出了具体解释。

思考题：

1. 简述侵害著作权行为的分类。
2. 侵害著作权的表现形式有哪些？
3. 简述侵害著作权的法律责任。

第三编 专利法

【内容提示】

专利法属于知识产权法，其主要作用在于保护技术发明创造的开发与利用。作为专利权对象的技术发明与作为著作权对象的作品均属于技术成果，但由于自然属性不同，因此对其相关法律规定也不同。本编主要涉及如下内容：专利权的对象；专利权取得的实质条件；专利权产生的形式要件；专利权的内容；专利权的主体；专利权的保护。

【思政讨论】

2023年3月，深圳某高科技公司（原告）发现北京某电子科技有限公司（被告）自2022年9月起，未经许可擅自生产并销售一种与原告享有外观设计专利权的智能穿戴设备高度相似的产品。原告遂向法院提起诉讼。2023年12月，法院判定被告产品落入原告专利权保护范围，构成侵权，判决被告立即停止侵权行为，销毁库存侵权产品，并赔偿原告经济损失及合理维权费用共计100万元人民币。

讨论：

（1）专利权对于企业的重要性是什么？面对专利权侵权，企业应如何维护自身权益？

（2）此案例对于培养公众尊重知识产权意识有何启示？

第九章
专利权的对象

【内容提示】

根据各国国情的差异,法律上所规定的专利权的对象也是存在差异的。在许多发达国家,诸如德国、日本等,专利法中的保护对象的范围较小,仅适用于发明专利;也存在一些国家和地区在其专利法中同时规定了较多的专利类型,在专利法中认可了发明、实用新型和外观设计这三种专利。本章论述了专利权的对象,其内容主要包括:(1)发明;(2)实用新型;(3)外观设计;(4)专利法不予保护的对象。

第一节 发明

一、发明的概念与特点

(一)发明的概念

对发明这一概念的界定,各国在立法上或学术界呈现着百家争鸣的局面。《日本专利法》第2条第1款规定:"发明是指利用自然规律的具有高度创造性的技术构思。"《美国专利法》第101条称发明为"任何新颖而实用的制法、机器、制造品、物质的组合,或者任何新颖而实用的改进方案"。德国法学家科勒称发明是"以技术形式表现出来的人的精神创造,是征服自然、利用自然且能够产生一定效果者"。世界知识产权组织主持起草的发展中国家发明示范法中称发明是"发明人在实践中用以解决技术领域某一特定问题的一种方案"。

(二)发明的特点

第一,发明应当具有创新性。创新,顾名思义,就是指在现阶段的技术水平之下发明必须是前所未有的,并且较现有水平有一定的进步,存在一定难度。如果没有任何创新，从根本上重复前人的成果而完全体现不出创新性，则不可称为发明。当然，这并非要求发明不能站在前人技术成果的基础之上进行研究。借鉴并利用前人成果，在现有技术的基础上作出改进，也是一种创新。现实中，完全自创、独立开拓出一个全新领域，而丝毫不利用现有技术的发明，在 21 世纪的今天已经没有可能性。目前，世界范围内的所有重大发明都是在不同程度上利用了前人的成果。从这个意义上讲，发明并非高深莫测，只要能够构思出在某一方面比现有技术的效果更好的方案，即使利用了现有技术，也可能构成一项发明。反之，若仅仅重复现有技术，完全复制现有技术，甚至是将现有技术变劣的方案，均不能称为专利法意义上的发明。

第二，发明必须利用自然规律或自然现象。从专利法的角度而言，不利用自然规律或自然现象的不能称为发明。发明是一种技术方案，而技术则是在利用自然法则或自然现象的基础上发展起来的各种工艺操作方法或生产技能，以及与之相应的生产工具、物资设备等。从这种意义上讲，发明是利用自然规律或自然现象的结果，而没有利用自然规律和自然现象的方案则不属于技术方案，也不应称其为发明。比如，财务结算办法、体育比赛规则、逻辑推法则以及数学运算方法等，均不是专利法意义上的发明。

从 20 世纪 90 年代后期开始，美国专利商标局对一些没有利用自然规律或者自然现象的智力创造成果给予专利权，最为典型的例子便是商业方法。对于这种做法无论在国际还是在美国国内，都存在着两种完全对立的意见。争论的焦点便是商业方法没有利用自然规律。然而，美国联邦最高法院曾在其判例中指出，阳光下一切人类的智力创造都应当受到法律保护。按照这一说法，那些没有利用自然规律的商业方法似乎应当受到专利法保护。但是，法律制度的发展毕竟不能像科学或者技术的发展那样完全服从逻辑推理。人类社会中传统、经济、文化、观念、意识等都将对制度的变革产生重大的制约作用。纵观世界各国法律制度的发展历程，尤其是西方发达国家近 30 年来知识产权法律制度的发展状况，一些强力集团的意志即使不合情理，也往往会在一定时期内得以通过合法的程序成为法律。商业方法专利之所以被美国专利法所接受，其背后的深层原因就是一些跨国公司的利益驱使。当然，在国际社会中，几百年以来专利法一直被认为是专门保护技术方案的法律，要将其保护对象扩展到非技术性方案，诸如仅仅利用了人文、社会科学规律或智力推理规则的智力创造，自然不可能一蹴而就。即使在美国，目前的商业方法专利仍旧限定在与互联网相关的商业方法上。相应地，其他国家目前都根据自己的国情考量研究法律保护的范围以及法律保护的模式。各国有权决定是否保护商业方法、以什么法律来保护商业方法以及保护的水平。我国最新修订的《专利法》仍将商业方法排除在保护范围之外。

第三，违背自然规律的创造不是发明。现实中有的人由于对自然规律的认识错误，导致其方案利用自然规律的基本前提发生错误，即使在该方案的某些局部正确利用了自然规律，也不能称为发明。更有甚者，有的方案从整体上就是违背自然规律的，因而更不能称为发明。最为常见的例子就是违背热力学第二定律的各种第二类永动机。[1] 比如，抽水机将水抽上山，再利用水从山上流下来因落差而形成的动能发电，发出的电再供给抽水机将水抽上山。在这个循环中如果没有能量损失，只要为整个系统的启动一次性注入一定的能量，系统便可周而复始地永远运转下去。这一过程虽不违背热力学第一定律即能量守恒定律，但违背了热力学第二定律。热力学第二定律指出，任何过程中的热耗散都是不可逆的过程，即在不与外界进行能量交换的封闭系统中，热能不可能100%地转换成机械能或电能等其他能量形式。所以在前述循环过程中不可能没有能量损耗。故而这种第二类永动机仍然违背了自然规律，不能称为专利法上的发明。

第四，自然规律本身不是发明。尽管日常生活中常常将"科学发现"与"技术发明"混为一谈，但事实上这是两个截然不同的概念。"发现"指向的是自然规律或者自然现象，而发明则是指技术方案。伟大的物理学家爱因斯坦发现了光电效应和提出了狭义相对论。这里的光电效应是自然现象，狭义相对论则是科学理论，属自然规律。前述科学发现不是人类的创造，并不否认科学家在发现自然现象和认识自然规律过程中的创造性劳动。这种创造性劳动的结果是对既存的客观实在的认识，而不是创造了客观实在，因此法律并不赋予科学家对客观实在的垄断权。从效果上看，垄断科学发现也是以违背专利法促进技术进步的宗旨。尽管如此，有关法律对于某一科学家发现或者首次认识了某种客观实在的事实是完全尊重的，但这与专利权没有直接关系，因为专利权的内容中并无人身权。

---

[1] 第一类永动机是违背能量守恒定律（热力学第一定律）的永动机，即不需要注入任何能量即可产生运动现象的机器。在专利申请中，这类永动机已不多见。

第五，发明是具体的技术性方案。所谓"具体"是指发明必须能够实施，达到一定效果并具有可重复性。长期以来，学术界一直流行一种说法：发明是一种思想。不少教科书在给发明下定义时均采用这种提法。事实上，这种提法极不科学，严格地讲这是一种错误。"思想"是人类大脑的一种思维活动。即使将其作为名词理解，也只能认为是存在于大脑中的某种观念或意识。如果当事人不以某种具体的方式表露其思想，到目前为止尚没有任何技术手段可以准确地探测其具体内容。思想是一个十分神圣的领域，同时其内容对他人而言也是极不具体、具有随意性的；而发明则是十分明确、具体并能为人实际实施的技术方案，它绝对不能如思想那样仅以观念或意识的状态存在于大脑之中。只有具备了完全外化的形式即可以为他人明确感知的形式的创造才可能通过法律手段加以保护。从法理上讲，认为"发明"是一种思想也是说不通的。法律是一种行为规范，它所规范的对象只能是行为，不能是思想。如果专利法所保护的发明是一种思想，这就意味着法律在规范思想。事实上思想从来就不需要保护，既不可能也不应当有什么强制性规范可以对其加以约束。如果当代还有制定什么法律规范思想的情形，那实际上是一种社会倒退。欧洲中世纪有宗教裁判所曾禁止人们随意思想，中国封建时代也曾有"腹诽罪"，凡此等等均是以法律的形式去调整思想的结果。所以发明不应当是一种思想，而应当是具体化为使他人可以感知的确定的技术方案。

既然专利法将发明界定为"方案"，也就不需要将其实实在在地转化为某种看得见、摸得着的实物，即使对产品专利也是这样。这就是说，专利法并不要求方案已经实际实施，只要有一个完整的、可以实施的方案即可。至于一项发明是否具有商业价值则更不是专利法所称发明之必备要素。可见，专利法所称之发明，并不要求申请专利的发明创造已经实施，只要没有不可能实施的证据，则可认为其属于专利法上的发明。

二、发明的分类

发明的分类方式多种多样，每种分类方式都有其独特的意义和价值。通过合理地分类和保护，可以激发人们的创造力和创新精神，推动科学技术的不断发展和进步。

（一）根据发明对象的不同

1. 产品发明。它是指用发明人所提供的解决特定问题的技术方案直接生产的产品，如电灯、电话、机器、设备、仪器仪表、新的合金物质等。需要注意的是，没有经过人力的加工、属于自然状态的物质（如天然宝石、矿物质等）不属于产品发明。

产品发明取得专利权后，称为产品专利，产品专利只保护产品本身，不保护该产品的制造方法。

产品发明的分类有助于明确哪些发明是直接产生具体产品的，这些产品往往能够直接应用于生产、生活，推动社会经济的发展。同时，产品发明的保护也促进了创新者对产品创新的积极性，为技术创新提供了法律保障。

2. 方法发明。它是指为制造产品或者解决某个技术问题而创造的操作方法和技术过程。这里的"方法"可以是化学方法、机械方法、通讯方法以及工艺规定的顺序所描述的方法，如造纸方法、炼钢方法、印刷方法、通信方法等。方法发明取得专利权后，称为方法专利。我国专利法规定，方法专利的保护延及进口或者在我国境内使用或者销售的用该方法直接获得的产品。这意味着未经方法发明专利权人的许可，任何单位或者个人不得使用其专利方法以及使用、销售依照该专利方法直接获得的产品。

方法发明的分类强调了发明中技术过程的重要性。方法发明往往涉及生产工艺、技术流程等方面的创新，这些创新能够显著提高生产效率、降低成本或改善产品质量。对方法发明的保护有助于鼓励技术改进和创新，推动产业升级和转型。

（二）根据发明的创新程度

1. 首创性发明（开拓性发明）。它是一种全新的技术解决方案，在中外技术史上从未有过先例，此发明为人类科学技术的发展开创了新的里程碑，是绝对新颖的发明。比如，指南针、印刷术、蒸汽机、电灯、电话等。

首创性发明强调了发明在人类科技发展史上的重要性。这些发明往往具有划时代的意义，能够开辟新的科技领域或推动某个领域的重大进步。对首创性发明的保护和鼓励有助于激发人们的创造力和创新精神，推动科学技术的不断发展。

2. 改进性发明。它是指在现有技术的基础上，在保持其独特性质的前提下，又改善了其性能并使之具有新的功效的改进技术方案。与首创性发明相比，改进性发明对前人的技术成果依赖性较强，但绝大多数发明都属于改进性发明。

改进性发明的分类突出了在已有技术基础上进行创新的重要性。这些发明虽然不像首创性发明那样具有划时代的意义，但它们能够不断完善现有技术，提高产品的性能和功能。对改进性发明的保护和鼓励有助于推动技术的持续改进和优化，满足人们日益增长的需求。

3. 组合性发明。它是指把已知的某些技术特征进行新的组合，以达到新的目的的一种技术解决方案。组合性发明在科学技术日益发达的现代社会更显得重要且不可缺少，原有产品或者方法的重新组合，原有工艺的变通使用，有时能够产生意想不到的效果，甚至能把现有技术提高到一个新阶段。

组合性发明展示了技术创新中的另一种重要方式——技术组合。通过将不同的技术特征进行组合，可以产生新的技术效果和拓展技术的应用领域。这种创新方式有助于充分利用现有技术资源，提高技术创新的效率和效果。对组合性发明的保护和鼓励有助于推动技术的交叉融合和协同发展。

4. 应用性发明。它是指将某一技术领域里的公知技术，应用于一个新的领域而产生的发明。这种新的应用也能够产生意想不到的技术效果。

应用性发明强调了技术创新中的跨界应用。通过将某一领域的技术应用于另一领域，可以产生新的技术效果和应用价值。这种创新方式有助于拓展技术的应用领域和市场空间，推动产业的多元化和协同发展。对应用性发明的保护和鼓励有助于促进技术的跨界融合和创新发展。

(三) 其他分类方式

除了上述分类方式外，还可以根据发明的完成状况（如已完成的发明和未完成的发明）、完成发明的人数（如独立发明和共同发明）、发明人的国籍（如本国发明和外国发明）、发明的权利归属（如职务发明和非职务发明）等进行分类。这些分类方式有助于从不同角度了解发明的特点和价值，为技术创新提供全面的法律保障和支持。

第二节 实用新型

一、实用新型的概念与特点

(一) 实用新型的概念

实用新型作为一种重要的专利类型，在推动技术创新和产业升级方面发挥着重要作用。实用新型是指对产品的形状、构造或者其结合所提出的适于实用的新的技术方案。这里所说的"产品"是指具有立体形状、构造的物品,不包括方法或没有固定形态的物质,如气体、液体以及呈粉末状的物体等。简而言之,实用新型是针对产品的物理形态或结构进行的改进和创新,旨在解决实际应用中的技术问题。

(二)实用新型的特点

第一,保护范围明确且相对较小。实用新型主要保护的是产品的形状、构造或其结合方面的改进,这使得其保护范围相对明确且较为狭窄。相较于发明专利,实用新型的创造性要求较低,更注重实用性,因此更适合于解决一些小型、实用的技术问题。

第二,审批流程简便且周期短。由于实用新型的创造性要求较低,其审批流程也相对简化,审查周期相对较短。使企业和个人能够更快地获得专利保护,从而更快地将其创新成果推向市场。

第三,注重实用性。实用新型的核心在于其实用性,即所提出的技术方案必须能够在实际生产或生活中得到应用,并产生积极的效果。这种实用性使得实用新型专利在推动技术创新和产业升级方面发挥着重要作用。

第四,适用于结构相对简单、技术含量不高的产品。实用新型通常适用于那些结构相对简单、技术含量不高的产品。这些产品虽然可能不具备高度的创新性,但在实际应用中却具有广泛的市场需求和应用前景。通过申请实用新型专利,企业可以保护其产品的某些改进和优化,从而避免与现有技术产生过多的冲突。

第五,促进企业技术创新和产品研发。实用新型专利的申请和获得可以激励企业加强技术创新和产品研发工作。通过不断优化产品的形状、构造或结合方式,企业可以不断提升产品的性能和质量,满足市场需求并提升竞争力。

二、实用新型专利与发明专利的比较

实用新型专利与发明专利在专利保护领域中各具特色,它们之间既存在共性,也有显著的差异性。

(一)共性

第一,专有性。无论是实用新型专利还是发明专利,都赋予专利权人对其发明创造享有独占性的制造、使用、销售和进出口的权利。这种专有性通过法律手段有效地制约侵权行为，保护专利权人的合法权益。

第二，地域性。两种专利都具有地域性特点，即一个国家或地区授予的专利权仅在该国或地区的法律管辖范围内有效。如果希望在其他国家或地区获得保护，需要分别进行专利申请并通过审核。

第三，期限性。实用新型专利和发明专利的保护期限都是有限的。实用新型专利的保护期限为自申请日起 10 年，而发明专利的保护期限为自申请日起 20 年。保护期限届满后，专利权将自动失效，技术将进入公有领域供公众自由使用。

第四，无形性。专利权本身没有实体存在，但它所代表的知识产权是无形的。这种无形性使得专利权成为企业重要的无形资产之一，对于提升企业的市场竞争力和创新能力具有重要作用。

(二) 差异性

实用新型专利与发明专利在很多方面存在显著的差异。这些差异使得两类专利在技术创新和知识产权保护中发挥着不同的作用。企业在选择申请哪种类型的专利时，应根据自身的技术特点和市场需求进行综合考虑。实用新型专利与发明专利的不同主要表现：

第一，保护范围与创造性要求不同。发明专利保护范围广泛，涵盖了产品、方法或其改进所提出的新的技术方案。其创造性要求较高，必须与现有技术相比具备突出的实质性特点和显著的进步。实用新型专利保护范围相对较窄，主要关注产品的形状、构造或其结合方面所提出的新的技术方案。其创造性要求较低，只需与现有技术相比具有实质性特点和进步即可。

第二，审批程序与审查周期不同。发明专利审批程序复杂，包括受理、初审、公布、实质审查和授权五个阶段。由于需要进行实质审查以评估其创造性，因此审查周期相对较长，一般需要 18 个月左右甚至更长时间。实用新型专利审批程序相对简化，只进行初步审查而不进行实质审查。因此审查周期较短，一般 6 个月左右即可获得授权。

第三，具体保护期限不同。发明专利的保护期限为自申请日起 20 年，而实用新型专利的保护期限为自申请日起 10 年。这反映了两者在保护期限上的显著差异。

第四，权利稳定性与维权难度不同。发明专利由于经过严格的实质审查程序，其权利稳定性相对较高。在维权过程中，发明专利的专利权人通常更容易获得法律支持。实用新型专利虽然也具有一定的法律效力，但由于未经实质审查程序，其权利稳定性可能相对较低。在维权过程中，实用新型专利的专利权人可能需要提供更多的证据来证明其专利的有效性。

三、实用新型制度

实用新型制度的历史可以追溯到一个多世纪以前，其产生与发展不仅与早期的外观设计保护制度紧密相关，还受到各国法律制度、经济环境以及科技发展的深刻影响。1843 年，英国制定了《外观设计版权法》，这是外观设计保护制度的早期尝试，为后来的实用新型制度提供了法律保护的雏形和思路。1876 年，德国制定了《玩具形状及模型创作权保护法》，该法规定对具有实用目的或美感目的的新设计可予以保护，这实际上是现代实用新型制度的雏形。这一法律不仅关注产品的外观设计，更强调其实用性和创新性，为后来的实用新型专利制度奠定了基础。1891 年，德国正式颁布了世界上第一部《实用新型法》，标志着现代实用新型专利制度的正式建立。该法案为其他国家提供了可借鉴的范例，推动了全球范围内实用新型制度的发展。德国的实用新型制度在初期主要关注手工工具、手工业产品等具有实用价值的发明创造，为这些领域的创新提供了有效的法律保护。1905 年，日本开始实施《实用新型法》，借鉴了德国的经验，建立了自己的实用新型专利制度。这一举措进一步推动了实用新型制度在国际范围内的传播和发展。

自德国和日本之后，越来越多的国家开始效仿并建立自己的实用新型专利制度或类似的保护制度。这些制度在不同国家和地区逐渐形成了多样化的特点，以适应各自的经济、科技和法律环境。截至目前，全球已有 80 多个国家或地区实行了实用新型或类似制度。其中，一些国家对实用新型进行了单独立法，如爱沙尼亚、奥地利、丹麦、德国、芬兰、韩国、捷克、罗马尼亚、日本、斯洛伐克、匈牙利等。

我国实用新型制度与发明专利和外观设计制度同时诞生，于 1984 年成为中国专利制度的重要组成部分。早期，中国实用新型专利申请采用初步审查制，包括形式缺陷审查和明显实质性缺陷审查。这种审查方式相对简单快捷，有助于鼓励创新并促进技术成果的快速转化。2001 年，中国开始实施初步审查加评价（检索）报告制度，对实用新型专利权稳定性进行评价，以补充和完善初步审查制度。这一举措提高了实用新型专利的质量和保护水平。2024

年，中国对实用新型专利的审查制度进行了重要改革，将实用新型专利纳入实质审查流程。这一改革旨在进一步提高专利质量，保护真正的创新成果，并促进技术进步和产业升级。

第三节　外观设计

一、外观设计的概念和特点

（一）外观设计的概念

外观设计也被称作工业品外观设计，或者简称为工业设计。它是指对产品的整体或局部的的形状、图案、色彩或者其结合所作出的富有美感并适于工业应用的新设计。这是我国《专利法》给外观设计所下的定义。这一定义从整体上反映了外观设计所具有的特征，且与许多国家关于外观设计的通行界定类似。比如，英国立法对外观设计的定义通常强调其装饰性和工业应用性，认为外观设计必须是对产品的形状、线条、色彩等方面的装饰性设计，且这些设计能够应用于工业生产中。《日本外观设计法》第2条第1款规定，外观设计是指产品的形状、图案或色彩或其结合，通过视觉能引起美感的设计。

（二）外观设计的特点

首先，外观设计必须以产品为依托，离开了具体的工业产品也就无所谓外观设计了。前面提到，有时外观设计也被称为工业品外观设计或工业设计，这里所谓的"工业"实际上是指这种设计是关于工业产品的（当然这里的"工业"也应作广义理解，不应局限于传统工业，而应包括其他产业）。对于那些游离于某一具体的产品之外的关于美感的设计，只能认为是一种纯美术作品，可以受著作权法的保护，不能作为外观设计受到专利法的保护。比如，用黑白两色可以勾勒出一个大熊猫图案，单纯的一个熊猫图案尽管十分可爱，却不能被授予外观设计专利；但如果将这种图案应用到某种产品上去，比如用白色的奶油冰淇淋与含有巧克力或可可的褐色冰淇淋构成熊猫图案的冰淇淋便是一种不错的外观设计产品。

其次，外观设计以产品的形状、图案和色彩等为构成要素，以视觉美感为目的，而不去追求实用功能。形状是外观设计最直观且基础的构成要素。它指的是产品三维空间的外部轮廓或形态，可以是简单的几何形状，也可以是复杂的曲面、流线型设计或是多种形状的组合。形状设计不仅影响着产品的整体外观,还往往与产品的功能、使用方式以及用户体验紧密相连。然而,在外观设计中,形状更多地被用来创造视觉上的独特性和吸引力,而非直接服务于实用功能。图案是外观设计中的装饰性元素,通过线条、色彩等元素的组合,在产品的表面形成具有视觉美感的图案。图案设计可以是抽象的图形、具象的图像,也可以是文字、字母、数字等符号的组合。它们不仅丰富了产品的外观表现,还往往承载着品牌文化、设计理念等深层次的信息。在外观设计中,图案的运用是提升产品视觉美感的重要手段之一。色彩是外观设计中不可或缺的要素。它不仅能够增强产品的视觉冲击力,还能够传达出产品的品牌调性、情感倾向等信息。在外观设计中,色彩的选择和搭配需要考虑到产品的整体风格、目标用户以及市场环境等因素。通过合理的色彩运用,可以使产品更加符合消费者的审美需求,从而增强产品的市场竞争力。

外观设计的主要目的是创造视觉美感。这意味着设计师需要通过形状、图案和色彩等构成要素的组合,使产品呈现出令人愉悦、引人注目的外观效果。这种美感是主观的,但可以通过客观的标准来评判,如设计的创新性、协调性、和谐性等。为了实现视觉美感的目的,设计师需要注重以下几点:第一,创新性。在外观设计中,创新性是至关重要的。设计师需要打破常规思维,创造出具有独特性和新颖性的设计作品。这种创新性不仅体现在形状、图案和色彩等具体要素上,还体现在设计理念、设计手法等方面。第二,协调性。外观设计中的各个要素需要相互协调、和谐统一。设计师需要考虑到各个要素之间的比例关系、色彩搭配等因素,使产品整体呈现出和谐美感。第三,用户体验。虽然外观设计不直接追求实用功能,但也需要考虑到用户体验。设计师需要确保产品的外观设计不会给用户带来不便或困扰,而是能够提升用户的使用体验和满意度。

需要注意的是,外观设计并不直接追求产品的实用功能。实用功能是指产品为满足用户特定需求而具备的性能或作用。虽然外观设计和实用功能在一定程度上是相互关联的(如某些设计元素可能有助于产品的使用便捷性或舒适度),但它们的侧重点和目标是不同的。在外观设计中,设计师更注重的是产品的视觉美感和艺术表现力。他们通过形状、图案和色彩等构成要素的组合来创造独特的视觉效果和情感体验。这种设计往往能够吸引消费者的注意力并激发他们的购买欲望。因此,在评价一个外观设计时,我们应该将其与产品的实用功能区分开来。一个优秀的外观设计应该能够在不损害产品实用功能的前提下，为产品增添独特的视觉魅力；而一个过于追求实用功能而忽视外观美感的设计则可能无法获得消费者的青睐。

最后，外观设计必须适合于工业应用。这里的所谓工业应用就是指该外观设计可以通过工业手段大量复制。美术家在创作美术作品时，常常受当时的环境、气氛影响，带着一种创作的激情进行创作，并把这种激情融汇于其作品。正因为如此，即使是同一个人也难以创作出完全同样的作品。这或许就是俄国著名画家列宾晚年把自己的油画越改越糟的原因之一。外观设计的保护不能延及这类作品中反映出的作者的激情，因为这种东西是无法用工业手段复制的。即使一件外观设计采用了一幅世界名画，但在将其制作于一个工业产品上时，通常早已失去了该艺术品原作所具有的神韵。这也是外观设计不同于纯艺术品的另一方面。

二、外观设计保护制度

外观设计的保护始于1711年法国里昂市政府为保护该市的丝绸织品图案所作的规定，随后在1806年法国颁布了世界上第一部《工业品外观设计法》，标志着外观设计保护制度的正式建立。随着工业革命的发展，英国于1787年颁布了《通过在有限时间内授予设计人、印花工和所有权人以财产权而鼓励亚麻布、棉布、白棉布和平纹细布的设计、印花技术法》（也可以简称为《印花布法》），进一步推动了外观设计保护制度的发展。

19世纪至20世纪，许多工业发达国家相继制定了有关外观设计保护的法律。例如，德国在1876年颁布了《工业品外观设计和模型著作权保护法》，将外观设计和模型纳入类似于版权的保护范围。美国在1842年通过《外观设计专利法案》，将外观设计纳入专利法保护范围，并在此后多次修订专利法，不断完善外观设计保护制度。

1883年，《巴黎公约》的缔结将外观设计纳入工业产权的保护范围，为国际外观设计保护提供了统一的法律基础。随着全球化的加深，各国在外观设计保护方面的国际合作不断加强，例如，欧盟于1998年发布《欧盟外观设计保护指令》，要求成员国保护注册和未注册的外观设计。

我国的外观设计保护始于1984年《专利法》的颁布。在此之前，虽然我国已有一些与外观设计保护相关的法规规章，但并未形成系统的保护制度。

1984年《专利法》并未对外观设计给出明确的定义,但在第11条和第23条中规定了专利权的内容和授予专利权的外观设计的条件。2000年,《专利法》第二次修正,将不得实施外观设计专利的内容由"制造、销售"扩展到了"制造、销售、进口",并在第23条中增加了"并不得与他人在先取得的合法权利相冲突"的内容。2002年,《专利法实施细则》对外观设计下了明确的定义,并在2008年《专利法》的第三次修正中正式加入该定义。

近年来,我国外观设计制度不断创新和完善。例如,增加了局部外观设计保护制度、外观设计本国优先权制度等,以适应国际发展趋势和国内创新主体的需求。

同时,我国积极参与国际知识产权合作与交流,推动外观设计保护制度的国际化进程。例如,我国加入《工业品外观设计国际注册海牙协定》,为外观设计国际注册提供了便利。

第四节 专利法不予保护的对象

专利法不予保护的对象主要依据《专利法》第25条的规定,该规定有助于明确专利保护的范围和界限。

一、违反法律、社会公德或妨害公共利益的发明创造

这类发明创造因其本质属性或潜在应用可能违反国家法律法规、违背社会公序良俗或损害公共利益,因此不被授予专利权。如用于赌博的设备、机器或工具,吸毒的器具等。

二、科学发现

科学发现是指对自然界中客观存在的现象、变化过程及其特性和规律的揭示,属于人类认识世界的范畴,而非对世界的改造。如天文学家的新星发现、牛顿的万有引力定律等。

科学发现往往是对已有现象或规律的总结和提升,它本身并不包含新的技术方案或技术手段。它对自然界中客观存在的现象、变化过程及其特性和规律的揭示,属于人类认识世界的范畴,而非对世界的改造。因此,科学发现不具备专利法所要求的实用性,不能被授予专利权。

三、智力活动的规则和方法

智力活动是指人的思维运动,它源于人的思维,经过推理、分析和判断产生出抽象的结果。这类活动的规则和方法不构成技术方案,因为它们没有采用技术手段或利用自然法则,也未解决技术问题和产生技术效果。如交通行车规则、各种语言的语法、速算法、心理测验方法、游戏和娱乐的规则等。

智力活动的规则和方法往往具有高度的抽象性和普适性,它们可以应用于多个领域和场景,主要指导人们对信息进行思维、识别、判断和记忆,不涉及对客观世界的改造,没有采用技术手段或利用自然法则,也未解决技术问题和产生技术效果。因此,这类活动不构成技术方案,不能被授予专利权。

四、疾病的诊断和治疗方法

疾病的诊断和治疗方法是以有生命的人体或动物为直接实施对象,进行识别、确定或消除病因、病灶的过程。如诊脉法、心理疗法、按摩疗法等。但请注意,用于诊断或治疗疾病的仪器和药品可以申请专利。

疾病的诊断和治疗方法不能申请专利的原因:第一,人道主义考虑。疾病的诊断和治疗方法直接以有生命的人体或动物体为实施对象,将其排除在专利保护范围之外是出于人道主义的考虑。医生在诊断和治疗过程中需要自由选择各种方法和条件,以最大程度地保护患者的利益。第二,社会伦理。对疾病的诊断和治疗方法进行专利保护可能会限制医生的创新和实践,甚至导致医疗资源的垄断和滥用,这不符合社会伦理和公共利益的要求。第三,非产业性。这类方法直接以有生命的人体或动物体为实施对象,理论上认为不属于产业范畴,无法在产业上制造或使用,因此不具备专利的实用性。

五、动物和植物品种

动物和植物品种作为有生命的物体,是大自然的产物,其遗传特性主要通过自然选择和人工培育获得。虽然人工培育的新品种具有创新性,但它们本身并不属于人类的发明创造。为了保护育种者的权益和促进动植物新品种的推广和应用,各国通常采用专门法(如《中华人民共和国植物新品种保护条例》)对动植物新品种进行保护。这些法律提供了与专利制度不同的保护方式和范围。作为例外,培育和生产动植物的方法(如育种方法)可以授予专利权。

六、原子核变换方法以及用原子核变换方法获得的物质

原子核变换方法以及用原子核变换方法获得的物质不被授予专利权的原因：一方面，安全隐患的考虑。原子核变换方法如果缺乏安全生产手段，可能给国家和人民利益带来危险。用原子核变换方法获得的物质是通过原子核变换（如核裂变、核聚变等）获得的，这类物质如果用于非和平目的（如制造核武器），将直接威胁到国家的安全和稳定。另一方面，避免国家垄断。对使用原子核变换方法获得的物质进行专利保护可能导致核技术的垄断和滥用，从而损害国际社会的共同利益和安全。

七、对平面印刷品的图案、色彩或者二者的结合作出的主要起标识作用的设计

这类设计主要起标识作用，用于区分商品或服务的来源和品质。它们虽然具有创新性和美观性，但并不涉及对产品的技术改进或创新。如商标、标志等。同时，由于这类设计主要关注视觉效果的呈现和识别功能的实现，而非对产品的技术性能或功能进行改进和提升，因此不构成技术方案，不能被授予专利权。

可见，专利法不予保护的对象涵盖了多个方面，这些规定旨在确保专利制度公平、合理、有效运行，促进科技创新和社会进步。

思考题：

1. 发明的特点是什么？
2. 比较实用新型专利与发明专利的区别。
3. 简述我国的实用新型制度。
4. 简述外观设计的特点。
5. 专利法不予保护的对象有哪些？

第十章
专利权取得的实质条件

【内容提示】

专利权取得的实质条件是根据《专利法》及其相关实施细则所规定的，用于评估一项发明创造是否具备被授予专利权的资格。不同类型的专利权取得条件不同。本章就我国专利法上各类不同专利权取得的实质条件展开论述，其内容主要包括：（1）发明与实用新型专利权的取得条件；（2）外观设计专利权的取得条件。

第一节　发明与实用新型专利权的取得条件

一、实用性

（一）实用性的概念

在专利"三性"审查程序中，实用性的审查判断相对比较简单。因此，在审查程序上也是最先审查实用性，然后再进行新颖性和创造性的审查。只有具备实用性的发明创造才有必要进一步接受新颖性和创造性审查。但是，实用性同新颖性、创造性一样，作为授予专利的积极条件之一，具有同等重要的地位。

所谓实用性，是指一项发明创造能够在产业上进行制造或者使用，并且能够产生积极的效果。专利法中的实用性条件意味着获得专利的发明创造不能是一种纯理论的方案，它必须能够在实践中得到应用。对于产品专利而言，这种应用表现为产品可以被制造，并具备实际用途；对于方法专利，则表现为方法的使用，并有实际用途。如果说新颖性、创造性仅仅是专利的必要条件，那么实用性不仅是必要条件，同时也是发明创造的目的。通常情况下，人们完成一项发明创造并申请专利都是为了能够解决某一实际问题或将其应用于实践中。因此，专利法上要求被授予专利的发明创造具备实用性是完全合乎情理的。

世界各国的专利法中大多数对实用性有明文规定。比如，1992年《法国知识产权法典》发明专利法第L.611—10条就明确规定发明必须具有实用性，并且在第L.611—15条中给实用性下了定义，即只有发明对象能在任何工业领域，包括农业制造领域或者使用时，该发明才能被认为具有工业实用性。1977年《英国专利法》第4条第1款关于实用性的规定与法国专利法完全相同。此外，《美国专利法》第101条、《日本专利法》第29条等也都强调了授予专利的发明必须是"实用的"或者"可在工业上利用的"。任何一个国家的专利法对授予专利的发明创造都有实用性的要求。

(二) 实用性的判断标准

第一，具备可实施性。即具备实用性的发明创造应当能够制造或使用。一项发明创造要付诸实施，必须具有详实的具体方案。仅有一个构思，而没有具体实施方案的发明创造被称作未完成发明。未完成发明不具备可实施性，故而也就不具备实用性。比如，曾有人设想在南方的天空修建一个硕大无比的接雨盘，并在盘下接一输水管直通北方。这既可解决南方因雨水过多而导致洪涝之灾，又避免了北方久旱无雨之害，从而在宏观上解决我国南水北调的问题。且不说这一构想是否违背自然规律，仅就这样一个设想而言，它没有具体的实施方案，充其量只能算作未完成发明，不具备专利法上的实用性。只有那些有具体的技术方案，且不违背自然规律的发明创造才具备可实施性。[1]

此外，可实施性要求一项发明创造可以重复实施。有些方案尽管详实具体，但不可能在产业上重复实施，同样也不具备可实施性。一项发明创造在申请专利时，法律允许申请人对发明的机理不予解释，有时发明人可能对其机理全然不知，因为许多发明创造是偶然间发现的，可能还来不及弄清其原理。但是，被授予专利的发明创造必须能够重复实施，只要按照申请人提出的方案去做，必定能再现所称的效果，并且可以重复任意一次。只有这样的发明

---

[1] 参见［日］吉藤幸朔：《专利法概论》，宋永林、魏启学译，专利文献出版社1990年版，第86页。

创造才具备可实施性。

第二，具备有益性。即具备实用性的发明创造还必须能够带来积极的效果。所谓有益性是指一项发明创造对社会和经济的发展、对物质和精神文明建设能够产生积极的效果。通常这种积极效果可以表现为提高产品质量、改善工作和生产环境、节约能源、减少环境污染、降低生产成本等。在判断有益性时需要特别注意，申请专利时这种发明创造所带来的积极效果可能还没有产生，只要有产生积极效果的可能性就行了。对于发明创造不能只看某些表面现象，有些在申请时尚不完善的发明创造，甚至有的尚存在严重缺陷的发明创造，在克服了缺陷后可能会有不可比拟的生命力。

二、新颖性

（一）新颖性的概念

新颖性是授予专利最基本的积极条件之一，也是必要条件。从一般意义上理解，新颖性的核心在于一个"新"字，即申请专利的技术不能与已有技术中的内容一模一样。专利法授予发明创造专利权的目的之一在于鼓励人们从事发明创造活动。如果专利法对那些已经不新的技术也加以保护，则起不到鼓励发明创造的目的。

在专利法上，技术的新颖性是以现有技术为参照的。现有技术是指在专利申请日之前，世界范围内已有的公开技术和知识的总和。如果申请专利的发明落入已有技术范围，则不具备新颖性。新颖性判断的实质就是判断一项技术在某一特定时间之前是否已经公开，为公众所知。

公开，简单地讲指一项技术被公之于众。在专利法中，一项技术处于公开状态，即该项技术已经脱离了秘密状态。换言之，任何非特定人只要对这项技术有兴趣，不需要采用任何特殊手段便可以合法地获得该项技术的全部内容。所谓特定人，是指对于发明创造负有保密义务，或者按社会观念应当并且能够保密的人。至于该技术有多少人实际知晓、什么人知晓，均不影响该技术已经处于公开状态。为了开发一个大型项目，有时需要几十人乃至成百上千人，这些人对这一技术可能了如指掌，但这并不是专利法意义上的公开，因为这些人都有保密义务。保密义务可能来自法律规定，也可以依合同设定。

公开的方式有多种，概括起来可以分为三类：

第一，以出版物方式公开。这是最为普遍的一种公开方式。出版物的种类十分繁杂。就载体形式而言，它不仅包括各种印刷、打印或手抄的纸件，还包括其他各种以光、电、磁或照相等方式制成的有形载体，如磁带、磁盘、光盘、缩微胶片或平片等。就内容而言，出版物包括专利文献、科技刊物、科技著作、学术论文、专业文献、技术手册、教材、技术专题报告、产品样本乃至产品广告等。专利局在审查新颖性时将对这些出版物进行全面检索，只有那些在已有出版物中检索不到的技术才有可能被认为具有新颖性。在进行新颖性检索时，最主要的出版物是专利文献。这是因为专利文献的信息量大，报道全面、及时，且分类标准化，便于检索。审查过程中，那些被检索出来与申请专利的技术进行比较用以判定申请案是否具有专利性的文献被称作对比文献。只有当某一篇对比文献中现有技术的特征与申请专利方案的特征相同时，该对比文献才足以破坏申请专利方案的新颖性。如果几篇对比文献中的特征加起来才覆盖了申请专利技术的特征，则不影响申请方案的新颖性。新颖性审查中的单独对比原则，即只能以一篇对比文献单独对比。

一般而言，一项技术一旦公开即丧失了新颖性，不能获得专利。但一些科研人员为使自己的研究成果尽早得到社会承认，在申请专利前便予以发表。考虑到研究人员的这种心理，一些国家专利法对某些特殊情况下的公开设置了例外。如《日本专利法》第30条第1款就对在专利局指定学术团体的会议上发表的论文，给予6个月不丧失新颖性的优惠期。

第二，以使用方式公开。一些产品或技术方法虽然没有在任何出版物上发表过，但也未必不是现有技术的一部分。如某工厂将新开发的产品投放市场，任何人均可在市场上购买到这种产品，则这种产品已经公开，属于现有技术。又如，有人将某种新的工艺方法在公开场合（展览会等）进行演示，公众通过其演示可以清楚地了解其新工艺的技术特征，则该方法也已公开，属于现有技术。如果一项技术已被公开使用，那么它就不再具备新颖性，不能被授予专利。在专利法上，公开使用包括为商业目的的公开制造、使用和销售，以及为使用或销售而进行的公开展示。当然，仅以一台装在机壳内未指明其结构和功能的复杂设备或仪器作为展品，则不属于已经公开，不丧失其新颖性。因为这种展示对专业技术人员来讲，无法通过观察仪器或设备的外壳了解其中的技术内容。前提是，该设备或仪器的购买者负有保密义务，不能对外公开它内部的技术方案。不过，一些结构简单的机械设计只需观其外形便可知其全部技术特征者则不属此列，因为其技术特征一望可知。

对于在展览会上展出这一公开方式，一些国家的专利法对此作了特别规定，即对在官方举办或经官方承认的国际展览会上展出的商品中可以取得专利的发明、实用新型和外观设计等可给予临时性保护。这种临时性保护可以用多种方式提供，如优先权方式、或者给予一定的不丧失新颖性的宽限期、或者承认展出人的优先使用权等。这类规定符合《巴黎公约》第11条的规定。

第三，以其他方式公开。所谓其他方式即"出版物"和"使用"外的其他任何方式，包括口头方式、广播电台、电视台、电子网络等传播方式。前面提到，教师在课堂授课中介绍的有关技术内容均属已经公开。类似地，在公开场合演讲、报告也是一种口头公开方式。当然，这里还应附加一个条件，那就是演讲人的演说应当清楚、详细和完整地表达了某一技术方案的内容，使得本专业普通技术人员听后便完全了解该技术方案并可以实施该方案。这一条件将某些仅靠口头表达而不借助其他方式如图纸或演示等，便不可能描述清楚的复杂的技术方案排除在外了。但是，对一些简单明了的发明创造，仍可以这类方式公开。

无论采用哪种公开方式，只要对某一技术实施了其中一种方式，该技术便已处于公开状态，进入现有技术范畴。后果便是该技术本身或者与该技术实质相同的技术丧失新颖性，不能被授予专利。

（二）新颖性的判断标准

判定一项技术的公开状态可以从空间和时间两个角度去考虑，由此而引出了公开的空间标准和时间标准。这里，空间标准即判定一项技术在怎样的地域范围公开才算进入现有技术领域。而时间标准则是判定什么时候公开的技术才可在特定申请案的新颖性审查中作为现有技术。

观各国专利法，空间标准主要有两个，即相对标准和绝对标准。所谓相对标准是只把在本国领域内公开的技术作为现有技术，仅仅在国外公开而未在国内公开的技术则不属现有技术范围。在这一基础上建立起来的新颖性概念被称作相对新颖性或者国内新颖性。相对新颖性的概念在专利制度建立初期被各国专利法所采用。随着通信技术的发展，信息传播速度已今非昔比，地球显得越来越小，人们提出地球村的概念。任何一项技术只要在一国公开，其他国家很快便可以知晓。这使得相对新颖性标准已不再适应，不少国家将其淘汰。但是，从目前情况看，相对新颖性的概念仍在不少国家，包括一些发达国家专利制度的某些领域里适用。比如德国的实用新型法中仍采用相对新颖性概念，美国专利法关于"公知、公用"的公开方式也是采用相对标准，日本在这方面与美国一样。

所谓绝对标准是指在世界范围内来考察技术的公开状态，即不论在哪一国家，只要一项技术已经公开，则认为该技术已成为现有技术，从而丧失新颖性。以此为基础的新颖性概念被称作绝对新颖性或世界新颖性，也称为全球新颖性。现在，德国、法国、英国等国家的专利法均采用这种绝对新颖性概念。从理论上讲，采用绝对新颖性的概念更为合理，但相应地，在判断新颖性时将付出较大的人力物力。仅较出版物的检索而言，就需要对世界各国多年来所出版的各种出版物进行全面检索，这一工作的工作量就非常大。《专利合作条约》对每个国际检索单位所提出的最低文献量的要求就包括7个国家（美、德、英、法、日、俄和瑞士）和2个国际组织（《欧洲专利公约》《专利合作条约》的管理组织）自1920年以来的全部专利文献以及最近5年以来的169种期刊。在新颖性检索时，至少应在不少于最低文献范围内检索，其检索报告才能在国际上得到承认。在"出版物公开"方面采用绝对标准，尽管工作量大，但尚可以实现；而在"公知、公用"方面采用绝对标准在审查时就十分困难。尽管一些国家在专利法中规定了这样的原则，但在操作上只要没有相反的证明，就推定其满足绝对标准的要求。因为审查员不可能为一件专利审查而跑遍全球以核实是否已为公众所知或已公开使用。正因为新颖性检索可能会有漏检，所以在各国专利制度中都规定有提出异议、请求撤销或请求宣告无效的程序，通过这些程序使公众可以对专利审查进行监督。如果某一技术在申请日前已经"公知、公用"，专利局经核实后，未授权的可驳回申请，已授权的可撤销专利权或宣告专利权无效。

判断一项技术公开的时间，也是新颖性审查中的一个重要标准。由于时间标准的不同，现有技术范围大小也就不同，在此基础上进一步判定一项技术的新颖性则可能有完全不同的结果。同公开的空间标准相同，时间标准主要有两种，一种是以发明完成为界限判定现有技术的范围，称为发明标准；另一种则是以申请专利的时间为标准来划定现有技术的界限，称为申请标准。这两种标准分别与专利法采用先发明制还是先申请制相对应。在美国，过去判定一项发明创造是否具备新颖性以发明完成的时间为准，因此，在进行新颖性审查时只将发明创造与发明完成之前的技术作比较。只要在发明完成之前没有相同的技术，该发明创造即具备新颖性。2011年美国修改专利法，正式放弃了先发明制度，转而向先申请制度靠拢。

以申请专利的时间作为划分现有技术范围的时间界限的做法被世界上大多数有专利制度的国家所采用。但是，在这些国家中还存在着具体做法上的差异。一些国家将判断新颖性的时间单位定为具体的时刻，如日本；另一些国家则是以日为时间单位，如德国、英国等。判定技术是否公开以时刻为单位固然非常精确，但增加了判定技术公开时间的困难。尤其是外国专利申请常常享有优先权，此时划定现有技术的时间一般为优先权日。如果该专利申请的首次申请国所出具的优先权证明只有优先权日，而无具体的时刻，这就涉及优先权日与具体时刻的协调。像德国、英国等在判定申请先后采用具体时刻的国家，判定新颖性时以申请日或优先日（若享有优先权）为标准；而日本在判定申请先后采用申请日，反过来在判定新颖性时却出人意料地采用具体时刻，这种做法是非常独特的。

（三）我国《专利法》关于发明与实用新型新颖性的规定

在我国专利法初步建立阶段，新颖性的要求已经明确。虽然具体条款可能有所不同，但核心思想是一致的，即要求发明或实用新型在申请日前不为公众所知，具有新颖性。《专利法》第一次修正（1992年）进一步明确了新颖性的判断标准，强调了没有同样的发明或实用新型在国内外出版物上公开发表过、在国内外公开使用过或以其他方式为公众所知，同时也对"现有技术"的定义进行了界定，为新颖性的判断提供了更具体的依据。在加入WTO的背景下，《专利法》第二次修正（2000年）对专利审批和维权程序进行了简化和完善，同时与国际条约相协调，提高了专利保护的国际化水平。对于新颖性的规定，虽然没有直接修改，但整个专利制度的完善为新颖性的判断提供了更加公平、高效的法律环境。《专利法》第三次修正（2008年）进一步提高了专利授权标准，加强了专利权保护。对于新颖性的要求，虽然没有直接增加新的内容，但通过对专利授权制度的完善，间接提高了对新颖性的判断标准和要求。在《专利法》第四次修正（2020年）中，专利法继续加强对专利权人合法权益的保护，对新颖性的规定也进行了相应的完善。例如，完善了举证责任制度，为专利权人维护自身权益提供了更加有力的法律武器。同时，新增了诚实信用原则等条款，要求申请人在申请专利时应当遵循诚实信用原则，不得故意隐瞒或虚构事实以骗取专利权，这也间接提高了对新颖性的判断标准和要求。

我国现在对新颖性的判断标准主要体现在《专利法》及其实施细则，以及相关的审查指南和司法实践中。具体来说，新颖性的判断标准主要包括以下几个方面：

第一，时间标准。我国采用申请日时间标准来判断新颖性。即在申请日以前，没有同样的发明或实用新型在国内外出版物上公开发表过，或者在国内公开使用过，或者以其他方式为公众所知。这里的"申请日"是指国务院专利行政部门收到专利申请文件的日期。

第二，公开标准。分三种情况：首先，出版物公开。包括书籍、报刊、杂志等纸质出版物，以及录音带、录像带及唱片等音像出版物。只要这些出版物在申请日以前公开了与申请专利的发明或实用新型相同的技术内容，那么该发明或实用新型就丧失了新颖性。其次，使用公开。指以商品形式销售或使用技术交流等方式进行传播、应用，以至通过电视和广播为公众所知。在国内的公开使用也会导致新颖性的丧失。最后，其他方式公开。其他方式包括口头公开、展览公开等。只要这些公开方式在申请日以前使得公众能够得知该发明或实用新型的实质内容，同样会导致新颖性的丧失。

第三，空间标准。一是书面公开上的绝对世界性地区标准。对于出版物公开，我国采用的是绝对世界性地区标准，即在全球范围内进行检索，只要在任何地方有同样的发明或实用新型被公开，那么该发明或实用新型就丧失了新颖性。二是使用公开或其他公开的本国地区标准。对于使用公开或其他形式的公开，我国则采用本国地区标准，即只在国内范围内进行检索和判断。

第四，例外情形。《专利法》还规定了一些不丧失新颖性的例外情形，如申请专利的发明创造在申请日以前6个月内，有下列情形之一的，不丧失新颖性：在国家出现紧急状态或者非常情况时，为公共利益目的首次公开的；在中国政府主办或者承认的国际展览会上首次展出的；在规定的学术会议或者技术会议上首次发表的；他人未经申请人同意而泄露其内容的。

在实质性审查过程中，审查员会依据上述标准对专利申请的新颖性进行判断。如果审查员认为专利申请具有新颖性，该申请就有可能被授予专利权。反之，如果审查员认为专利申请不具有新颖性，那么该申请将会被驳回。

三、创造性

(一) 创造性的概念

创造性也是授予专利的积极条件之一。在专利制度建立初期,一项发明创造只要具备新颖性便可对其授予专利。然而在专利制度具体的实施过程中,人们逐渐意识到,这种只考虑新颖性的做法存在着弊端,导致一些在技术上完全没有进步甚至在技术上落后的方案被授予了专利。这种状况诱发了一些人的投机心理,他们把在技术特征上与别人发明创造相同或类似而仅仅作一些形式上变化的方案也申请了专利,并借以与原发明人进行市场竞争。为了克服专利制度的这种弊端,防止产生类似的不正当行为,一些国家专利法相继引入创造性标准。如今,创造性这一条件已成为各国专利法的通例,尽管在文字表述上可能会有所不同,但其实质含义是基本相同的。

创造性,在一些国家里也被称作"非显而易见性""先进性""进步性""创造步骤"等。1977年《英国专利法》第3条规定:如果一项发明对熟悉本专业技术的人而言并非显而易见……那么该项发明应被认为跨出了创造性的一步。《日本专利法》第29条第2款也有类似的规定。我国《专利法》第22条第3款对创造性作出了一个高度概括的概念:创造性,是指与现有技术相比,该发明具有突出的实质性特点和显著的进步,该实用新型具有实质性特点和进步。在这里,现有技术即申请日前在全球范围内已经公开的技术。

从各国法律关于创造性的规定中可以看出,创造性是在新颖性的基础上对申请专利的发明创造提出的更进一步的要求。如果说新颖性的关键在于"前所未有",强调一个"新"字,那么创造性的核心则在于"实质特点",侧重一个"难"字。对于前后两项发明,如果在先发明已经明确指出只要对其稍加改动便成了与在后发明相同或相似的方案,并可取得在后发明技术效果,即对于该专业的普通技术人员可以从在先发明中很容易地联想到这种改动,则在后发明就不具备创造性。通俗地讲,这种改进在现有技术的背景下,对于普通技术人员而言没有难度。同新颖性相比,创造性的界定具有一定程度的任意性,即创造性概念的边界本身并不清晰。因此要做到绝对客观的判断,其难度远比新颖性大得多。而要想真正把握住创造性这一标准,必须对技术方案的"实质性特点"和"进步"这两个概念有一个深刻理解,所谓发明创造的"实质性特点",是指发明创造与现有技术相比所具有的本质性的区别特征，并且这种区别特征应当是技术性的，通常也就是该发明创造的发明点之所在。而所谓"进步"，则是指发明创造与现有技术的水平相比必须有所提高，不能是一种倒退。

总体上看，创造性与新颖性也存在一定的联系。在我国《专利法》上，判断创造性和新颖性的背景均包括现有技术。但判断新颖性时，并不仅限于现有技术的范围，还包括申请日前尚未公开的在先申请，即抵触申请。

(二) 创造性的判断

判断创造性的标准总体上可以分为主体标准和客体标准。其中主体标准就是指判断创造性的人的标准。创造性判断具有一定程度的任意性和灵活性，这不同于新颖性。因此，有必要对判断创造性的人作出明确的规定。客体标准则是指发明创造本身应当具备的创造性因素。

第一，判断创造性的人应是发明创造所属专业的普通技术人员。由于发明创造是否具备创造性是通过人的主观判断来完成的，因此对同一发明创造由于判断者的知识水平、思维方式等个人素质的不同，可能会产生不同的看法。为此，各国专利法中都引入了一个概念，即发明创造所属技术领域普通技术人员，有时也简称为普通技术人员。这里的普通技术人员是一个虚拟的人，他具有某一技术领域属于现有技术范畴的一切知识，但对这些知识的理解和应用水平仅限于当时该领域的中等水平；他能力平平，尤其是在创造性思维方面能力较差，只能在现有技术基础上做一些简单的逻辑推理和组合。如果一项发明创造的完成对于这样的人来说是十分困难的，那么这项发明创造就肯定具备创造性；相反，如果本专业普通技术人员认为这项发明创造是显而易见的，那么它就不具备创造性。

第二，开拓性的发明创造具备创造性。所谓开拓性发明是指该发明是一种与现有技术完全不同的技术方案，它的出现导致了一个新的技术领域的诞生。比如，我国古代的四大发明在当时是一种开拓性发明；又比如，瓦特发明的蒸汽机、贝尔发明的电话、巴丁等三人发明的晶体管均属开拓性发明。这类发明创造的实质特点十分突出，技术上的进步也尤为显著，故判断其创造性也十分容易。

第三，若发明创造的目的和效果具有不可预测性，则该发明创造具有创造性。所谓目的和效果的不可预测，是指对于本专业的普通技术人员来讲，某一技术方案取得了意想不到的结果，从而使发明创造与现有技术相比有了质的区别。比如，汽车是由发动机、离合器、传动机构、车轮、底盘等组合而成，而发动机、离合器、车轮等均为现有技术，但将其组合在一起后便产生了意想不到的结果，成了一种交通工具，这是普通技术人员所不能预料的。总之，只要发明创造产生了令本专业普通技术人员所始料不及的结果，则该发明创造应当具备创造性。

第四，根据发明构成的难易程度来判断其创造性。创造性注重的是难度或者创造高度，创造性条件被引入专利法的目的就是防止那些为本专业普通技术人员所显而易见的或者在理论或实践上都很容易想到的发明创造被授予专利。因此，发明创造本身构成的难度应是判断创造性的一个参考标准。但是，仅凭发明构成的难度来判定其创造性也是不科学的。一些构思奇特、巧妙的设计可能会在构成方面非常简单，但在常规的思维方式下是绝对想不到的；另一些看似复杂，但谁都能看出不过是常规推理的必然结果的设计，不能简单地适用这一原则。事实上，判断创造性的标准并非这样简单抽象，对一些具体的技术方案还要做具体的分析，还可参考一些其他因素，如是否已经实施、是否在商业上取得成功等。

在具体判断创造性时，必须将发明创造与现有技术作仔细的比较。判断新颖性时，只能将每篇对比文献单独与发明创造比较，只要1篇对比文献不具备发明创造的全部特点，该发明创造便具备新颖性。而在判断创造性时，则不受这种单独对比的限制，一般可以从2～3篇对比文献中分别抽出其特点进行对比。如果发明创造的特点是可以从现有技术中简单推出的，其创造性便值得怀疑。当然，概括发明创造的技术特点所需要引用的对比文献的篇数也在一定程度上反映了发明的创造水平或高度，被引用的对比文献篇数越多，该发明具备创造性的可能性也就越大。

第二节 外观设计专利权的取得条件

一、新颖性

无论是外观设计专利还是发明、实用新型专利，作为取得专利权条件的新颖性在含义上是完全相同的。现行《专利法》第23条第1款规定："授予专利权的外观设计，应当不属于现有设计；也没有任何单位或者个人就同样的外观设计在申请日以前向国务院专利行政部门提出过申请，并记载在申请日以后公告的专利文件中。"该条第 4 款规定："本法所称现有设计，是指申请日以前在国内外为公众所知的设计。"由此可知，我国外观设计专利的新颖性条件采用的是绝对新颖性标准加抵触申请的模式。

我国《专利法》颁布至今已经 40 余年。外观设计专利的新颖性标准也是经过多年的实践演变而成的。1984 年《专利法》在外观设计专利权的新颖性标准方面采取的是混合新颖性标准，且不考虑抵触申请。具体而言，对出版物采用绝对标准，而对"公知公用"则采取相对标准。1992 年和 2000 年《专利法》修正未就此规定作出任何更改。直到 2008 年修正《专利法》时才随着发明、实用新型专利一起改为绝对新颖性标准，并且增加了抵触申请的规定。这种修正无疑提高了外观设计专利的门槛。近年来，我国外观设计专利的年申请量已经成为全球第一。但在质量层面，中国的外观设计较国际先进水平尚有距离。因此，整体上提高外观设计专利的条件，对于我国设计产业的未来和发展是大有益处的。

二、创造性

外观设计是一种智力创造成果。作为智力创造成果，各国的工业产权法无不要求其不同于已有的成果或者已有成果的组合。2008 年版《专利法》针对外观设计提出了"与现有设计或者现有设计特征的组合相比，应当具有明显区别"的要求。在这里，"明显区别"的要求不仅是相对于现有设计而言的，而且还包括现有设计特征的组合。由此可见，这一要求已经超越了单独对比新颖性的原则，引入了创造性的理念。

需要指出的是，由于我国知识产权制度将外观设计置于《专利法》中，因此，为统一其与发明、实用新型专利取得条件的叫法，这里仍然将这一条件称为创造性。很显然，这里的创造性与前面有着很大不同。如果以创造的高度作为指标，《著作权法》中的独创性仅仅要求最低限度的创造性，如只要作品能够反映作者的个性即可；发明和实用新型专利的创造性则要求相应的技术方案在技术特征上有实质性特点，这种要求远高于对作品的要求。在这里，外观设计专利的创造性要求虽不能与发明、实用新型专利相比，但显然高于作品的独创性。

此外，我国《专利法》中所称的"明显区别"也不同于《商标法》中关于商标显著性的含义。首先，外观设计不是区别标志。作为智力成果，这里所称的"区别"应当从智力创造的角度去理解，而非简单地从感官差异上作出判断。举例而言，在判定外观设计间的差异时需要考虑设计空间的问题。对于某些经过多年发展的设计领域，设计者几乎没有发挥空间了。在这种领域不是只要有所创新，即可认为有区别，而应当将此外观设计当作智力成果来看待。这是在判断一个外观设计是否应当给予专利权的一个非常重要的考量指标。在我国外观设计专利制度的实施初期，外观设计就曾经被当作识别标志来看待，直到进入 21 世纪后才得到纠正。

三、不与他人在先合法权利相冲突

不与他人在先合法权利相冲突指的是申请专利的外观设计在申请日之前，不得侵犯任何已经存在的合法权利。这些在先合法权利包括但不限于商标权、著作权、企业名称权、肖像权、知名商品特有包装或者装潢使用权等。如果外观设计专利权的实施会损害到这些在先权利，那么该外观设计专利就可能被宣告无效。我国《专利法》第 23 条第 3 款明确规定："授予专利权的外观设计不得与他人在申请日以前已经取得的合法权利相冲突。"这一条款为判断外观设计是否与他人在先合法权利相冲突提供了法律依据。

不与他人在先合法权利相冲突是外观设计专利申请和维持的重要条件之一。在申请外观设计专利前，申请人应充分进行权利检索和评估，确保自己的设计不会侵犯他人的在先合法权利。同时，相关法律法规也为处理外观设计专利与在先合法权利的冲突解决提供了明确的法律依据和判断标准。

思考题：

1. 简述发明与实用新型实用性的判断标准。
2. 简述新颖性的判断标准。
3. 简述外观设计专利权的取得条件。

第十一章
专利权产生的形式要件

【内容提示】

专利权产生的形式要件要求在专利权申请过程中,申请文件及申请行为需要遵循申请原则,满足一系列格式化、规范化的要求。这些要件主要是为了确保专利局能够高效地审查申请,以及确保申请文件的准确性和清晰度。本章论述了专利权产生的形式要件,其内容主要包括:(1)专利申请的原则;(2)专利申请文件;(3)专利申请的提出;(4)专利申请的审批。

第一节 专利申请的原则

在专利申请过程中,遵循一系列明确的原则是确保申请有效性和合法性的关键。各国专利法都规定了一套专门的专利申请办法,其中有关原则性的规定是基本一致的。

一、书面原则

书面原则是指在专利申请过程中,所有与申请相关的手续和文件都必须以书面形式提交。这一原则确保了专利申请的正式性和可追溯性。根据我国《专利法》及其实施细则的规定,申请人必须提交书面请求书、说明书及其摘要、权利要求书等文件。通常,各国专利局对这些文件的格式都有特殊的规定,一般都专门制有特定表格,递交的文件必须按特定表格要求的格式填写。在写法上,各国专利局也都有自己的专门规定,如说明书的内容以及这些内容的排列顺序等均必须符合规定。这些文件是专利审查的基础,也是确定专利权范围和保护内容的依据。书面原则不仅适用于初次申请,也适用于后续的修改、复审等程序。此外,随着电子信息技术的发展,虽然电子申请逐渐普及，但电子申请本质上仍然是一种特殊的书面形式，需要符合规定的电子文件格式和标准。

假设某发明人完成了一项创新发明，并决定申请专利保护。根据书面原则，他必须准备详细的书面申请文件，包括请求书、说明书及其摘要、权利要求书等，并通过邮寄或电子提交的方式将这些文件正式提交给国家知识产权局。如果申请文件存在任何缺陷或遗漏，审查机构也会以书面形式通知申请人进行补正或修改。

二、先申请原则

专利权是一种独占权，一项发明创造只能被授予一项专利权。但在现实中可能会发生两个不同的人分别独立完成了相同的发明创造，并且都向专利局递交专利申请的情况。从世界各国专利立法的发展状况看，解决这一问题有两种方案：一是先发明原则，二是先申请原则。先发明原则是指当存在两个或两个以上申请人就同一发明主题申请专利时，专利局将按完成发明创造构思的时间来决定专利权授予何人；先申请原则，也称为"先发明原则"的对称，是指在两个或两个以上的申请人分别就同样的发明创造申请专利时，专利权授予最先提出申请的人。美国作为专利大国在很长一段时间里一直坚持早先的先发明原则，直到2013年才将其制度改为先申请制。如今，世界上通行的做法是采用先申请原则，即基于申请时间的先后来决定批准谁的申请。这一原则旨在鼓励发明人尽早公开其技术成果，促进技术交流和进步。

根据《专利法》的规定，同样的发明创造在一国领土范围内只能授予一个专利权。因此，在存在多个申请人时，申请日成为判断申请先后的关键。申请日是指国家知识产权局收到符合规定的申请文件之日；如果申请文件是邮寄的，则以寄出的邮戳日为申请日。在享有外国或本国优先权的情况下，优先权日作为申请日。同日申请的，由申请人协商解决；协商不成时，对任何一方都不授予专利权。《日本专利法》第39条第2款明文规定："相同的发明于同日提出两件以上的专利申请案时，由专利申请人协商确定申请人，唯一人可取得该发明的专利。协商不成或无法进行协商时，任何人均不授予专利。"同样的情况也适用于实用新型之间或者发明与实用新型之间的冲突。我国《专利法》在这一问题上也采用协商原则。

假设有两位发明人A和B几乎同时独立完成了同一项发明创造，并分别向国家知识产权局提交了专利申请。根据先申请原则，如果 A 的申请日早于 B 的申请日，那么即使 B 的发明可能更加完善或具有更高的商业价值，专利权也将授予 A。如果 A 和 B 的申请日相同，则双方需要协商解决专利权归属问题；协商不成时，则任何一方都无法获得专利权。

三、单一性原则

单一性原则是指一件专利申请应当限于一项发明创造。这是为了确保专利审查的效率和准确性，避免对过于宽泛或复杂的申请进行不必要的分割或合并。根据我国《专利法》第31条第1、2款的规定："一件发明或者实用新型专利申请应当限于一项发明或者实用新型……一件外观设计专利申请应当限于一项外观设计。"然而，属于一个总的发明构思的两项以上的发明或者实用新型，以及用于同一类别并且成套出售或者使用的产品的两项以上外观设计，可以作为一件申请提出。这一原则在鼓励申请人充分披露技术成果的同时，也保证了专利审查的公平性和有效性。

一般而言，具备单一性可作为一件申请提出的发明创造主要有以下几类：一是各发明创造间存在种属关系，即在各发明创造中，其中一个发明创造在概念上是其他发明创造的属概念。二是各发明创造间存在并列关系，即它们的基本特征相同。比如，一种半导体器件及其制造方法。在我国，产品的用途也可与产品和制造产品的方法一并作为一件申请提出。三是方法和为实施该方法而专门设计的设备。如果方法是专为制造一产品的，那么该产品也可与方法和实施方法的设备一起作为一件专利申请提出。除了以上几类，其他独立发明创造均不得合案申请，否则便可能在专利申请的审查中被认为不具备单一性。

四、优先权原则

优先权原则是指申请人在某一国第一次提出专利申请后，在法定期限内（通常为十二个月对于发明或实用新型专利、六个月对于外观设计专利）就相同主题的发明创造在其他国家或者本国再次提出申请的，可以享有第一次申请的申请日作为优先权日。这一原则旨在保护申请人的合法权益，防止其他人在其首次公开技术成果后抢先申请专利。优先权分为国际优先权和国内优先权。国际优先权则是指申请人在某一外国第一次提出专利申请后，在法定期限内在中国就相同主题提出申请的，可以享有优先权。国内优先权是指申请人在中国第一次提出专利申请后，在法定期限内就相同主题的发明创造再次提出申请的，可以享有优先权。我国《专利法》第 29 条规定："申请人自发明或者实用新型在外国第一次提出专利申请之日起十二个月内，或者自外观设计在外国第一次提出专利申请之日起六个月内，又在中国就相同主题提出专利申请的，依照该外国同中国签订的协议或者共同参加的国际条约，或者依照相互承认优先权的原则，可以享有优先权。申请人自发明或者实用新型在中国第一次提出专利申请之日起十二个月内，或者自外观设计在中国第一次提出专利申请之日起六个月内，又向国务院专利行政部门就相同主题提出专利申请的，可以享有优先权。"优先权原则的设立，旨在保护申请人因首次公开其技术成果而可能遭受的潜在风险，鼓励发明人尽早公开其技术成果并申请专利保护，同时优先权原则也有助于促进国际的技术交流与合作。

假设某申请人在中国首次提交了一项发明创造的专利申请并获得受理通知书。随后该申请人在十二个月内又向美国提交了相同主题的发明创造专利申请。根据优先权原则该申请人在美国的专利申请可以享有在中国首次提交的申请日作为优先权日。这意味着即使在美国的申请晚于其他人在美国的同类申请提交日期，但由于其在中国首次提交并获得了优先权，因此仍然有可能获得专利权。需要注意的是，申请人在要求优先权时必须按照规定提交相关书面声明和文件以证明其优先权基础。

第二节 专利申请文件

专利申请文件的种类很多，其中最为重要的是必要申请文件。所谓必要申请文件，就是在专利申请中必不可少的专利申请文件。如果一件申请中缺少必要申请文件，那么这件申请将不被受理。未被专利局受理的申请，在法律上被视为未提出，自然也就不可能享有优先权。他人若在此以后提出合格申请，仍然可以获得专利权。必要申请文件因专利种类不同而不同，下面分别就不同种类专利的必要申请文件逐一介绍。

一、发明专利必要申请文件

对发明专利申请,其必要申请文件主要有以下几类:

(一)发明专利请求书

发明专利请求书是申请人用于表达请求专利局对其发明授予专利权的愿望的书面文件。在我国,专利请求书是一种专利局专门印制的标准表格,申请人只能按表格规定的格式或要求填写,否则申请将不被受理或被要求补正。

请求书中主要应填写以下内容:

1. 发明名称。名称应当简明扼要,避免写入发明的区别特征,因为这是发明的内容,同时还应避免写入非技术性内容,如新式、方便、多功能等限定词。通常,发明名称只需说明两方面内容:一是发明所属技术领域或主要应用领域;二是发明的种类,即发明是产品还是方法。比如,申请专利的发明创造名称为"一种阴极射线管及其制造方法"。另外,在一件申请的所有申请文件中发明名称均必须保持一致。

2. 发明人。发明人即完成该发明创造的人,或称对发明创造的实质性特点作出了创造性贡献的人。由于只有自然人具有创造性思维的能力,因而发明人只能是自然人,故不得在发明人一栏中填写法人或非法人单位的名称。发明人可以是一人,也可以是多人。

3. 申请人。在这一栏中必须详细写明申请人姓名或名称,不得使用假名、笔名或简称。因为在申请过程中专利局将依照申请人填写的地址、姓名或名称与其联系。如果因地址填写有误导致有关通知不能送达或不能及时送达而耽误期限,责任将由申请人自负。

4. 专利代理机构。申请人若不熟悉《专利法》有关规定,不了解专利申请程序,可以委托专利代理机构代为办理有关专利事务。专利代理机构将指定一名或两名专利代理人具体办理申请事务。世界各国的专利代理人通常都是经过国家严格考试合格并经专利局认可的具有某一领域技术背景知识的法律专家。在我国已有成熟的专利代理人考试制度,每两年在全国范围内举行一次,考试合格者将在专利局登记。在此栏中,应注明专利代理机构名称、地址和代理人姓名及其登记号。在请求书末还需有代理人签章以及代理机构印章。当然,不委托专利代理机构代理的则不需填写此栏。

除以上内容外,请求书中还包括是否要求优先权、申请文件清单、附加文件清单、申请费交纳情况等。对这些内容申请人均应根据申请案的具体情况据实填写。

(二) 说明书

说明书是具体阐述发明创造内容的书面文件。前面已经指出,专利技术是公开的,这种公开性正是通过说明书才得以实现,因为发明专利申请的说明书的内容将自申请日起满18个月后对社会公开。并且,这种公开应当完整、清楚地反映整个技术方案。完整和清楚的程度以所属技术领域的普通技术人员可以实现为准。这里的普通技术人员与创造性判断的主体标准中的本专业普通技术人员属于同一概念,即具备三个特性:只具有所属技术领域的一般知识,不具有超出平均水平的能力;具有一个技术人员所应当熟悉的邻近或相关领域的知识;缺乏创造能力,只有认识和了解现有和过去知识的能力。只有当说明书的内容能够为这种本专业普通技术人员所实现时,说明书才能说是充分、完整地公开了该技术方案。

如果说明书公开不充分或不完整,而申请人又拒绝就说明书中有缺陷的内容进行修改,那么将导致申请被驳回,因为这类申请完全可能为未完成发明。未完成发明是不具备实用性的。

发明或者实用新型专利申请的说明书应当写明发明或者实用新型的名称,该名称应当与请求书中的名称一致。说明书应包括以下几个方面:

1. 技术领域。写明要求保护的技术方案所属的技术领域。这里切忌笼统、空泛,应当尽可能地写出发明直接所属的具体技术领域。比如,"科学领域""物理领域"等写法均过于宽泛。又比如,不能将一个属于开关二极管技术领域的发明写成属于电子器件领域,而应直接写明"本发明属于开关二极管技术领域"。

2. 背景技术。写明对发明的理解、检索、审查有用的背景技术;有可能的,并引证反映这些背景技术的文件。所谓背景技术也就是与发明相关的现有技术。介绍现有技术是为了从侧面烘托发明创造。如果引证某些现有技术文件,应当说明出处。一般只要求写明与发明创造密切相关的内容。当然,如果发明是一种全新的开拓性发明,在此以前从未有人涉足这一领域,或者申请人对背景技术知之甚少,这部分也可简略说明一下。

3. 发明内容。写明发明所要解决的技术问题以及解决其技术问题采用的技术方案,并对照现有技术写明发明或者实用新型的有益效果。所谓要解决的技术问题实际上就是发明目的。这里要求用最简洁的语言说明发明所要解决的具体技术问题，不宜写入"填补空白""降低成本"等非技术性因素，也不能笼统地写成"本发明就是为解决上述问题"。解决问题的技术方案是说明书中的重要部分，要求清楚完整地阐述整个技术方案。具体地讲就是要使本专业普通技术人员能够理解，并且能够达到发明的目的。一般而言，发明内容包括独创的内容和借用现有技术的内容。独创部分要详细，借用部分可相对简略。关于发明取得的有益的效果，应是依据发明内容部分所介绍的方案可以直接获得的优点或效果，不能将还需进行额外创造性劳动才能获得的优点或效果写入。这段内容可以直接支持发明的实用性和创造性，应与发明的目的和现有技术的缺点相呼应。

4. 附图说明。如果说明书有附图，还应当对附图加以说明。一般只需列出各幅附图的名称，不需在此对图中部件做技术性说明。

5. 具体实施方式。详细写明申请人认为实现发明或者实用新型的优选方式。必要时，举例说明；有附图的，对照附图。实施例可以有多个。通常实施例越多，权利要求书中则可越多地使用上位概念概括有关技术特征。

发明或者实用新型专利申请人应当按照前述方式和顺序撰写说明书，并在说明书每一部分前面写明标题。当然，如果发明或者实用新型的性质用其他方式或者顺序撰写能节约说明书的篇幅，并使他人能够准确理解该发明或者实用新型，说明书也可不明确划分上面几个部分。但无论如何，说明书的内容应当足以支持权利要求书，说明书中没有的技术特征，在权利要求书中是不允许出现的。因而不得引述权利要求书中的内容，比如使用"如权利要求……所述的……"一类的引用语。说明书是权利要求书的基础，故而应当用词规范、语句清楚，且不得使用商业性宣传用语。说明书的撰写质量同样会在一定程度上影响到专利权的保护范围。

如果发明专利申请包含一个或者多个核苷酸或者氨基酸序列，说明书中应当包括符合专利局规定的序列表。申请人应当将该序列表作为说明书的一个单独部分提交，并按照规定提交该序列表的计算机可读形式的副本。

(三) 权利要求书

发明专利的申请文件中，权利要求书是不可或缺的重要部分。权利要求书是发明专利申请中用于明确界定申请人请求保护的技术方案或技术特征的书面文件。权利要求书具有直接的法律效力，是专利授权后确定专利权保护范围的基础。它清晰地界定了专利权的边界，防止专利权人的权利被无理扩大或缩小。同时，在专利侵权纠纷中，权利要求书是判断侵权是否成立的重要依据。

首先，权利要求书的内容要求：（1）技术特征描述。权利要求书应详细、具体地描述发明的技术特征，包括必要的技术要素及其相互关系。描述应准确、无歧义，以便所属技术领域的技术人员能够理解和实现。（2）保护范围界定。权利要求书应明确界定请求保护的范围，确保专利权的保护既不过于宽泛也不过于狭窄。界定范围时，需考虑发明的实用性、新颖性和创造性特点。（3）编号与格式。权利要求书中的各项权利要求应使用阿拉伯数字进行顺序编号。每一项权利要求都应独立、完整地表达一个技术方案或技术特征组合。（4）独立权利要求与从属权利要求。独立权利要求应完整、独立地描述发明的技术方案，不依赖于其他权利要求。从属权利要求则是在独立权利要求的基础上，进一步限定发明的保护范围，通常引用并依赖于前面的权利要求。

其次，权利要求书的撰写要求：（1）以说明书为依据。权利要求书的内容应与说明书的内容相符，以说明书为依据进行撰写。说明书应对发明作出清楚、完整的说明，为权利要求书的撰写提供充分的依据。（2）清楚、简明。权利要求书的表述应清楚、简明，避免冗长和复杂的描述。使用简洁明了的语言，确保所属技术领域的技术人员能够准确理解其含义。（3）避免歧义。权利要求书的表述应准确无歧义，避免使用模糊或容易产生歧义的词汇。在描述技术特征时，应使用精确的技术术语和表达方式。

最后，权利要求书的法律意义。一方面是授权依据。在专利审查过程中，审查人员会根据权利要求书的内容来确定发明的保护范围，并判断其是否符合新颖性、创造性和实用性的要求。另一方面是维权工具。在专利授权后，如果发生专利侵权纠纷，专利权人可以依据权利要求书的内容来主张自己的权利，并请求相关机构进行侵权判定和赔偿。因此，在撰写权利要求书时，申请人应严格遵守相关法律法规和撰写要求，确保权利要求书的准确性和有效性。

对发明专利申请，只要具备以上三种申请文件，专利局便可以受理该专利申请，从而使申请日和优先权得以确立。但一个合格的发明专利申请至少还应有说明书摘要，我国专利法允许在申请案受理后一定期限内补交。

二、实用新型专利必要申请文件

实用新型专利的必要申请文件与发明专利申请基本相同。有所不同的是，实用新型专利申请文件中应当包括附图，这是与实用新型本身的特点相适应的。如果申请实用新型专利的产品没有一个固定、立体的形状或结构，也就不能被授予实用新型专利。实用新型专利申请的必要申请文件的其他具体内容与要求同发明专利的一样。

三、外观设计专利必要申请文件

外观设计专利与发明和实用新型专利不同，它不是技术性方案，因此不宜采用上面所述的申请文件。外观设计专利的必要申请文件主要有以下两种：

1. 外观设计专利请求书。请求书的内容大体上与发明专利请求书相同，只是应专门注明外观设计所使用的产品和所属类别。

2. 图片或者照片。由于外观设计专利不是技术方案，而是一种造型或图案，因而难以像描述技术特征那样用文字表述。图片或照片是表述外观设计的最佳方式，它可清楚明晰地将外观设计的特点表露无遗。在外观设计专利申请中，图片或照片起着如发明或实用新型专利申请中权利要求书的作用。因此，作为申请文件的照片或图片一定要充分清楚地展示外观设计的特点。如果图片或照片中没有能够反映出来，则专利法将不予保护。递交申请文件时，一张照片或图片若不能反映其全部特征可以交两张或多张。必要时还可对图片或者照片作简要的文字说明。

除了以上所述的必要申请文件外，在专利申请时还可根据申请人的具体要求另外递交各种附加申请文件，如优先权证明、发明提前公开申明、实质审查请求书、代理人委托书、费用减缓请求书、外观设计简要说明等。这些文件是否递交要视申请人需要而定，并非每件申请所必需。

第三节 专利申请的提出

一项发明创造完成之后是否提出专利申请、如何提出专利申请，应从全局出发通盘考虑。一般而言，首先应当考虑的问题是是否应采用专利方式来寻求保护。专利是保护发明创造的一种极为有效的方式，但专利制度本身也并非从任何角度看都完美无缺,发明人应当认真权衡申请专利的利弊。从发明人的立场看,专利权的保护期限、专利的公开制度以及授予专利的若干条件等都存在不利的一面。因此,一项发明创造如果确有可能以保密的方式加以保护,即不会因为实施该项发明创造而泄密,也可选择以技术秘密的方式来加以保护。

如果打算进一步提出专利申请,还应当核实该发明创造是否属于专利法的保护范围,即核实该发明创造是否属于授予专利的消极条件规定的范围。若属于此范围则不能被授予专利权。比如,疾病诊断和治疗方法是不可能被授予专利的。

接下来还要进一步考查该发明创造是否有经济价值。如果确有市场,哪怕是潜在的市场需求也应当尽快申请专利;如果根本没有经济价值,或已有其他更先进的技术可以代替它,则不必为其花费过多的精力。一项发明创造的市场未必仅限于一个国家。因此在申请专利前,还应当考虑该发明创造在哪些国家有市场,从而决定申请的国家。总之,申请专利的目的在于追求市场利益,没有市场价值的发明创造自然没有必要申请专利。

有的国家有一种防卫专利制度,发明人将这类发明创造申请防卫专利不是为了取得专利权,而是为了防止他人就此取得专利权。我国虽没有这种防卫专利制度,但发明人可以设法尽快将该发明创造公开,亦可达到同样目的。

在着手申请专利之前,还有一项工作就是考虑是否委托专利代理人。如果发明人本人既是技术专家,又懂得专利法的有关知识,那当然可以自行申请。但通常情况下,很多发明人不懂专利法及具体程序,这时最为简单的办法就是委托专利代理人办理。专利代理人不仅是技术专家,同时又精通专利法知识,具有充分维护申请人利益的能力。委托专利代理人后,申请人不仅在专利申请中,而且在专利实施以及有关专利诉讼中均可得到帮助。

在准备专利申请文件前,还应当会同市场营销等方面的人员就申请何种专利进行全面考察。针对不同的商业目的,其选择可能完全不同。前面已经谈到,外观设计不是技术方案,因此就不能将仅具有美感的设计申请实用新型或者发明。然而,当一个产品造型或者形状同某种实用功能直接相关,则可能存在两种选择,即作为技术方案申请发明或者实用新型,或者作为美感方案申请外观设计。同属技术方案,选择申请发明专利或实用新型专利也可能会有不同的考虑。总之,选择申请专利的类型应当同最终的目的配合起来。

在准备好专利申请文件后,应当尽早向专利局递交。只有这样才能尽早地确立申请日。递交申请文件可以直接到专利局递交,也可以通过邮局邮寄。直接递交的以专利局收到申请文件之日为申请日;邮寄的则以寄出的邮戳日为申请日。如果信封上寄出邮戳日期不清晰的,专利局则以收到申请文件之日为申请日。申请人在收到受理通知书后应当核实受理通知书上所确认的申请日。若发现申请日与发信日不一致,应当立即向专利局提供有关证明材料要求专利局更正申请日。需要特别注意的是,只有在申请人收到专利局发出的受理通知书(其中载有申请日、专利申请号等)后,该申请才算被正式受理成为享有优先权的正式申请。

第四节 专利申请的审批

一、专利审查制度

各国专利法都规定了自己的专利审查制度。从世界范围来看,专利审查制度可以分作两大类,即不审查制和审查制。而这两种制度又分别可细分作两类,其中不审查制可以分作登记制和文献报告制,审查制可分作即时审查制和早期公开延迟审查制。所谓登记制是指专利局在受理专利申请之后,并不对申请案作实质审查,即并不审查申请案是否具备新颖性、创造性和实用性,只就申请案作形式审查后即予以登记授权的专利审查制度。文献报告制也称文献检索制,是指申请案被专利局受理后,专利局除了作形式审查外,还就申请案的主题进行新颖性检索,向申请人提供有关对比文献的检索报告;由申请人自己对照报告决定是否坚持申请;若申请人坚持其申请,专利局将予以登记授权。不审查制的优点在于专利审查批准的周期短,授权速度快,但所授予专利的质量往往不高,在发生侵权诉讼后常常因被告请求而被宣告无效。因此,在这一制度的设计中常伴以严格的事后的监督制度,无效宣告制度只是其中之一,有的还在授权前后一定期限内设有异议或者请求撤销制度。

目前,绝大多数国家的发明专利都实行审查制。在审查制中,即时审查制较为简单,也是各国专利制度早先采用的一种审查制度。其操作步骤大致如下：专利局接到专利申请后，立即进行形式审查，然后自行启动实质审查程序进行新颖性、创造性和实用性审查，通过实质审查的申请案予以公告授权。目前，美国专利法即采用这种制度。而早期公开延迟审查制在程序上则相对复杂。目前世界上大多数国家的专利法均采用这种审查制度。其审查步骤大致为：在申请案通过形式审查后，将申请案的内容公开（公开的日期通常为申请日后第 18 个月），待一定期限后再作实质审查，实审通过之后再行授权。

在专利制度发展初期，大部分采用审查制的国家都实行即时审查制。但在实施若干年后，许多国家专利局都积压了大量的申请案来不及审理。进入 20 世纪后，一些国家为了解决积压多年的陈案，才开始采用早期公开延迟审查制。现在，世界上大部分国家的专利法都采用这种制度。采用即时审查制对于申请人较为有利。如果专利申请未获批准，申请人还可将该方案作为技术秘密。而采用早期公开延迟审查制则是在实质审查之前已经将申请案公开，故如果专利申请被驳回也不可能再将已经公开的技术作为技术秘密来保护了。但从公共利益考虑，早期公开制提前了新技术公开的时间，在一定程度上可避免重复开发，减少了社会财富的浪费；同时便于充分发挥公众的监督作用，使公众在实审前即可就申请案提出意见，这可适当减小专利局的工作量；再则，这一制度还给申请人以充分的时间考虑其申请案的前途，对于没有市场前景的发明申请人可以不再提出实质审查，从而节省了一大笔经费。

如今，唯有美国采用即时审查制度，这种做法给他国国民造成了诸多不便。比如，其他国家的专利申请均在申请日起第 18 个月后公开，而美国专利申请只有在被授权后才予以公开。1995 年，美国国会曾有人提出议案，要求在专利申请日后第 18 个月将申请案公之于众，而不论此时专利审查是否已经完成。但这一议案并未获得通过。

二、我国的专利审查制度

我国《专利法》针对不同的专利类型分别采用了不同的审查制度。对于发明专利采用了早期公开延迟审查制，而对实用新型和外观设计专利则基本采用了登记制。

（一）发明专利的审查程序

依照现行《专利法》，发明专利申请被受理之后，专利局将对该申请案进行初步审查。审查的内容包括发明专利的申请案是否满足专利法有关形式方面的要求，如专利申请文件的撰写是否合格、提交的文件的种类是否齐全、文件的份数是否足够等。此外，还将审查申请案是否明显违反法律、社会公德，是否属于专利法的保护范围等要件。如果该申请案不满足上述要求，专利局将要求申请人予以补正，补正后仍不符合要求的，将被驳回。符合要求的申请案将在申请日起第 18 个月后被公之于众。公开后的申请案，任何人都可以查阅到申请人向专利局递交的全部申请文件，包括权利要求书和说明书全文。

在申请案被公开后至申请日起 3 年内的任何时间，申请人都可以向专利局提出实质审查请求。专利局在接到实审请求之后将对申请案进行实质审查，其最主要的内容为新颖性、创造性和实用性的审查。审查过程中，专利局将通知申请人对不符合要求的申请案补正修改，修改后仍不符合要求的申请案将被驳回。对于一些经补正后有可能具备专利性的申请，审查员往往会给予不止一次的补正机会。符合要求的申请案将被授予专利权，并予以公告。由于实质审查必须在申请案公开之后进行，有时申请人为了早日启动实质审查程序尽早获得授权，在申请提出时便同时要求实质审查。根据规定，在申请日起第 18 个月前提出实质审查请求的申请案，必须同时提出提前公开的请求。如果申请人在申请日起 3 年内不提出实质审查请求，3 年届满后该申请案将被视为撤回。由于此时该申请的全部内容均已在申请日起的第 18 个月后公开，故申请人已无法以保密的方式独占该技术。当然，他人也不可能再因该技术获得专利。

(二) 实用新型专利和外观设计专利的审查程序

实用新型专利和外观设计专利的审查程序相对简单。专利局在受理申请案后便进行初步审查。审查的内容和程序与前面发明专利的初审内容和程序大致相同。对于符合要求的申请案授予专利权并予以公告。应当指出，由于实用新型和外观设计专利不进行实质审查，因而在总体上专利质量水平不够高。许多不具备专利性的申请滥竽充数，但可以通过授权后的监督程序来加以弥补。应当指出，现行我国《专利法》关于实用新型和外观设计专利的审查制度虽然只规定了初步审查程序，但并非对所有的实质要件均不审查。初步审查中的有些内容从理论上讲仍属于授予专利的实质性条件，比如，当申请案存在明显违背社会道德和法律的因素时，该申请肯定会在初步审查中被驳回。故初步审查严格地讲是与形式审查有区别的。

(三) 专利的复审与无效宣告程序

国家知识产权局对于专利申请的审查结论有两种可能，即否定性结论和肯定性结论。其中否定性结论为驳回专利申请，肯定性结论为授予专利权。在专利审查过程中，无论国家知识产权的审查员如何谨慎仔细，审查工作难免会有失误。为了弥补这种失误，《专利法》分别规定了复审与无效宣告程序。从程序公正的角度看，也应当赋予有关当事人请求复审或者无效宣告的权利。而无效宣告程序也可看作是一种授权后的公众监督程序。

依照我国《专利法》，专利申请人对国家知识产权局驳回申请的决定不服的，可以自收到通知之日起3个月内，向国家知识产权局请求复审。国家知识产权局将对复审请求进行审查，并将复审决定通知专利申请人。国家知识产权局的复审决定有两种情况：一是驳回专利申请人的复审请求；二是撤销国家知识产权局驳回专利申请的决定。专利申请人对国家知识产权局的复审决定仍然不服的，可以自收到国家知识产权局通知之日起3个月内以国家知识产权局为被告，向北京知识产权法院提起行政诉讼。

被宣告无效的专利权视为自始不存在。但是宣告专利权无效的决定，对在宣告专利权无效前人民法院作出并已执行的专利侵权的判决、裁定，已经履行或者强制执行的专利侵权纠纷处理决定，以及已经履行的专利实施许可合同和专利权转让合同，不具有追溯力。但是因专利权人的恶意给他人造成的损失，应当给予赔偿。当然，如果专利权人或者专利权转让人不向专利权被许可实施人或者专利权受让人返回专利实施许可费或专利权转让费便显失公平的，则应当向被许可实施人或者受让人要求返回全部或者部分专利实施许可费或者转让费。

思考题：

1. 简述专利申请的原则。
2. 发明专利的必要申请文件有哪些？
3. 简述发明专利的审查程序。
4. 简述实用新型专利和外观设计专利的审查程序。

第十二章 专利权的内容

【内容提示】

在专利法律关系中,专利权的内容无论对专利权人还是对其他相关主体来说,都是最为关心的问题。本章论述了专利权的内容,其内容主要包括:(1)专利权的内容;(2)专利权人的义务;(3)专利权的限制;(4)专利实施的特别许可。

第一节 专利权的内容

一、发明与实用新型专利权的内容

《专利法》第11条第1款规定:"发明和实用新型专利权被授予后,除本法另有规定的以外,任何单位或者个人未经专利权人许可,都不得实施其专利,即不得为生产经营目的制造、使用、许诺销售、销售、进口其专利产品,或者使用其专利方法以及使用、许诺销售、销售、进口依照该专利方法直接获得的产品。"据此,对于专利产品,发明和实用新型专利权人享有制造、使用、许诺销售、销售和进口该专利产品的权利;对于专利方法,发明专利权人享有使用该专利方法并使用、许诺销售、销售和进口依照该专利方法直接获得的产品的权利。

(一)产品专利的专利权内容

1. 制造

专利权人有权制造专利产品。这包括使用特定的工艺或方法生产出完全涵盖专利权利要求中所述全部技术特征的产品。任何未经专利权人许可,以生产经营为目的制造专利产品的行为均构成侵权。

2. 使用

专利权人有权使用专利产品，包括在自用的基础上进行再加工、改制等。未经专利权人许可，任何以生产经营为目的使用专利产品的行为均构成侵权。但需注意，专利权用尽原则，即专利权人或其被许可人售出专利产品后，购买者可以不经专利权人再次许可而使用该产品。

3. 销售

专利权人有权销售专利产品，包括将专利产品或者依照专利方法直接获得的产品出卖给其他人。未经专利权人许可，以生产经营为目的销售专利产品的行为均构成专利侵权。购买者通常可以不经专利权人再次许可，对购得的专利产品进行转售，但如果产品未经专利权人许可制造，则首次销售及后续的转售行为均构成侵权。

4. 许诺销售

专利权人有权通过广告或者其他方式作出销售专利产品的意思表示。许诺销售权是专利权人的一项重要权利，旨在在商业交易早期及时制止侵权行为，防止将来专利侵权产品的传播，从而减少专利权人的损失。任何未经专利权人许可，以生产经营为目的许诺销售专利产品的行为均构成侵权。

5. 进口

专利权人有权自行进口或者授权他人进口专利产品。在专利权有效期内，未经专利权人许可，以经营为目的进口专利产品的行为构成侵权。这一权利确保了专利权人在国际市场上的独占地位，防止了未经授权的专利产品通过进口渠道进入本国市场。

（二）方法专利的专利权内容

方法专利的专利权内容不仅包括了方法的使用权，还涵盖了依专利方法直接获得的产品的使用、许诺销售、销售、进口等一系列相关权利。这些权利共同构成了专利权人在专利保护期限内的独占地位，保障了专利权人的合法权益。

1. 方法的使用权

方法的使用权是指专利权人有权独占地使用其专利方法，并禁止他人未经许可使用该方法的权利。这里的"使用"指的是按照专利方法所描述的步骤、条件等实施该方法，以达到预期的技术效果。任何单位或个人未经专利权人许可，都不得实施其专利方法，否则将构成侵权。

2. 依专利方法直接获得的产品的相关权利

第一，使用权。当专利权人通过其实施的专利方法直接获得了某种产品时，专利权人有权对该产品行使使用权。这意味着专利权人可以自由地使用这些产品，而不受他人干涉。然而，如果该产品已被专利权人或其被许可人售出，则根据专利权用尽原则，购买者可以不经专利权人许可而自由使用该产品。

第二，许诺销售权。许诺销售权是指专利权人有权作出销售依专利方法直接获得的产品的意思表示，如通过广告、展销会等方式公开表示愿意出售该产品。任何未经专利权人许可，以生产经营为目的许诺销售该产品的行为均构成侵权。

第三，销售权。专利权人有权销售依专利方法直接获得的产品，并禁止他人未经许可销售该产品。这里的销售包括以任何方式将产品转让给他人的行为，如批发、零售、出口等。任何未经专利权人许可，以生产经营为目的销售该产品的行为均构成侵权。

第四，进口权。进口权是指专利权人有权禁止他人未经许可进口依专利方法直接获得的产品的权利。在专利权有效期内，未经专利权人许可，以经营为目的进口该产品的行为构成侵权。这一权利确保了专利权人在国际市场上的独占地位，防止了未经授权的专利产品通过进口渠道进入本国市场。

二、外观设计专利权的内容

根据我国《专利法》第 11 条第 2 款的规定，外观设计专利权被授予后，任何单位或者个人未经专利权人许可，都不得实施其专利，即不得为生产经营目的制造、许诺销售、销售、进口其外观设计专利产品。由此，外观设计专利权的内容包括制造权、许诺销售权、销售权和进口权，但是，外观设计专利权的内容并不包括使用权。这是因为外观设计并不是技术方案，法律对于外观设计的保护，只是保护产品的外观造型或图案，并不保护产品的实用功能，所以，对外观设计产品的功能性使用并不受外观设计专利权人的控制。

第二节 专利权人的义务

权利人作为专利权的持有者，在享受专利法赋予的各项权利的同时，也承担着相应的义务。

一、缴费义务

专利权人需按照规定向国家知识产权局缴纳专利年费,以维持专利权的有效状态。年费是专利权人享有专利权期间必须承担的费用,其缴纳标准由国家知识产权局根据专利类型和保护期限确定。

假设某公司拥有一项发明专利,该专利的年费缴纳周期为每年一次。在专利权有效期内,该公司必须每年按时向国家知识产权局缴纳年费,否则专利权将因未缴费而终止。如果该公司未能及时缴纳某一年度的年费,且在宽限期内仍未补缴,那么该专利权将自该年度年费期限届满之日起终止。

专利年费的主要作用包括:第一,维持专利有效性。专利年费是专利权人为了维持其专利法律状态的有效性而必须缴纳的费用。只有按时缴纳年费,专利权才能得以持续保护,否则专利权将因未缴费而终止。第二,激励技术创新。通过每年缴纳年费,专利权人需要持续评估其专利的价值和市场前景。对于失去市场价值或不再具有先进性的专利,专利权人可能会选择放弃缴纳年费,从而淘汰落后技术,激励新的技术创新。第三,保护市场竞争,专利年费制度有助于防止专利权的滥用,保护市场竞争的公平性。专利权人需要合理使用其专利权,避免通过闲置专利来阻碍技术进步和市场竞争。第四,支持专利局运营。专利年费也是对专利局产生的费用的一种弥补,如专利审查、保护等工作的成本。这些费用用于支持专利局的运营和发展,提高专利审查和服务的质量。

二、实施专利技术的义务

专利权人应当积极实施其专利技术,包括自行实施或许可他人实施,以促进技术的转化和应用。这不仅是专利权人对其技术成果负责的表现,也是推动社会科技进步和经济发展的重要途径。

某科研机构研发出一项新型材料专利,该专利在多个领域具有广泛应用前景。作为专利权人,该科研机构应当积极寻求合作伙伴,将专利技术转化为实际产品,并通过市场推广实现其经济价值。同时,该科研机构也可以许可其他企业或个人使用其专利技术,共同推动该领域的技术进步和产业发展。

根据《专利法》等相关法律法规,专利权人有义务积极实施其专利发明创造,并推动其转化为现实生产力。

三、充分公开发明内容的义务

在申请专利时,专利权人必须将其发明创造的内容充分公开,以便公众了解该技术的具体情况并促进技术交流和进步。这种公开义务是专利制度的基本原则之一,也是保障公众利益的重要措施。

某发明人申请了一项关于新型电池技术的专利,在申请过程中,他详细描述了该电池的工作原理、结构特点以及制备方法等关键信息。这些信息在专利审查过程中被公开,使得其他研究人员和企业在了解该技术的基础上可以进行进一步的研究和改进。这种充分公开不仅促进了技术交流和进步,也为该发明人赢得了更多的合作机会和市场认可。

充分公开发明内容是专利制度的基本要求之一。它保证了专利权的授予是基于对公众有益的技术贡献,同时也为公众提供了了解和利用该技术的基础。

四、遵守法律法规的义务

专利权人在行使专利权的过程中必须遵守国家相关的法律法规和政策规定,不得滥用专利权限制竞争、侵犯他人合法权益或损害社会公共利益。

某公司拥有一项关于某种新型药品的专利权,但该公司利用专利权优势地位,拒绝向其他药品生产企业许可使用该专利技术,导致市场上该药品供应不足、价格高昂。这种行为违反了《中华人民共和国反垄断法》(以下简称《反垄断法》)等法律法规的规定,损害了消费者利益和社会公共利益。因此,专利权人在行使专利权时必须遵守法律法规的约束,不得滥用专利权损害他人和社会利益。

遵守法律法规是专利权人应尽的社会责任和义务。它有助于维护公平的市场竞争秩序和保护消费者的合法权益,同时也为专利权的稳定行使提供了法律保障。

第三节 专利权的限制

同其他知识产权一样,专利权在许多方面是受限制的。其中包括专利权的时间限制和专利权实施中的限制。专利权的时间限制在法律上表现为专利保护期，而实施中的限制则有更多的表现方式。

一、专利的保护期

专利的保护期是指专利被授予权利后，得到专利保护的时间期限。不同国家和地区对专利保护期的规定可能有所不同。一般来说，大多数国家和地区都遵循了世界贸易组织 TRIPS 协定的规定，即发明专利权的保护期限至少为 20 年，实用新型专利权和外观设计专利权的保护期限则根据各国具体情况而定。根据我国《专利法》第 42 条的规定，不同类型的专利保护期有所不同：(1) 发明专利权。发明专利权的保护期限为 20 年，自申请日起计算。特殊情况在于：若发明专利申请日起满 4 年，且自实质审查请求之日起满 3 年后授予发明专利权的，国务院专利行政部门应专利权人的请求，就发明专利在授权过程中的不合理延迟给予专利权期限补偿，但由申请人引起的不合理延迟除外。对在中国获得上市许可的新药相关发明专利，国务院专利行政部门应专利权人的请求给予专利权期限补偿，补偿期限不超过 5 年，新药批准上市后总有效专利权期限不超过 14 年。(2) 实用新型专利权。实用新型专利权的保护期限为 10 年，起算时间自申请日起计算。与发明专利权不同，实用新型专利权没有期限补偿的特殊规定。(3) 外观设计专利权。外观设计专利权的保护期限为 15 年（但需注意，部分早期资料或解读可能仍提及 10 年，但根据最新法律条文，应为 15 年），起算时间自申请日起计算，没有期限补偿的特殊规定。

根据我国《专利法》第 44 条第 1 款的规定，专利权在期限届满前终止的情况包括：(1) 未缴年费。专利权人未按照规定缴纳年费的，专利权在期限届满前终止。(2) 书面声明放弃。专利权人以书面声明放弃其专利权的，专利权在期限届满前终止。

专利保护期是保障专利权人合法权益的重要制度设计。在专利保护期内，专利权人可以依法享有对其发明创造的独占实施权，防止他人未经许可实施其专利。同时，专利保护期也是促进技术创新和科技进步的重要手段，通过设定合理的保护期限，可以平衡专利权人利益与社会公共利益，推动技术信息的公开和传播，促进技术的进一步创新和发展。

二、首次销售

所谓首次销售,是指当专利权人自己制造或者许可他人制造的专利产品上市经过首次销售之后,专利权人对这些特定产品不再享有任何意义上的支配权,即购买者对这些产品的再转让或者使用都与专利权人无关。这种情况被称作首次销售,也有人称此为权利耗尽或权利用尽,因为专利权人的利益在首次销售中已经得以实现,故而称其为用尽或耗尽。权利用尽的解释为大陆法系国家所接受,最早是由德国法学家科勒提出的。在英美法系,学者们更多地将这种现象解释为专利权人在出售其产品时已经以默示的方式授予了仅就该产品而言的销售和使用许可。无论在理论上如何解释,各国专利法毫无例外地都对此予以明确规定,只是不同国家专利法规定的权利耗尽的地域范围有所不同。

我国 2000 年修正的《专利法》不允许平行进口,所采用的范围是国内耗尽。我国 2008 年《专利法》第 69 条第 1 项明文规定,"专利产品或者依照专利方法直接获得的产品,由专利权人或者经其许可的单位、个人售出后,使用、许诺销售、销售、进口该产品的"行为不视为侵犯专利权。之后,我国《专利法》允许平行进口,规定权利耗尽的地域范围是全球耗尽。

三、善意侵权

善意侵权是指在不知情的状态下销售或者使用了侵害他人专利权的产品的行为,可不承担侵权责任。但是如果销售商在得到专利权人通知之后仍然销售其库存的侵权产品,则不能认为其不知情。我国《专利法》第 77 条规定:"为生产经营目的使用、许诺销售或者销售不知道是未经专利权人许可而制造并售出的专利侵权产品,能证明该产品合法来源的,不承担赔偿责任。"此处,行为的范围仅限于使用、销售和许诺销售。对于制造或者进口等,依照现行法律行为人应当或者有义务知道其制造、进口的产品是否为专利产品。在法律上,专利公告的有关程序提供了了解专利状况的途径。有关厂商在制造或者进口产品时应当了解该产品在专利法上的状态。专利法虽然对不知情而使用或者销售侵权产品的情况也有特别规定,但并不认为这种行为不是侵权行为,只是对在其不知情的期间所为之行为不承担侵权的赔偿责任而已。

四、先行实施

先行实施是指在专利申请日前已经开始制造与专利产品相同的产品或者使用与专利技术相同的技术,或者已经做好制造、使用的准备的,依法可以在原有范围内继续制造、使用该项技术。实施者的这种权利被称作先行实施权或简称为先用权。专利权是一种垄断权。这种"垄断"的存在常常剥夺了他人对自己劳动的成果的权利。比如两人各自独立完成了相同的发明,只因其中一人先行提出了专利申请,从而导致他人对其发明不再可能享有独占权。如果再进一步剥夺他人对该技术的实施权,则在一定程度上有悖于贯穿于整个法律体系中的公平原则。但专利制度又不允许对同一发明创造授予两项以上的专利权。为弥补专利制度本身所固有的这种缺陷,有必要对专利权作出限制,允许先行实施者在适当范围内继续实施其技术。

在我国专利法中,先行实施或称先用权的范围仅限于在原有范围内制造或者使用,对于销售行为未予规定。按照正常的逻辑,制造专利产品除个别情况下留作自用外,绝大多数是要对外销售的。否则法律允许其制造也就没有任何意义了。另外,在侵权诉讼中被告方若以先用权作为抗辩理由,本身就意味着被告已经承认自己所用的技术乃专利技术。应当特别注意的是,这里所称的先行实施仅指在申请日前尚处于秘密状态的先行实施。换言之,专利技术并未因先行实施的存在而被公开,否则根本谈不上先行实施规定的适用,因为申请日前的公开实施足以导致相应专利技术丧失新颖性。

五、临时过境

当交通工具临时通过一国领域时,为交通工具自身需要而在其设备或装置中使用有关专利技术的,不视为侵害专利权。有关交通工具临时过境的规定源自《巴黎公约》。《巴黎公约》第5条之三规定,船舶、飞机以及陆上车辆等交通工具偶然性地进入一国领域时,该交通工具本身所用的有关专利技术不被认为是侵权。如果各国专利法中没有这一规定,国际往来就非常困难。《巴黎公约》的成员国无不遵从这一规范。事实上,任何一个参与国际生活的国家对这一规范均须予以认可。

六、非营利实施

非营利性实施专利技术的行为不被视为侵害专利权。比如，为了科学研究和实验使用专利技术，以及为课堂教学而演示专利技术的行为均不属侵权行为。专利法的宗旨是促进技术进步，法律应当允许人们在专利技术的基础上从事改进。而专利的后续改进常常以实施原本专利为前提，所以这种非营利的以技术改进为目的的研究开发行为不属于侵权行为。类似地，为教学目的在课堂上演示专利技术方案，也不属于侵权行为。事实上，这些非营利的实施专利的行为，与专利权人间不存在竞争关系，所以对专利权人的市场利益不会构成侵害。

七、为行政审批而实施

无论哪个国家，药品及医疗器械的生产都需要行政部门的特别许可。因此药品和医疗器械的制造厂商必须得到行政部门的批准后才能生产销售其产品。而这类产品直接涉及患者的安全，因此行政部门必须对生产厂商的产品进行严格的病理、毒理以及临床试验后才能发放生产许可。实务中这些试验往往要花费数年时间。若是生产的药品或者医疗器械涉及专利技术，按常规必须等到专利保护期届满之后。这在事实上延长了药品或医疗器械专利的保护期限。这对公众是不公平的。考虑到这种因素，包括美国在内的有关国家都在专利法和相关规定中作出了例外规定，即单纯是为了获得行政主管部门的生产许可目的而实施有关药品或者医疗器械的专利技术的行为，不被视为侵害专利权的行为。我国在2008年《专利法》的第三次修正中第69条第5项也对此作出了规定，即为提供行政审批所需要的信息，制造、使用、进口专利药品或者专利医疗器械的，以及专门为其制造、进口专利药品或者专利医疗器械的，不视为侵犯专利权。

专利法上有关专利权的限制性规定还有不少。比如，许多国家专利法中都有强制实施许可的规定，《巴黎公约》以及TRIPS协定中也都有强制许可的规定，只是实施条件有所不同。我国《专利法》中也有类似规定。

第四节 专利实施的特别许可

专利实施的特别许可是根据专利法规定的特别理由而进行的许可，它是相对于专利权人通过合同许可他人实施其专利而言的。目前，从我国《专利法》规定来看，主要包括强制许可、指定许可和开放许可三种类型。

一、专利实施的强制许可

（一）专利权强制许可的概念

专利权强制许可，是指一国专利主管部门，在特定情况下，不经专利权人同意，依法直接允许其他单位或个人实施其发明创造的一种许可方式，又称非自愿许可。这种制度旨在平衡专利权人与社会公众的利益，防止专利权人滥用其独占权，确保专利技术的合理利用和传播。专利权强制许可制度是许多国家或地区专利法都规定的一项制度，如《日本专利法》第82条和第93条、《德国专利法》第24条、《英国专利法》第48条等。

（二）专利权强制许可的意义

专利权强制许可制度有着重要的现实意义：第一，维护专利权人的合法权益。强制许可并非剥夺专利权人的权利，而是在特定情况下对专利权的一种合理限制，有助于防止专利权人滥用其权利。第二，促进技术的传播与应用。通过强制许可，其他单位或个人能够实施发明专利或实用新型专利，有助于技术的快速传播和广泛应用，从而加速科技进步和推动经济社会发展。第三，平衡专利权人与社会公众的利益。强制许可制度通过设定一系列条件和程序，旨在平衡专利权人的创新成果保护与社会公众对技术的合理需求，实现知识产权保护与社会公共利益的协调与平衡。第四，应对紧急状态或特殊情况。在国家出现紧急状态或者非常情况时，强制许可制度可以发挥重要作用，如授权相关企业生产急需的药品或医疗设备，以满足社会公众的基本需求。

（三）专利权强制许可的种类

1. 因未实施、未充分实施而引发的强制许可

我国《专利法》第53条第1项规定，专利权人自专利权被授予之日起满3年，且自提出专利申请之日起满4年，无正当理由未实施或者未充分实施其

专利的,国务院专利行政部门根据具备实施条件的单位或者个人的申请,可以给予实施发明专利或者实用新型专利的强制许可。这就是因未实施、未充分实施而引发的强制许可。专利制度的主要目标是促进技术创新,而技术创新不只是将发明创造做出来,还包括发明创造的商业化运用。

这种类型的专利权强制许可必须符合以下条件:(1)自专利权被授予之日起满3年,且自提出专利申请之日起满4年。尽管专利制度的目标是促进专利权人实施其专利,但专利的实施不是一蹴而就的,专利权人不仅需要实施专利的必要条件,而且需要选准实施专利的恰当时机。因此,专利法为专利权人提供了不强制许可实施其专利的一个缓冲期。(2)专利权人无正当理由未实施或者未充分实施其专利。如果专利权人有正当理由,比如专利权人处于破产重整程序中而无法实施专利,则不能给予强制许可。(3)以合理的条件请求专利权人许可其实施专利,但未能在合理的时间内获得许可。(4)具备实施条件的单位或者个人的申请。专利权强制许可的颁发必须先由相关单位或者个人提出申请。同时,正如专利权人实施专利需要一定的条件一样,申请强制许可的单位或者个人也必须具备实施条件,否则颁发的强制许可将成为具文。(5)强制许可的实施应当主要为了供应国内市场。

2. 因垄断行为引发的强制许可

《专利法》第53条第2项规定,专利权人行使专利权的行为被依法认定为垄断行为,为消除或者减少该行为对竞争产生的不利影响,国务院专利行政部门根据具备实施条件的单位或者个人的申请,可以给予实施发明专利或者实用新型专利的强制许可。

这种类型的专利权强制许可需要具备以下条件:(1)具备实施条件的单位或者个人的申请。(2)专利权人行使专利权的行为被依法认定为垄断行为,是否构成垄断需要根据《反垄断法》来认定。(3)目的是消除或者减少该行为对竞争产生的不利影响。不利于消除或者减少该行为对竞争产生的不利影响的专利权强制许可申请不应准许。

3. 因国家紧急状态或非常情况或为了公共利益目的引发的强制许可

《专利法》第54条规定,在国家出现紧急状态或者非常情况时,或者为了公共利益的目的,国务院专利行政部门可以给予实施发明专利或者实用新型专利的强制许可。尽管专利权为民事权利,但专利权毕竟是法律创设的具有法定性的权利,为了公共利益可以临时强制许可。

这种类型的专利权强制许可的条件：（1）国家出现紧急状态或者非常情况下或者为了公共利益的目的。（2）国务院有关主管部门的建议。这种专利权强制许可是由国务院有关主管部门建议的。（3）国家知识产权局指定具备实施条件的单位。这种类型的专利权强制许可的实施单位是由国家知识产权局指定的。当然，接受强制许可的单位不仅要具备实施条件，而且也应当有权决定接受或者不予接受。（4）强制许可的实施应当主要为了供应国内市场。

4. 因公共健康而引发的强制许可

《专利法》第55条规定，为了公共健康目的，对取得专利权的药品，国务院专利行政部门可以给予制造并将其出口到符合中华人民共和国参加的有关国际条约规定的国家或者地区的强制许可。这种类型的专利权强制许可是根据世界贸易组织《关于TRIPS协定与公共健康多哈宣言》以来的多个文件而制定的，这些文件允许因公共健康问题而对专利药品颁发强制许可证。

这种类型的强制许可需要满足下列条件：（1）公共健康目的。这种类型的强制许可只能基于公共健康目的而颁发。（2）国务院专利行政部门可以颁发，但需具备实施条件的单位请求。我国《专利实施强制许可办法》则规定了具备实施条件的单位的请求。（3）药品只可以出口到符合中国参加的有关国际条约规定的国家或者地区。这些出口地区包括最不发达国家或者地区；依照有关国际条约通知世界贸易组织表明希望作为进口方的该组织的发达成员或者发展中成员。

5. 因从属专利实施而引发的强制许可

《专利法》第56条第1款规定，一项取得专利权的发明或者实用新型比前已经取得专利权的发明或者实用新型具有显著经济意义的重大技术进步，其实施又有赖于前一发明或者实用新型的实施的，国务院专利行政部门根据后一专利权人的申请，可以给予实施前一发明或者实用新型的强制许可。这种类型的专利权强制许可是为了充分发挥专利权的效用而颁发的，其目的是使那些具有显著经济意义而又依赖于其他专利权的专利权能够充分发挥其效用。

这种类型的专利权强制许可必须符合以下条件：（1）取得专利权的发明或者实用新型比前已经取得专利权的发明或者实用新型具有显著经济意义的重大技术进步。（2）该项专利的实施依赖于前一发明或者实用新型的实施。（3）后一专利权人的申请作为对价，对前一专利权颁发强制许可的，前一专利权人可以请求给予实施后一专利的强制许可。（4）以合理的条件请求专利权人许可其实施专利，但未能在合理的时间内获得许可。（5）强制许可的实施应当主要为了供应国内市场。

（四）专利权强制许可的取得程序

我国《专利法》规定了强制许可的基本程序，国家知识产权局颁发的《专利实施强制许可办法》规定了强制许可的具体程序。强制许可的程序大体包括：（1）请求强制许可的单位或者个人的申请或者国务院有关主管部门的建议。（2）国家知识产权局的审查和决定。国务院专利行政部门作出的给予实施强制许可的决定，应当及时通知专利权人，并予以登记和公告。给予实施强制许可的决定，应当根据强制许可的理由规定实施的范围和时间。

（五）专利权强制许可的效力

专利权强制许可的效力主要体现在以下几个方面：第一，非独占性。取得实施强制许可的单位或者个人不享有独占的实施权，即他们可以在许可的范围内使用专利技术，但不能阻止其他人同样通过强制许可获得该专利技术的使用权。第二，不可转让性。获得强制许可的实施权是不可转让的，即获得许可的单位或个人不能将其获得的实施权转让给第三方。第三，有偿性。取得实施强制许可的单位或者个人应当付给专利权人合理的使用费。使用费的数额由双方协商确定，若双方无法达成协议，则由国务院专利行政部门裁决。第四，期限与终止。强制许可的效力并非永久，而是根据强制许可的理由规定实施的范围和时间。当强制许可的理由消除并不再发生时，国务院专利行政部门可以根据专利权人的请求，经审查后作出终止实施强制许可的决定。第五，救济性。专利权人对国务院专利行政部门作出的给予实施强制许可的决定不服的，可以依法提起行政诉讼或民事诉讼来维护自身权益。

二、专利实施的指定许可

（一）专利实施的指定许可的概念

专利实施的指定许可，也被称为"计划许可"，是我国专利制度中的一个特有制度，体现了"中国特色"。它是指当国有企业事业单位的发明专利对国家利益或公共利益具有重大意义时，经过国务院有关主管部门和省、自治区、直辖市人民政府报经国务院批准，可以决定在批准的范围内推广应用这些专利，并允许指定的单位实施。同时，实施单位需要按照国家规定向专利权人支付相应的使用费。这一制度同样适用于对国家利益或公共利益具有重大意义且需要推广应用的集体所有制单位和个人的发明专利。

(二) 专利实施的指定许可的意义

专利实施的指定许可的意义主要在于：第一，促进重要技术的及时应用。指定许可制度确保了具有重大意义的发明专利能够迅速推广应用，从而加速技术进步和产业升级，推动社会经济发展。第二，平衡专利权人利益与社会公共利益。在保护专利权人合法权益的同时，指定许可制度也确保了社会公众对重要技术的合理需求得到满足，实现了专利权人利益与社会公共利益的平衡。第三，体现国家宏观调控作用。指定许可制度是国家根据战略需求和市场状况，对特定发明专利实施的一种宏观调控手段，有助于引导技术创新和产业发展方向。

(三) 专利实施的指定许可的条件

专利实施的指定许可需要满足以下条件：第一，指定许可的客体仅限于发明专利，不包括实用新型专利和外观设计专利。这是因为发明专利在技术进步意义、技术难度和社会经济价值方面通常更为显著。第二，指定许可的发明专利原则上只限于国有企业事业单位作为专利权人的情况。这是因为国有企业事业单位的财产最终所有者是国家，国家有权根据其所代表的国家利益与公共利益的需要，决定其作为终极所有人的发明专利权的实施。然而，对于集体所有制单位和个人的发明专利，若同样对国家利益或公共利益具有重大意义且需要推广应用，也可以参照国有企业事业单位的相关规定办理。第三，指定许可必须具有明确的合理性，即被采取指定许可的专利必须确实对国家利益或公共利益具有重大意义。第四，指定许可必须履行法定的程序，包括由国务院有关主管部门和省、自治区、直辖市人民政府报经国务院批准后方可实施。同时，指定许可的实施范围需严格限定在批准的范围内，并由指定的单位实施，个人不能作为指定许可的被许可人。第五，被指定的实施单位需要按照国家规定向专利权人支付相应的使用费。这一规定既保障了专利权人的经济利益，也体现了指定许可制度的公平性和合理性。

三、专利实施的开放许可

(一) 专利实施的开放许可的概念

专利实施的开放许可是指专利权人自愿将专利使用权以"开放式许可"

的形式许可给任何一方,并按照"共性推广、个性收费"的原则进行推广和应用的许可方式。这种许可方式具有开放性、灵活性和可持续性的特点,是推动专利技术转化和实施的重要途径。专利权人自愿提交专利开放许可声明,对专利许可使用费"明码标价",由国务院专利行政部门向全社会公告,任何单位或个人书面通知专利权人并按照标价付费即可获得实施许可,对所有被许可方"一视同仁"。

(二) 专利实施的开放许可的意义

专利实施的开放许可的意义包括:第一,促进技术转化和推广。通过专利开放许可,可以扩大专利技术的使用范围,使更多企业和个人受益于其发明创造,从而推动社会科技进步。第二,提高企业竞争力。通过引入外部优秀的专利技术,企业可以获得新的技术来源和支持,提高自身的研发能力和竞争力。第三,推动创新创业。专利开放许可能够降低技术门槛,为创新创业提供更多的机会和资源。第四,促进社会公平和可持续发展。通过专利开放许可,可以推动更多的人使用先进的专利技术,提高社会整体的技术水平和发展速度,同时避免技术垄断和市场不公的现象出现。

(三) 专利实施的开放许可的具体条件

专利实施的开放许可需要满足以下条件:第一,专利权人自愿。专利权人必须自愿以书面方式向国务院专利行政部门声明愿意许可任何单位或者个人实施其专利,并明确许可使用费支付方式、标准。第二,专利有效状态。实行开放许可的专利应当是已经由国家知识产权局授权公告且处于有效状态的发明专利、实用新型专利或者外观设计专利。对于实用新型和外观设计专利,提出开放许可声明的,应当经国家知识产权局出具过专利权评价报告且评价报告的结论支持专利权有效。第三,许可费用明确。专利权人需要在声明中明确许可使用费的计算依据和方式,一般不超过2000字。开放许可使用费标准可参考《国家知识产权局办公室关于印发〈专利开放许可使用费估算指引(试行)〉的通知》来设定。第四,提交相关材料。办理专利开放许可声明原则上应当通过电子方式提交,所需材料通常包括专利开放许可声明、全体专利权人同意实行开放许可的书面声明及其身份证明材料、关于许可使用费计算依据和方式的简要说明等。如果拟实行开放许可的专利为实用新型或者外观设计专利时,需提交专利权评价报告;如果委托专利代理机构办理开放许可声明手续时,需提交办理开放许可声明业务委托书。

（四）专利实施的开放许可的效力

专利实施的开放许可主要体现在以下几个方面：第一，公告生效。由国务院专利行政部门对专利开放许可声明予以公告后，该开放许可即生效。第二，广泛适用性。任何单位或个人书面通知专利权人并按照标价付费后，即可获得实施许可，且对所有被许可方同等对待。第三，不可撤销性。一旦开放许可被公告，专利权人通常不能单方面撤销该许可。除非符合法律规定的特殊情形，如专利权无效宣告等。第四，有偿性。被许可人需要按照专利权人设定的许可使用费标准支付费用，这是获得实施许可的必要条件。

> **思考题：**
>
> 1. 简述专利权的属性。
> 2. 简述专利权的内容。
> 3. 专利法规定的专利权的限制事由有哪些？
> 4. 专利权人的义务是什么？
> 5. 强制许可的条件有哪些？
> 6. 简述专利实施的开放许可的条件。

第十三章 专利权的主体

【内容提示】

专利权的主体是在发明创造及专利权的产生前后整个过程中所出现的发明人、申请人以及专利权人等法律主体。如何在参与发明过程的人之间分配发明成果,是职务发明、委托发明等制度要解决的问题。本章论述了专利权的主体,其内容主要包括:(1)发明人、申请人和专利权人;(2)专利权的归属。

第一节 发明人、申请人和专利权人

一、发明人

专利法上的发明人,是指在发明创造过程中,对发明创造的实质性特点作出创造性贡献的自然人。我国专利法上将发明和实用新型的完成人称为发明人,而将外观设计的完成人称为设计人,这里为叙述方便,笼统地称为发明人。在发明创造活动中,发明人处于核心地位,因为他是一切发明创造的源泉,是这一物质财产的创造者。正是发明人的发明创造使科学技术得以进步和发展。而科学技术的发展水平又标志着社会生产力的发展水平。从这种意义上讲,发明人是社会文明进步的直接推动者,他对人类文明有着极为重大的贡献。因此,法律应当对发明人的创造性劳动予以承认,具体地讲就是承认发明人对其发明创造的支配权。

发明人的特点主要表现在:第一,直接参与。发明人必须直接参加发明创造的全过程,并投入了自己的智力劳动和创造的具体工作。第二,创造性贡献。发明人必须是对发明创造的实质性特点有创造性贡献的人。这要求发明人在发明创造过程中，不仅提出了创新性的思路或方案，还具体参与了实现这些思路或方案的工作，而非仅仅提出一般性意见或从事辅助工作的人。在申请专利时，发明人应当提供充分的证据来证明自己对发明创造的实质性特点作出了创造性贡献。这些证据可以包括实验记录、设计图纸、技术文档等。第三，自然人身份。发明人只能是自然人，单位或集体均不能成为发明人。发明人不受行为能力的限制。由于发明创造行为是一种事实行为，因此，不论从事发明创造的人作为法律上的主体是否具备完全行为能力，只要他完成了发明创造，他就可被认为是发明人。在日本曾有一个5岁零8个月的孩童获得实用新型专利的例子。[1]

二、申请人

申请人是指对某项发明创造依法律规定或合同约定享有专利申请权的人。通常情况下，各国专利法都承认发明人有权对其完成的发明创造申请专利。发明人与申请人通常应为同一人。但是，现实中也确实存在着发明人与申请人不是同一人的情况，在一些国家这种不一致的情况甚至占专利申请量的大多数。申请人提交专利申请并请求国务院专利行政部门保护其发明创造。申请人在专利授权前享有专利申请权，并承担提交专利申请、缴纳相关费用等义务。一旦专利获得授权，申请人就成为专利权人，享有专利权的独占权、许可权和转让权。

由于专利权的效力依附于一国法律效力所及之地域，因此，一项技术要在他国享有专利权必须依该国专利法申请专利。各国专利法都对外国人在本国的专利申请以及本国人在外国的专利申请作了特别规定。对于外国人递交的专利申请，在专利制度发展初期并无一般性规定。随着专利制度逐渐国际化，尤其是在《巴黎公约》联盟建立之后，逐步形成了一些通行做法。

目前，世界上没有一个国家在其专利法中明文规定不允许外国人申请专利。各国大多给予外国人以国民待遇，但是，对于哪些外国人可以申请专利，各国却有着不尽相同的规定。归纳起来大体有两大类：一类是在互惠的基础上给予外国人以国民待遇，采用这种做法的国家有日本、法国、意大利等；

---

[1] [日]吉藤幸朔：《专利法概论》，宋永林、魏启学译，专利文献出版社1990年版，第176页。

另一类是无条件地给予外国人以国民待遇，采用这种做法的国家主要有美国、德国、英国等。对于采用互惠原则的国家，如果均参加了关于专利保护的国际条约，则还须相互履行有关国际条约所规定的义务。比如，《巴黎公约》成员国间都必须互给国民待遇。

我国是《巴黎公约》成员国，依照我国《专利法》和《巴黎公约》，如果在我国申请专利，必须具备以下四个条件之一的外国人：第一，外国人在我国有经常居所或营业所。这类外国人在专利法上同中国公民或法人享有同等的权利和义务。第二，只要外国人的所属国同中国签订了专利保护的双边条约或共同参加了有关国际公约，我国《专利法》便对其予以保护。我国1985年加入《巴黎公约》，依照该公约，成员国之间在工业产权保护方面应相互给予国民待遇。第三，在前两个条件均不满足的情况下，则可以按互惠原则办理。若该外国国民所属国对中国人的专利申请予以保护，则我国也相应地对该外国国民予以保护。第四，根据《巴黎公约》，对于非《巴黎公约》成员国国民，只要在任一《巴黎公约》成员国领域内设有住所或真实有效的营业所，也应当同我国国民一样享有国民待遇。

尽管《巴黎公约》规定了成员国之间在专利保护方面互给国民待遇，但公约允许在某些具体的程序方面对外国人作出特别规定。我国《专利法》第18条第1、2款规定："在中国没有经常居所或者营业所的外国人、外国企业或者外国其他组织在中国申请专利和办理其他专利事务的，应当委托依法设立的专利代理机构办理。中国单位或者个人在国内申请专利和办理其他专利事务的，可以委托依法设立的专利代理机构办理。"这里，在中国没有经常居所的外国人尽管在实体权利上同中国人享有同等待遇，但在程序上不能自己亲自办理相关专利事务，必须委托中国的专利代理机构代为办理。这一规定主要是为了专利申请中专利局与申请人之间联系的方便。当然，那些在中国有经常居所的外国人则与中国人享有完全相同的待遇。

我国专利法对于在国内完成的发明创造向外国申请专利，也作了一些限定性规定。《专利法》第19条第1款规定："任何单位或者个人将在中国完成的发明或者实用新型向外国申请专利的，应当事先报经国务院专利行政部门进行保密审查。保密审查的程序、期限等按照国务院的规定执行。"若违反此规定向外国申请专利后，再向中国申请专利时，依照我国专利法将不对其授予专利权。

三、专利权人

专利权人即指享有专利权的人。专利权人与专利申请人是两个不同的概念。一项技术申请专利后未必都能获得批准成为专利技术；相应地，专利申请人也就未必能够成为专利权人。反之，专利权人未必都曾是专利申请人，因为专利权可以通过转让或继承获得。在专利申请被授权后，专利权人即成为专利法律关系的焦点，一切有关专利的活动都是围绕着专利权人展开的。专利权人可以通过订立专利实施许可合同许可其他人使用其专利技术；专利权人还可以向他人转让其专利技术；专利权人应当按时向专利局交纳年费，以维持其专利权的有效性等。总之，专利权人在专利法律关系中处于核心地位，离开了专利权人，有关专利的法律活动便无法开展。

第二节 专利权的归属

专利权的归属问题，在现行立法中，主要依据《专利法》及其实施细则，依据发明创造的性质（职务或非职务）、合同约定以及合作与委托关系中的协议内容来确定。这些规定旨在保护发明创造者的合法权益，促进技术创新和经济发展。

一、职务发明创造

（一）职务发明创造的概念

职务发明创造是指职工在执行本单位的任务或者主要利用本单位的物质技术条件所完成的发明创造。这里的"本单位的任务"通常包括职工在本职工作中作出的发明创造，以及履行本单位交付的本职工作之外的任务所作出的发明创造。此外，即使职工已经退职、退休或者调动工作，但在一年以内作出的与其在原单位承担的本职工作或者原单位分配的任务有关的发明创造，也视为职务发明创造。这里的"物质技术条件"则是指本单位的资金、设备、零部件、原材料或者不对外公开的技术资料等。

职务发明创造虽然是由职工完成的，但其专利权归属通常属于用人单位。这是因为职务发明创造是在用人单位的支持和投入下完成的，用人单位为此提供了必要的物质技术条件，并承担了相应的风险和成本。然而，职工在职务发明创造上也有其应得的权利，如署名权和根据约定或法律规定获得奖励和报酬的权利。

（二）职务发明创造的判断标准

职务发明创造的判断标准主要包括以下几个方面：第一，任务来源。需要判断发明创造是否是职工在执行本单位的任务过程中完成的。这里的"任务"可以是本职工作范围内的发明创造，也可以是本单位交付的本职工作之外的任务。第二，要考察发明创造是否主要利用了本单位的物质技术条件。这里的"主要利用"通常意味着本单位的物质技术条件在发明创造过程中起到了决定性的作用，而非仅仅是辅助或次要的。第三，时间与关联性。对于退职、退休或调动工作后的发明创造，还需要考虑其时间关联性和工作内容关联性。即该发明创造是否在退职、退休或调动工作后一年内完成，且与其在原单位承担的本职工作或者原单位分配的任务有关。第四，合同约定。此外，如果单位与发明人或者设计人之间有合同约定，对申请专利的权利和专利权的归属作出了明确约定，那么应当尊重双方的合同约定。在实际操作中，还需要综合考虑发明创造的具体情况、单位的业务范围、职工的工作职责等因素，进行综合判断。

（三）我国法律对职务发明创造的有关规定

我国《专利法》明确界定了职务发明创造，并对其权利归属进行了规定。《专利法》第6条第1款规定："执行本单位的任务或者主要是利用本单位的物质技术条件所完成的发明创造为职务发明创造。职务发明创造申请专利的权利属于该单位，申请被批准后，该单位为专利权人。……"显然，我国的职务发明创造分为执行本单位任务所完成的发明创造和利用本单位物质条件所完成的发明创造两大类。同时，《专利法实施细则》对"执行本单位任务所完成的发明创造"和"本单位物质条件"作出了进一步的解释。执行本单位任务所完成的发明创造指：一是在本职工作中作出的发明创造；二是履行本单位交付的本职工作之外的任务所作出的发明创造；三是退休、调离原单位后或者劳动、人事关系终止后一年内作出的，与其在原单位承担的本职工作或分配的任务有关的发明创造。本单位物质条件是指本单位的资金、设备、零部件、原材料或者不对外公开的技术资料等。《民法典》第847条规定中也有类似的规定，只是在称谓上有所不同，不采用"职务发明创造"的说法，而叫作"职务技术成果"。

二、非职务发明创造

非职务发明创造是指企业、事业单位、社会团体、国家机关的工作人员在职务之外,没有利用本单位的物质条件所完成的发明创造。这包括那些完全由发明人或者设计人利用自己的时间、资金、工具、设备等物质技术条件所完成的发明创造。非职务发明创造一方面强调非职务性,即发明创造不是执行本单位的任务,所从事的发明创造不是本单位规定任务;另一方面突出独立性,即没有利用单位提供的物质技术条件所完成的发明创造。这里的物质技术条件通常包括本单位的资金、设备、零部件、原材料或者不对外公开的技术资料等。

根据我国《专利法》第6条第2款的规定,非职务发明创造,申请专利的权利属于发明人或者设计人。发明人或者设计人对非职务发明创造申请专利,任何单位或者个人不得压制。非职务发明创造的专利申请权由发明人或者设计人自由行使。他们可以根据自己的意愿决定是否申请专利,以及何时、何地申请专利。同时,他们也有权决定专利权的转让、许可使用等事宜。需要注意的是,在申请专利前,发明人或设计人应明确该发明创造是否属于非职务发明,以避免与单位发生权属纠纷。在申请专利过程中,应如实提供申请材料,确保信息的真实性和完整性。获得专利权后,专利权人应按时缴纳年费,以维持专利权的有效性。

三、合作完成的发明创造

(一) 合作完成发明创造的概念

合作完成的发明创造是指合作完成的发明创造,简称合作发明,是指两个或两个以上的单位或个人相互配合,共同进行研究和开发所形成的发明创造。合作完成的发明创造涉及多个主体共同参与发明创造的过程,每个主体都对发明的实质性特点作出了创造性贡献。这种合作可以是正式的合作协议形式,也可以是口头约定,但为了明确各方权益和法律保护,通常建议以书面形式确定合作内容和权益分配。这种合作形式在科技研发、产品创新等领域广泛存在,对于推动科技进步和经济发展具有重要意义。

合作完成的发明创造涉及多个主体的共同贡献和权益共享,需要合作各方在合作过程中加强沟通协调明确各方权益和义务以确保合作顺利进行并取得良好成果。合作完成的发明创造的特点主要在于：第一，共同创造性贡献。合作各方均需对发明创造的实质性特点作出创造性贡献，而不仅仅是提供资金、场地等物质支持。第二，权益共享。合作完成的发明创造，其专利申请权、专利权等通常属于合作各方共同所有，除非另有协议约定。第三，合作形式多样。合作可以是单位与单位之间、个人与个人之间，也可以是单位与个人之间的合作。

（二）合作完成发明创造的专利权归属

合作完成的发明创造在申请专利时应当取得所有共有人的一致同意。合作开发的当事人一方声明放弃其共有的专利申请权的，除另有约定外，可以由另一方单独申请或由其他各方共同申请。申请人取得专利权的，放弃专利申请权的一方可以免费实施该专利。合作开发的当事人一方不同意申请专利的，另一方或者其他各方不得申请专利。合作各方可以通过协商签订合作协议，明确专利申请权、专利权的归属及行使方式。协议内容应具体、明确，避免后续纠纷。若合作协议未对专利申请权、专利权归属作出明确约定，则依据《专利法》及相关法规处理。一般来说，合作完成的发明创造，其专利申请权属于合作各方共同所有，申请被批准后，专利权也为合作各方共同所有。合作完成的发明创造在商业化应用过程中产生的利益应合理分配给合作各方。分配方式可以在合作协议中事先约定，通常根据各方在发明创造过程中的贡献大小、投入资源等因素进行分配。若合作协议未明确约定利益分配方式，则应根据公平、合理原则进行协商确定。

四、委托完成的发明创造

（一）委托完成的发明创造的概念

委托完成的发明创造是指，一方（委托人）基于合同关系，委托另一方（受托人）进行发明创造活动，并由受托人完成相应的发明创造成果。这种关系通常建立在明确的合同条款之上，明确了双方的权利和义务。委托完成的发明创造涉及复杂的权益归属和权利行使问题。双方应依据法律规定和合同约定明确各自的权利和义务以确保合作顺利进行并取得良好成果。

委托完成的发明创造特点体现在：第一，合同关系。委托完成的发明创造是基于委托合同或技术开发合同等法律文件建立的，这些文件明确了双方的合作关系、工作内容、权益归属等重要事项。第二，专业分工。委托人通常不具备直接完成发明创造所需的全部技术实力或资源,因此通过委托具有相关能力和资源的受托人来进行发明创造。第三,权益归属复杂。由于委托完成的发明创造涉及双方的合作,其权益归属可能因合同条款的不同而有所差异,需要依据法律规定和合同约定来确定。

(二) 委托完成发明创造的专利权归属

根据合同约定或法律规定,确定由哪一方申请专利。申请专利的一方应负责办理相关手续并承担相应费用。委托完成的发明创造的权益归属主要遵循以下原则:首先,协议优先。如果委托合同中对发明创造的权益归属有明确的约定,那么应当按照合同约定来确定。这包括申请专利的权利、专利权的归属、专利实施许可等事项。其次,法定归属。如果委托合同中没有对发明创造的权益归属作出明确约定,那么依据法律规定,通常申请专利的权利属于完成或者共同完成的单位或者个人,即受托人。但是,委托人通常有权在受托人取得专利权后免费实施该专利。此外,如果受托人转让专利申请权,委托人在同等条件下享有优先受让的权利。委托完成的发明创造在商业化应用过程中产生的利益应依据合同约定进行分配。如果合同中没有明确约定,那么双方可以协商确定分配方式。

思考题:

1. 简述发明人的特点。
2. 简述发明人与申请人、专利权人的关系。
3. 我国法律对职务发明创造如何规定?
4. 简述合作完成的发明创造的专利权归属。

第十四章 专利权的保护

【内容提示】

专利权的保护是通过法律手段、司法保护、行政保护等多种方式，对侵犯专利权的行为进行制裁和防范，以维护专利权人的合法权益。本章论述了专利权的保护，其内容主要包括：(1) 侵害专利权的行为；(2) 侵害专利权行为的抗辩事由；(3) 侵害专利权的法律责任。

第一节 侵害专利权的行为

一、侵害专利权行为的构成

侵害专利权行为，也称为专利侵权行为，是指在专利权的有效期限内，任何他人在未经专利权人许可，也没有其他法定事由的情况下，擅自以营利为目的实施专利的行为。这种行为违反了《专利法》的规定，应当承担相应的法律责任。

侵害专利权行为须符合以下条件：

第一，被侵害的对象有效。侵害的对象应当是在我国享有专利权的有效专利。对于已经过期、宣告无效或放弃的专利的实施，不构成侵权。

第二，存在违法行为。行为人未经专利权人许可，实施了其专利的行为。这包括制造、使用、销售、许诺销售、进口专利产品，或使用了专利方法以及使用、销售、进口依照该专利方法直接获得的产品。

第三，以生产经营为目的。侵权行为人是以生产经营为目的而实施侵权行为。如果行为人专为科学研究和实验而使用有关专利技术，或个人出自爱好或自用等非营利目的制造、使用专利产品或使用专利方法的行为，一般不属于侵害专利权。

第四,无须主观过错。在专利侵权判定中,一般采取无过错责任原则,即侵权行为人主观上无须有过错。专利权人无须承担被诉人具有主观过错的举证责任。

综上所述,侵害专利权行为是指未经专利权人许可,以营利为目的实施其有效专利的行为,且该行为需满足上述四个条件。对于涉嫌侵权的行为,专利权人或利害关系人可通过协商、诉讼或请求管理专利工作的部门处理等方式来维护自身权益。

二、侵害专利权行为的认定

(一)侵害发明、实用新型专利权行为的认定

发明和实用新型专利主要保护的是技术方案,包括产品和方法。侵害这两种专利权的行为通常表现为未经专利权人许可,以生产经营为目的实施其专利,即制造、使用、许诺销售、销售、进口其专利产品,或者使用其专利方法以及使用、许诺销售、销售、进口依照该专利方法直接获得的产品。

侵害发明、实用新型专利权行为的具体认定标准主要体现在:

第一,技术特征比对。一方面,全面覆盖原则。将被控侵权物的技术特征与专利权利要求中记载的技术方案的全部技术特征逐一进行对应比较。若被控侵权物包含了专利权利要求中记载的全部必要技术特征,则构成侵权。另一方面,等同原则。即使被控侵权物的技术特征与专利权利要求中的技术特征在字面上不完全相同,但如果经过分析可以认定两者是相同的,即两者以相同的手段,实现基本相同的功能,产生基本相同的效果,也应认定为侵权。

第二,侵权行为的判定要素。具体包括:一是侵权主体。实施被控侵权行为的主体,如制造者、销售者等;二是侵权客体。被控侵权物必须落入专利权的保护范围,即与专利技术相同或等同;三是主观状态。一般不要求侵权人具有主观故意或过失,只要实施了侵权行为即可认定。但故意或过失状态可能影响赔偿责任的承担;四是损害结果。侵权行为给专利权人造成了实际损害,如经济损失、名誉损失等。

(二)侵害外观设计专利权行为的认定

外观设计专利主要保护的是产品的整体或局部的形状、图案或其结合以

及色彩与形状、图案的结合所做出的富有美感并适于工业应用的新设计。侵害外观设计专利权的行为通常表现为未经专利权人许可，以生产经营为目的制造、许诺销售、销售、进口其外观设计专利产品。

侵害外观设计专利权行为具体认定标准主要体现在：

第一，外观设计比对。一方面，整体观察、综合判断。以普通消费者的眼光和水平为尺度，对专利外观设计与被控侵权产品的外观设计进行整体观察和综合判断。若两者在整体视觉效果上无实质性差异，则构成侵权。另一方面，要点观察。对于外观设计中的最能体现设计要点的部分，如果两者在要部上基本相同或高度相似，也可能构成侵权。

第二，侵权行为的判定要素。具体包括：一是相同或近似。被控侵权产品的外观设计在整体视觉效果上与专利外观设计相同或近似；二是用途相同或类似：被控侵权产品与专利外观设计产品属于相同或者类似产品类别；三是主观状态与损害结果。与发明、实用新型专利侵权相同，一般不要求主观故意或过失，只要实施了侵权行为并造成损害结果即可认定。

综上所述，侵害专利权行为的认定需要综合考虑技术特征比对（或外观设计比对）、侵权行为的判定要素等多个方面。在实际操作中，应依据相关法律法规和司法解释的规定进行具体分析和判断。

第二节 侵害专利权行为的抗辩事由

在专利侵权诉讼中，被告方通常会提出多种抗辩策略来争取自身权益。以下将详细论述不构成侵害专利权的抗辩、现有技术抗辩、合法来源抗辩、无效专利抗辩和滥用专利权抗辩这五种抗辩方式。

一、不构成侵害专利权的抗辩

不构成侵害专利权的抗辩，实质上是被告方从专利侵权构成要件角度对专利权人提出的反驳。这种抗辩的核心在于证明被诉侵权技术方案并未落入专利权的保护范围。具体抗辩事由可能包括：（1）技术特征不全面覆盖。被诉侵权技术方案缺少权利要求记载的一个以上的技术特征，或者有一个以上技术特征不相同也不等同。（2）非生产经营目的。根据《专利法》的相关规定，以生产经营为目的是构成侵犯专利权的必要条件。如果被告能证明其实

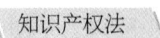

施涉案专利的行为并非出于生产经营目的，则不构成专利侵权。

二、现有技术抗辩

现有技术抗辩是指被控侵权人有证据证明其实施的技术或者设计属于现有技术或者现有设计的，不构成侵犯专利权。这种抗辩的核心在于证明被诉落入专利权保护范围的全部技术特征，与一项现有技术方案中的相应技术特征相同或者无实质性差异。根据《专利法》及相关司法解释，现有技术是指在申请日以前在国内外为公众所知的技术。现有技术抗辩能够使专利侵权诉讼中的被告免于承担侵权责任，同时减少诉讼环节，节约诉讼成本和提高审判效率。

三、合法来源抗辩

合法来源抗辩是专利侵权诉讼中常用的抗辩方式之一。根据《专利法》第77条，为生产经营目的使用、许诺销售或者销售不知道是未经专利权人许可而制造并售出的专利侵权产品，能证明该产品合法来源的，不承担赔偿责任。合法来源抗辩的成立需要满足主观上无过错（实际不知道且不应当知道是侵权产品）和客观上能提供证据证明合法来源两个条件。合法来源抗辩只是免去被告的侵权赔偿责任，但仍然应当承担停止侵权、负担维权合理开支等责任。

四、无效专利抗辩

无效专利抗辩，又称专利权利瑕疵抗辩，是指专利侵权诉讼中，如果原告的专利权取得的条件存在明显瑕疵，被诉侵权人可提出宣告专利权无效的请求，从而免除侵权责任。然而，在我国专利侵权审理程序与无效宣告程序相互独立的"双轨制"下，审理专利侵权纠纷案件的法院无权审查专利权的效力。因此，被诉侵权人通常需要先向国家知识产权局提起无效宣告请求，并请求法院中止案件审理。但需要注意的是，近年来学界及实务界关于引入专利无效抗辩的呼声虽然较高，但在司法实践中并未被广泛采纳。

五、滥用专利权抗辩

滥用专利权抗辩是指专利权人恶意取得专利权且滥用专利权，目的在于获得不正当利益或者制止他人的正当措施行为。滥用专利权抗辩的提出需要基于专利权人的行为确实构成了滥用专利权的事实，如恶意抢注专利、恶意提起专利侵权诉讼等。滥用专利权抗辩旨在平衡专利权人和社会公共利益，防止专利权人滥用专利权损害他人合法权益和社会公共利益。

综上所述，这五种抗辩方式在专利侵权诉讼中各有其适用场景和法律依据。被告方在提出抗辩时需要根据具体案情选择合适的抗辩策略并充分准备相关证据以支持其抗辩主张。

第三节　侵害专利权的法律责任

一、民事责任

根据《专利法》及其实施细则，侵害专利权的民事责任主要包括停止侵权、赔偿损失和消除影响。专利权人或利害关系人可以请求人民法院责令侵权人立即停止侵权行为，以防止损害进一步扩大。

侵权人需赔偿专利权人因侵权行为所受到的实际损失。赔偿数额的确定通常依据权利人因被侵权所受到的损失、侵权人因侵权所获得的利益或专利许可使用费的倍数等因素来综合考量。当实际损失或利益难以确定时，法院会根据相关因素进行酌定。

消除影响：如果侵权行为对专利权人的商誉造成了损害，侵权人还应承担消除影响的责任，即通过适当方式承认侵权行为并消除对专利产品造成的不良影响。

二、行政责任

根据《专利法》及相关规定，管理专利工作的部门对侵权行为有权进行查处，并可以给予以下行政处罚。管理专利工作的部门在发现侵权行为后，可以责令侵权人立即停止正在进行的侵权行为。罚款：对于侵权行为，管理专利工作的部门还可以根据情节轻重对侵权人处以罚款。罚款数额的确定会考虑侵权行为的性质、情节、后果以及侵权人的主观过错程度等因素。

三、刑事责任

根据《刑法》第216条的规定，假冒他人专利，情节严重的，将追究刑事责任。这包括处3年以下有期徒刑或者拘役，并处或者单处罚金。刑事责任的追究主要针对那些故意实施假冒专利行为，且情节恶劣、后果严重的侵权人。

综上所述，侵害专利权将承担包括民事责任、行政责任和刑事责任在内的多重法律责任。这些责任形式旨在保护专利权人的合法权益，维护专利制度的正常秩序和社会公共利益。

思考题：

1. 如何确定专利权的保护范围？
2. 如何判断侵害专利权的行为？
3. 简述专利行政纠纷的解决程序。
4. 侵害专利权行为的法律责任有哪些？

第四编

商标法

【内容提示】

本编主要讲述商标和商标法概述、商标权的对象、商标权、商标注册与注册商标的变动、注册商标无效、商标评审与商标确权制度、驰名商标及其保护、注册商标专用权的保护等有关法律规定。在学习本篇过程中，应首先理清商标权的本质内容，在此基础上才能把握商标注册、确权、审核等相关制度，最终将商标法内容应用于法律实践。

【思政讨论】

2023年4月至5月，泉州某知识产权有限公司为了延长国家知识产权局商标局对代理的商标注册申请的审查时间，恶意代理已停业的泉州某电子商务有限公司同日申请注册其代理的香港某公司、厦门某公司等多方商标。此行为被泉州市市场监管局查处，市场监管部门责令该代理机构改正违法行为，并对其处以35 000元罚款，对直接责任人员处以15 000元罚款。

讨论：

（1）如何理解商标注册中的诚实信用原则？企业和个人在申请商标时应如何遵循这一原则？

（2）如何加强商标的监管？这对于维护公平竞争的市场环境有何重要意义？

第十五章 商标和商标法概述

【内容提示】

本章论述了商标和商标法概述，其内容主要包括：(1) 商标概述；(2) 其他商业标记；(3) 商标法概述；(4) 商标法的基本原则。

第一节 商标概述

一、商标的概念和特征

（一）商标的概念

商标是一种商业标志，用以将不同的经营者所提供的商品或者服务区别开来。商标一般由文字、图形、字母、数字、三维标志、颜色或者其组合构成，附着于商品、商品包装、服务设施或者相关的广告宣传品上，目的是帮助消费者将一定的商品或者服务项目与其经营者联系起来，并且与其他经营者的同类商品或者服务项目相区别。我国《商标法》第8条规定："任何能够将自然人、法人或者其他组织的商品与他人的商品区别开的标志，包括文字、图形、字母、数字、三维标志、颜色组合和声音等，以及上述要素的组合，均可以作为商标申请注册。"

（二）商标的特征

商标作为一种具有指代功能的标志，有以下特征：

第一，商标是有形的符号。商标由文字、图形、字母、数字、三维标志、颜色组合和声音构成，组成商标的要素应当是可感知的，如视觉可以感知，或者是听觉、嗅觉可以感知到的。

第二，商标是指示商品或者服务的标记。商标是工商业活动中用于指示商品或服务的标志,这些商品或服务构成了商标的对象。脱离了商品或服务,任何有形符号都不是商标。

第三,商标是经营者用来标识和区分来源的标志。商标依存于工商业活动,经营者使用商标的目的是通过商标将特定商品或服务与特定来源、出处及其商业信誉相联系。

二、商标的功能与作用

(一) 商标的功能

商标的功能是指由商标的自然属性决定的特有的作用。商标的发展经历了一个漫长的过程,从烙印在牲口上作为所有权象征的标记、工匠在器具上留下作为产品来源和质量保证的记号,到商品或服务的表彰标志、信誉保证。随着商业和贸易的发展繁荣,商标的功能在不断扩展,其重要性也越来越受到重视。

1. 标示来源

商标最原始、最基本的功能是表明来源。不同经营者的商品或服务项目使用不同的商标,特定的商标总是和特定的经营对象联系在一起。有商标作媒介,经营者可以让消费者认清商品或者服务的来源,并将自己商品的信誉集于商标,使商标产生"顾客吸引力",又可以将不同来源的商品或者提供的服务项目区别开来。商品来源即出处,不仅仅是商品的生产、制造,也包括商品的加工、拣选或者经销。因此,"标示来源"并非仅表示商品的生产者,有时也表示加工者、销售者和进口者。

2. 保证品质

商标是产品质量的可靠指示器。这并非意味着商标必然代表商品或服务是高档的、优质的,而是意味着商标标示着对象稳定的、一贯的质量和品质。如果没有商标,消费者购买商品时必须弄清每种商品的性能和质量,而有了商标,消费者可借此将过去的经验用在选择相同商标的商品上,而经营者为维护商标在消费者心目中的信誉,就要努力保证使同一商标的商品质量相同。随着市场经济的发展,国际贸易日益频繁,跨国公司不断壮大,同一商标所标识的商品完全可能来源于不同的国度和不同的制造商。经营者为了维护自己的商品声誉就要努力保证使用同一商标的商品或服务具有相同的品质。如果说商标表彰商品出处的功能主要是从经营者的角度来说的,而保证商品质量的功能主要是从消费者角度来说的。对于消费者而言，商品的品质比商品的出处更为重要，因为比起商品的出处，商品的品质与消费者的利益更加紧密。

3. 广告宣传

商标标志简洁明快，具有显著特征，便于呼叫和记忆，是进行广告宣传的便利工具。商标的广告功能主要通过两种途径产生：一是消费者口口相传，商标不仅对再次购买起到引导作用，还会通过消费者之间的介绍，广为人知；另一种是对潜在消费者进行广告宣传。广告中突出使用商标，使人对商标产生好感并及于商品或者服务，从而激发人们的购买欲，有利于推动商品销售和扩大商标的知名度。在传播途径十分发达的信息社会，商标的广告作用越来越重要。借助广告宣传、促销活动，商标对商品的影响被大大强化，品牌深入人心造成偏好，成为强有力的营销工具。

4. 彰显个性

随着社会经济的发展，人们的生活水平不断提高，对商品的需求不再停留于货真价实，经久耐用，而且要能满足一定程度的精神需求。这时候的商标就不单纯是区别来源和保证品质的工具，同时也承担着彰显个性风格、代表时尚品位的功能。某种品牌代表的是生活阶层、社会地位、个性风格甚至生活方式。商标特别是著名商标能够赋予其使用者精神享受、情感满足。购买者对品牌的追求，客观上拓展了商标的功能，提升了商标的价值，使其从传统的识别性标志转而成为彰显主体身份、地位，满足荣誉感、成就感的象征性符号。

(二) 商标的作用

商标的作用是指商标发挥自身功能而对经济生活产生的影响。商标最重要的经济作用是降低消费者的搜寻成本。由于商标具有帮助购买者认牌购物、指导消费的作用，为吸引和保持顾客，企业有了维持持续稳定的商品质量的激励，而一个品牌的质量保持稳定时，购买者会把这个商标和将来的消费活动联系起来，依赖于商标选择商品，这样，就可以节约搜寻成本，即以较少的时间、精力和金钱找到所需要的商品。消费者搜寻成本的降低，也有助于交易的及时、高效，这对于提高社会经济效率是有益的。商标的另一重要作用是激励企业讲究产品质量，做好售后服务。商标具有品质保证的功能，持之以恒的质量品质是消费者认可和追随商标的原因，一旦品质降低或发生改变，消费者就不再愿意付出同样价格去购买该品牌商品。这样不仅消费者没有从商标指代功能上受益，企业也会因此受到损失。所以，从实际效果来看，商标能够促使企业关注产品质量。理性的生产经营者会有动力在产品品质、服务上下功夫，以维护商标声誉。生产经营者都能够重质量、讲信誉，受益的首先是消费者，整个社会的经济效率也将在健康运行中提高。

三、商标的性质

商标的本位是一种符号，信息传递之媒介，其初始功能为表明产品出处，代表商品声誉。传统商标法始终注重商标的标识性质，保护商标的区别功能防止和制止混淆。在知识产权中，专利及版权包含较高程度的创造性劳动，保护发明创造和独创性作品是为了激励创作出更多的智慧产品；商标则不同，商标所采用的符号往往来自公有领域或者任意的、自由的选择。保护商标的目的并非激励创造，而是保护经营成果和劳动回报。通过酬劳机制鼓励经营者正确标明商品来源，以保护消费者并促进经营者提高产品和服务质量。正是由于上述原因，商标在很长时间里不被承认为知识产权。美国是一个在宪法中规定知识产权的国家。美国《宪法》第1条第8款第8项被称为"版权与专利条款"，即为了促进科学和实用技术的发展，国会有权保障作者和发明者在有限的期间内对他们的作品和发明享有专有权利。根据这一条款，美国1790年就制定了《版权法》《专利法》。然而，1870年美国国会根据"版权与专利条款"颁布的第一部商标法，却被最高法院宣布为违宪，理由是商标既不是可获保护的作品，也不是可获专利保护的发明。也就是说，商标是非创造性成果。的确，商标可以是，而且经常是把先已存在的东西"拿来"，而不是依赖于新颖性或任何智力劳动取得的。因此，商标获得知识产权法的保护遇到了困难。后来美国国会依据宪法"贸易条款"制定了联邦商标法和反不正当竞争法。立法理由是，与商标联系在一起的绝大多数商品或服务，都是美国对外贸易及各州之间贸易的客体；商标与对外贸易和州际贸易密切相关，属于"贸易条款"规范的对象。[1]这才使商标法立法具有了宪法依据。从这段历史故事中我们可以领悟到：商标属于知识产权中识别性标志一类，和创造性成果相比较，它的受保护利益不在于闪现天才智慧的发明创造或凝

---

[1] 参见李明德：《美国知识产权法》，法律出版社2003年版，第2页。

结心智的文学艺术创作，而是与工商业活动密切相关的商品经营者的市场利益和消费者权益。

商标的本质在于用来标识产品或服务来源。随着商标的市场使用，经营者在商标上的投资逐步增加，商标表明产品或服务来源的功能逐步弱化，财产属性逐渐放大，商标本身成为一种独立的财产、交易的对象，而且其价值会远远大于商品本身的价值。同时，商标的价值与商标的投入密切相关。对商标投入的成本越多，商标知名度越高，商标价值越大。商标投入主要是广告宣传、事业赞助。商标所有者的投资必须有所回报，这个回报就是商标声誉的提升，企业实力增加，市场占有率扩大。可见，商标的价值来源于商标的持续性使用和各种生产要素的注入，未经实际使用和大量投入的商标仅仅是一个标志而已，不可能凝聚财产价值。

综上所述，商标首先是一种标志，然后才是一种财产。标志可来源于公有领域，财产属性则产生于实际使用、商业投入、商标信誉。市场是商标财产化的温床，只有在市场中才能将本是标志符号的商标转化成为具有巨大经济价值的财产。经过市场竞争的洗礼，能够给其所有人带来经济效益和社会效益的商标，构成了企业的无形资产，正是从这个意义上讲，商标是知识产权。

第二节　其他商业标记

商品上除了使用商标之外，还有商品装潢、企业名称、产地等其他商业标志，这些标志和商标既有联系又有区别。了解其他商业标志和商标之间的关系，有助于进一步认识商标本质的功能。

一、商品装潢

商品装潢，是指为宣传和美化商品而附加的装饰，其构成要素为文字、图案、色彩、造型或其他组合。美观大方、新颖别致的装潢设计能够引起消费者的注意和兴趣，激发购买欲望。经过一段时间的使用，当购买者仍然根据某一装潢选择商品时，已不再为它的美观吸引，而是因为它所指代的商品令人放心。可见，装潢也具有识别商品的作用。如果一个装潢长期使用，保持一贯性，产生了区分来源、表彰商品的作用，就成为事实上的未注册商标，其所有人阻止他人仿冒使用的请求可以受到《反不正当竞争法》的保护。但是，商品装潢和商标存在明显的区别：

第一，使用目的不同。使用商标的目的主要是区别不同经营者的商品或者服务项目；使用商品装潢的目的主要在于说明或美化商品，刺激消费者的购买欲望。

第二，构成要素不同。商标标志的选材不得与商品内容相同，例如，不能用"牛"的文字或图形作为牛肉罐头的商标；而商品装潢则不受此限制，例如，"人参蜂王浆"的包装上可绘以"人参"的图案，说明该商品的主要原料是人参，而不是其他物品。

第三，使用要求不同。商标标志的使用由法律直接予以规范，而商品装潢则不然。因此，商标必须在核准注册的范围之内使用，经营者不得随意改变注册商标的样态，未注册商标的使用也受到商标法的约束；而对商品装潢使用者可以根据市场销售的需要，随意变动装潢的图案和文字。

二、商号

商号，即企业名称中的特征部分。现实当中，不少企业的商号和商标相同，例如，"海尔"是青岛海尔股份有限公司的商号，同时也是其生产的各类电器的商标，情况类似的还有"柯达""松下""双星"等；还有不少企业的商号和产品商标并不一致，例如，广州宝洁公司的商号是"宝洁"，但是其生产的产品有"玉兰油""舒肤佳""潘婷"等商标。商号和商标的区别：

第一，对象不同。商号的对象是市场主体。一个企业只能有一个商号，甚至没有自己的商号（计划经济体制下我国一些国有企业只有名称却没有商号，诸如第二汽车制造厂、自行车一厂）。商标的对象是商品或服务来源的标志，如一个企业的产品种类多样，可以有若干个商标。

第二，使用要求不同。商标注册实行自愿原则，需要取得专用权的商标应当注册，不经注册的商标可以使用，但一般情况下不享有专用权。商号不经登记不得使用。企业名称登记是工商业组织取得市场主体资格的前提条件，在企业名称名义下，经营者从事工商业活动，享受权利和承担义务。从这个意义上讲，商号具有人身权的属性。

第三，登记注册的法律效力不同。商号进行登记后，企业所享有的名称专用权仅限于登记主管机关所辖范围；而商标注册后在全国范围内享有注册商标专用权。

三、商务口号

商务口号或商务标语是用于产品或者服务中的一个短句，它常常与商标相配合出现在广告、商品宣传材料上。商务标语使用的语言文字简练形象、生动活泼，其构思主要从产品或服务的性能、特点出发，多为赞美、称颂之辞。例如，海尔产品的"海尔真诚到永远"、鄂尔多斯产品的"鄂尔多斯温暖全世界"以及"让第一名为你工作"等。商务标语一般不宜注册为商标，因为其往往难以满足显著性要求，不具备识别功能，很难让人将其和特定的产品或服务相联系。有的商务标语长期不断地用于商品或服务，产生了识别出处并使之与他人的产品或服务区分开来的功能，如遭到他人仿冒，可依据反不正当竞争法禁止不正当使用。也有一些商务标语具有独创性、文学性，还可以成为著作权法保护的对象。

四、商标与地理标志

地理标志，是指标示某商品来源于某地区，该商品特定质量、信誉或者其他特征主要由该地区的自然环境或者人文因素所决定的标志。我们耳熟能详的地理标志有"吐鲁番葡萄""涪陵榨菜""烟台苹果"等。地理标志其实就是一个地名，可是用它来标识商品和服务，特别是标识农产品和土特产品，就产生了地名以外的意义。带有地理标志的产品不仅表示产品来自何地，更重要的是表明产品由其产地的特殊环境所决定的特殊质量。例如，枸杞的种植地区分布很广，但唯有宁夏中宁产的枸杞被誉为绝品。因为枸杞原生长于中宁，并且那里寒温适度，光照充沛，极适应枸杞生长。"中宁枸杞"作为一件地理标志表明了枸杞的地道和精良。我国地大物博，历史文化悠久，自然人文因素也丰富多样，因而有着丰富的地理标志资源。在市场经济条件下，促进农产品走向市场、参与激烈的市场竞争，地理标志具有不可估量的作用。当然，一个地名能够具有商标法上地理标志的意义完全取决于该地方地理环境与产品之间的质量关系。俗话说：一方水土养一方人。天然产品和土特产品又何尝不是如此，地理标志就是在长期历史发展过程中形成的，代表一个地区传统文化和地方特色的无形资产。地理标志可以作为商标注册和使用，但和普通商标有着明显的区别：

第一，功能不同。商标所指示的是商品的生产经营者，并不直接反映商品质量或特色。地理标志表明商品产地、商品质量和特有品质，有品质担保、质量认证的功能。随意使用地理标志会造成欺骗性后果，损害消费者利益，商标法禁止并非来源于该地理标志所标示的地区的商品使用该地理标志。

第二，权利主体不同。商标由独立的民事主体申请注册取得专用权，并可排除任何第三人的注册和使用。地理标志是某一地方、区域的名称，一般不宜作为普通商标，即不应该由某一个企业或个人享有独占权。地理标志可以作为集体商标或者证明商标，由该标志所标示商品或服务的代表性机构，如行业协会，作为商标注册人并对该商标的使用进行管理，该地区范围内某一商品或服务的经营者共同使用。

五、特殊标志

所谓特殊标志是指在经国务院批准举办的全国性或国际性的文化、体育、科学研究及其他社会公益活动中所使用的，由文字、图形组成的名称及其缩写、会徽、吉祥物等标志。例如，奥林匹克五环图案、奥林匹克旗、奥林匹克格言、北京奥林匹克标志、吉祥物、希望工程标志均属于特殊标志。特殊标志也可用于商品包装、商品广告，但它与商标有着明显区别：

第一，特殊标志的所有人是文化、体育、科学研究及其他社会公益活动的主办者，而不是以营利为目的的经营者。如奥林匹克五环图案标志、奥林匹克旗、奥林匹克格言、奥林匹克徽记、奥林匹克会歌等标志的所有人是国际奥林匹克委员会；第29届奥林匹克运动会的吉祥物、会歌、口号等标志的所有人是中国奥林匹克委员会和第29届奥林匹克运动会组委会。

第二，特殊标志的所有人对其标志享有专有权，可以在与所有人公益活动相关的广告、纪念品及其他物品上使用该标志，并可许可他人为商业目的而将该标志用于商品或者服务项目上。

第三，使用特殊标志不是为了表示产品出处，而是表明该商品或者服务项目的经营者取得了标志所有人的许可，或者与标志所标示的事业或者活动之间有支持关系、赞助关系。经营者在商品上使用特殊标志的同时，还应当使用商标以便确定商品或服务的来源。

六、商标与通用标记

通用标记是指表示商品特性、品质、用途的行业标记。它通常以一种简洁、醒目的符号或图形构成,往往不仅为本行业的从业人员所熟知,而且一般消费者也可通过这种标记了解标记使用者的意图。这类标记广泛使用于具有相同特征的商品上,其目的在于告知使用者该商品所具有的需要特别提醒注意的特征。这种标记尽管有时与商标同时出现在商品或包装上,但一般来说,它本身不具有任何区别来源的作用,因而也就不能为一家专用。经营者也不应使用与通用标记相同或近似的图形作商标。

第三节 商标法概述

一、商标法的概念

商标法是调整因商标的注册、使用、管理和保护而发生的各种社会关系的法律规范的总和。商标法有广义和狭义之分。广义的商标法是指调整商标在注册使用、管理保护商标专用权的活动中,在国家机关、企业事业单位、个体工商业者以及公民之间所发生的各种社会关系的全部法律规范的总称。这包括《商标法》《商标法实施条例》等所有涉及商标和商标权的规范性文件。它们不仅是商标所有人享有商标专用权的依据,也是商品生产者、经营者和服务提供者使用商标应当遵守的规范,同时还是行政管理机关、司法机关进行商标管理、保护商标专用权的准则。而狭义的商标法则仅指《商标法》这一部具体的法律。这部法律主要规定了商标的注册流程、权利保护以及对侵权行为的查处等内容。

二、商标法的调整对象

商标法的调整对象是因商标注册、使用、管理和保护而发生的各种社会关系。它包括:

1. 因商标注册而发生的社会关系。这种关系是因商标注册所产生的,它既包括注册申请人与商标管理机关之间因注册申请而发生的申请与审核关系,也包括注册申请人与其他平等民事主体之间因申请注册而发生的商标异议、注册商标争议等社会关系。

2. 因商标使用而发生的社会关系。这种社会关系主要是因商标权的转让或使用许可发生在转让人与受让人之间或许可人与被许可人之间的社会关系。

3. 因商标管理而发生的社会关系。它是指商标管理机关因履行其管理职能与商标使用者及其他有关当事人之间发生的社会关系。包括因注册商标续展、转让、使用许可而产生的管理关系，对商标使用的管理关系及商标标识的印制管理关系等。

4. 因保护商标权而发生的社会关系。它是指因侵害商标权行为而发生在商标权人与侵权行为人之间的社会关系。

凡是在中国领域内使用商标，不论是中国人还是外国人都要遵守我国商标法。

第四节 商标法的基本原则

法律规范本身具有储存价值的功能，这些价值构成法律的原则，是指引法律规范的标准。商标法中最高层次的价值准则，称为商标法的基本原则。它是商标法的指导性思想、原则或价值标准。

一、保护商标专用权与保障消费者和生产者、经营者共同利益的原则

商标法兼顾国家和消费者以及生产、经营者的利益，将保护商标专用权作为商标法的核心和基础。有关商标的一切法律法规，都是围绕保护商标专用权这一中心任务而制定的。在保护商标专用权的同时，要求商标所有人保证商品质量、维护商标信誉，以保障消费者的利益。必须指出的是，消费者的利益与生产、经营者的利益是相辅相成的，片面强调消费者的利益而忽视生产、经营者的利益或将消费者的利益与生产经营者的利益尖锐对立的做法，都是不足取的。我国《商标法》第1条明确规定："为了加强商标管理，保护商标专用权，促使生产、经营者保证商品和服务质量，维护商标信誉，以保障消费者和生产、经营者的利益，促进社会主义市场经济的发展，特制定本法。"

二、注册原则

注册原则是商标确权的原则。世界各国商标法律对商标权的产生或取得，主要采用两种不同的模式——"注册原则"和"使用原则"。注册原则是指以注册作为商标权取得的根据，由商标注册申请在先者取得商标权。与注册原则相对应的是使用原则，它是以商标使用的客观事实为基础，根据使用的先后确定商标权的归属，根据使用的地域确定商标权的效力范围。就制度设计而言，两种模式各有利弊。采用注册原则的国家越来越多。我国《商标法》第4条第1款规定："自然人、法人或者其他组织在生产经营活动中，对其商品或者服务需要取得商标专用权的，应当向商标局申请商标注册。不以使用为目的的恶意商标注册申请，应当予以驳回。"可知我国现行商标法采取的是一种近乎绝对的注册取得模式。

三、申请在先原则

在商标确权采用注册原则的国家，对于不同申请人提出的相同或近似的商标注册申请，采用两种不同的判定商标权归属的原则——申请在先原则和使用在先原则。申请在先原则以提出申请的先后确定商标权的归属。而使用在先原则以使用商标的先后确定商标权的归属。我国商标法采用申请在先原则。对于两个或以上的申请人在同一种商品或类似商品以相同或近似的商标申请注册的，初步审定并公告申请在先的商标，驳回后申请人的申请，不予公告。

四、审查原则

对提出申请的商标准予注册，依是否进行实质审查分为审查原则和不审查原则。审查原则是商标主管当局在授予商标专用权之前，对商标注册申请，既进行形式审查，又进行实质审查。经审查符合注册条件的，方准予注册。不审查原则是指商标管理机关对注册申请不进行实质审查，而仅就申请手续是否齐全进行审查，即予以注册。我国商标法实行审查原则。

五、自愿注册原则

自愿注册原则指的是商标使用人是否申请商标注册取决于自己的意愿，

即可以选择注册，也可以选择不注册而直接使用。在自愿注册原则下，商标注册人对其注册商标享有专用权，受法律保护。而未经注册的商标，虽然可以在生产服务中使用，但其使用人不享有专用权，无权禁止他人在同种或类似商品上使用与其商标相同或近似的商标，但驰名商标除外。与自愿注册原则相对应的是强制注册原则。它要求凡是使用的商标必须申请注册，否则不得使用。针对某些特定商品（如人用药品和烟草制品），法律规定必须使用注册商标，否则不得在市场上销售。这些商品的生产者或经营者有义务将其商标申请注册，并经过核准后才能使用。

六、统一注册、分级管理的原则

我国商标法实行集中统一注册、分级管理的原则。这是由市场经济与商标自身的特点所决定的，有助于防止出现地区分割、部门分割的状态，也有利于更为有效地保护、管理商标。我国《商标法》第2条第1款"国务院工商行政管理部门商标局主管全国商标注册和管理的工作"的规定确立了商标局负责集中统一注册商标的地位，其他任何机构均无权办理商标注册。分级管理是指由地方各级工商行政管理机关依法对本地区的商标使用、商标标识印制、侵害商标权的行为等进行管理。

七、商标注册与商标评审相结合的商标确权原则

《商标法》规定，国务院工商行政管理部门商标局负责集中统一注册商标，通过受理注册申请、审查、公告、异议、核准注册等一系列程序主管全国的商标注册工作。国务院工商行政管理部门商标评审委员会负责处理商标争议事宜，当事人不服商标局有关商标权事宜决定的，可以向商标评审委员会申请复审，并由商标评审委员会作出复审决定。对注册商标具有违法情形或以不正当手段取得注册的，其他单位或者个人可以请求商标评审委员会宣告该注册商标无效，由商标评审委员会作出维持注册商标或者宣告注册商标无效的裁定。商标局和商标评审委员会都是国家市场监督管理总局的部门，二者是平行的。它们虽然都对商标注册事务具有管理权，但二者各自管理的事务并不相同。因而由商标局负责集中统一注册和商标评审委员会负责商标评审相结合，共同构成了我国的商标确权制度。

思考题：

1. 简述商标的概念与特征。
2. 简述商标的功能。
3. 商号和商标的区别是什么？
4. 如何理解商标法的调整对象？
5. 商标法的基本原则有哪些？

第十六章 商标权的对象

【内容提示】

本章论述了商标权的对象，其内容主要包括：（1）商标的分类；（2）商标注册的积极条件；（3）商标注册的消极条件。

第一节 商标的分类

研究商标的分类，可以帮助我们深入认识商标的特点、用途，有利于对各项具体商标制度的学习。根据不同的标准，可以将商标分为不同的种类。

一、商品商标和服务商标

商品商标是使用于商品上，用于识别经营者提供的商品的商标。使用于商品上是指将商标贴附在商品上或者商品的包装、容器、交易文书、标签等之上。将商标用于广告宣传、商品展销以及其他商业活动中，也属于商标使用。

服务商标是经营者为将自己提供的服务与他人的服务相区别而使用的商标。服务商标的使用方式包括：（1）直接使用于服务，如使用于服务介绍手册、服务场所的招牌、店堂装饰、工作人员服饰、招贴、与服务相关的配套用具以及与服务有联系的文件资料上。（2）将商标使用在广告中。随着经济技术的发展，第三产业如餐饮住宿、教育培训、金融保险、交通运输、信息传输、房地产经营、各种咨询服务、家政服务等迅速发展，服务商标的使用将会越来越广泛，在经济生活中的作用也越来越重要。

二、集体商标、证明商标和普通商标

集体商标是指以团体、协会或其他组织的名义注册，供本组织成员在商

事活动中使用，用以表明使用者在该组织中的成员资格的商标。凡该集体组织的成员皆可申请使用该集体商标，商标注册人不得拒绝，但使用人必须保证其产品或服务符合规定的质量。集体商标的意义在于向消费者表明使用该商标的企业生产的商品、提供的服务具有相同的质量和规格，如"镇江香醋"。集体商标有利于农民联合起来"闯市场"。日本为了发展农村经济，近年亦大力发展集体商标。

证明商标是指用以证明使用该商标的商品或服务的原产地、原材料、制作方、质量或其他特定品质的商标。例如，国际羊毛局的纯羊毛证明商标，我国的"安溪铁观音""库尔勒香梨"等。证明商标只能由具备对使用证明商标的商品或服务的质量具有监督能力的组织注册。证明商标注册人自己不能使用该证明商标，其他产品或服务符合证明商标要求条件的经营者都可以申请使用。证明商标的意义在于向消费者表明其产品符合规定的条件或标准。

相对于集体商标和证明商标，由法人、自然人和其他组织申请注册供自己使用的商标是普通商标。普通商标与证明商标、集体商标的主要区别在于，普通商标可以自由转让和许可他人使用，集体商标和证明商标的转让有主体资格的限制。

三、联合商标和防御商标

联合商标是指同一民事主体在同一种或类似商品上注册的一组近似商标，在这些近似商标中，首先或者主要使用的商标为主商标，其他商标为联合商标。例如，杭州娃哈哈集团拥有"娃哈哈"驰名商标，为防止他人仿冒，又注册了"哇哈哈""哈娃哈""娃娃哈"等商标。这些商标中，"娃哈哈"是主商标，其他商标是联合商标。注册联合商标不是为了使用，而是为了防止他人仿冒。因此，从理论上说，允许注册联合商标，应豁免对联合商标的使用要求，即只要主商标符合使用要求，就不能以连续3年不使用为由撤销联合商标。

防御商标是指同一民事主体在不同类别的若干商品上注册的相同的商标。原先注册的商标是主商标，其他商标是防御商标。例如，海尔集团不仅在洗衣机、冰箱等家电产品上注册了"海尔"商标，还在其他类别的商品上也注册了"海尔"商标。家电以外的其他商品上的"海尔"商标就是防御商标。注册防御商标不是为了使用，而是为了防止他人抢注。从理论上说，允许注册防御商标，应豁免对防御商标的使用要求，即只要主商标符合使用要求，就不能以连续 3 年不使用撤销防御商标。一般来说，只有知名度高的商标才可以注册防御商标保护其主商标，普通商标不应允许注册防御商标。主商标转让时，联合商标和防御商标应一并转让，以免造成消费者混淆。我国《商标法》第 42 条第 2 款规定，转让注册商标的，商标注册人对其在同一种商品上注册的近似的商标，或者在类似商品上注册的相同或者近似的商标，应当一并转让。未一并转让的，由商标局通知其限期改正；期满未改正的，视为放弃转让该注册商标的申请。通过转让以外的其他方式转移商标权的，应遵守同一原则。

有观点认为，在承认驰名商标跨类保护的情况下，没有注册联合商标和防御商标的必要，法律也没有承认联合商标和防御商标的必要。但是，驰名商标跨类保护首先要认定寻求保护的商标是驰名商标，其次要根据该驰名商标的驰名程度确定跨类保护的范围，这都具有很大的不确定性。相对而言，承认联合商标和防御商标制度，让权利人自己根据需要通过申请注册联合商标和防御商标，具有保护范围清楚明确的优点。由于注册联合商标和防御商标不是为了使用，因此应对其豁免 3 年不使用撤销的要求。

四、视觉商标和非视觉商标

视觉商标是指商标标识是由可视性标识，如文字、图形、颜色、三维标志等组成的商标。又可分为平面商标、立体商标和动态商标。

非视觉商标主要有声音商标、味觉商标和触觉商标。我国 2013 年修改《商标法》时增加声音作为商标构成要素，同时删除了对商标标识"可视性"的要求。但是，我国目前尚未准许味觉商标、触觉商标和动态商标注册。

五、注册商标和未注册商标

注册商标是依法经核准注册的商标。注册商标享有专用权，受法律保护。我国《商标法》第 56 条规定，注册商标的专用权，以核准注册的商标和核定使用的商品为限。注册人要在超出注册核定的商品或服务上取得商标权，需要另行申请注册。

未注册商标是经营者在经营活动中使用的未经商标局核准注册的商标。未注册商标不享有商标专用权，但是可以使用，并可基于使用所产生的影响和信誉，受商标法和反不正当竞争法提供的相应保护，如提出异议、阻止他人抢注的权利，提出宣告他人商标注册无效申请的权利，在商标被他人注册以后，在原有范围内继续使用其商标的权利（先用权），制止他人假冒的权利等。未注册商标不享有商标权，不能对他人提起侵权之诉，除未注册驰名商标外。商标被他人抢先注册满5年后，未注册商标使用人不能再申请宣告注册无效，未注册商标驰名且抢注人属于恶意注册的除外。

第二节　商标注册的积极条件

并非所有的文字、数字、图形、颜色组合等都可作为注册商标标识，只有符合商标法规定的，才能作为商标标识而获得注册。即使是未注册商标，亦应符合商标法规定的条件。商标的注册条件分为积极条件与消极条件，积极条件是指商标注册应当具备的条件。依照我国《商标法》，商标注册应具备以下条件。

一、合法性

商标注册的积极条件之一是合法性，这是指申请注册的商标必须符合法律规定，不得违反法律法规的禁止性规定。合法性是商标注册的基本前提，也是保护消费者权益和维护市场秩序的重要保障。合法性主要体现在两个方面：

第一，要求商标标识的构成要素应当符合法律的规定。我国《商标法》第8条规定："任何能够将自然人、法人或者其他组织的商品与他人的商品区别开的标志，包括文字、图形、字母、数字、三维标志、颜色组合和声音等，以及上述要素的组合，均可以作为商标申请注册。"各国商标法都规定了商标标识的构成要素事项，且构成要素的范围反映了一个国家的经济、科技水平。我国1993年《商标法》规定的商标标识构成要素是"文字、图形或者其组合"。2001年《商标法》规定，"可视性标志，包括文字、图形、字母、数字、三维标志和颜色组合，以及上述要素的组合"可以作为商标申请注册。2013年《商标法》增加了"声音"作为商标构成要素，取消了"可视性"的要求。显然，我国商标构成要素的范围是逐步扩大的，但至今还未承认气味、动态标志、触摸标志可以实现商标注册。

第二，我国《商标法》第 10 条规定了不得作为商标使用的标志类型：一是出于尊重而不能作为商标使用的标志，如同我国国家名称、国旗、国徽、国歌、军旗、军徽、军歌、勋章，政府间国际组织的名称、旗帜、徽记等标志相同或近似的标志；二是不能由个别民事主体独占的标志，如表明实施控制、予以保证的官方标志等；三是其他违反社会主义道德风尚或者有不良影响的。

二、非功能性

非功能性是指具有功能性的标志不能注册为商标。商标法保护的是商标的识别功能，通过对商标识别功能的保护，达到保护商标使用人利益、维护市场竞争秩序、保护消费者利益的目的。基于商标的功能和商标保护的目的，商标法对商标保护的期限可以通过续展注册无限延长。因此，要防止通过商标注册保护商品的功能性，从而达到保护商品的目的。商品的功能应当申请专利保护，而专利保护是有期限的。欧盟等都明确规定禁止功能性标志注册为商标。我国商标法明确禁止功能性三维标志注册为商标。美国商标审查实践中还出现过禁止具有美学功能性标志注册的判例。

三、显著性

商标应当具备能够将其所标识的商品或服务与其他商品或服务区分的特性。显著性是商标的核心要素，也是商标获得注册的重要条件之一。商标设计应当创意独特、构思新颖，给人以强烈鲜明的印象，并且与相同或类似商品的注册商标不混同，使人一望便知，记住商标，从而选购商品，选择服务。缺乏显著性的文字、图形、商品通用名称等，就无法指示商品或服务来源。

各国法律均要求商标必须具有显著性，具有显著性的商标不应该是描述性的或说明性的。如《德国商标法》规定：“凡用于鉴别工业或商业产品的一切标记都可以作为商标。”《日本商标法》规定：“商标应具有明显特征，以文字、图形、符号或它们的组合组成。”我国《商标法》第 9 条第 1 款规定："申请注册的商标，应当有显著特征，便于识别，并不得与他人在先取得的合法权利相冲突。"

商标的显著性可以是商标设计时就具备的，也可以是商标通过使用获得。通过使用获得的"后天显著性"商标，是指有些文字、图形本身并不具备显著性，随着长期的连续使用，使消费者对其商品或服务有了肯定的认识，能够将其商品或服务与其他商品或服务区别，从而获得显著性。我国《商标法》第 11 条第 2 款规定："……经过使用取得显著性特征，并便于识别的，可以作为商标注册。"如"白加黑""天堂""小肥羊""十三香"文字商标，这些文字本身并不具有显著性，但随着使用，已被公众熟知，产生了"后天显著性"，因此被注册为商标。

商标显著特征的认定应当综合考虑商标标志本身、商标指定使用的商品或服务、相关公众的认知习惯、商标指定使用商品所属行业的实际使用情况、商标整体认定与部分认定的结合等因素。商标与商品具有依附性或关联性，"离开特定的商品和服务，任何图案、符号和文字都不是商标，更无价值可言"。[1]具有个性或独特性的商标，应当是看到商标就会联想到特指的商品。

苹果公司的"Apple"商标是一个极具显著性的商标。首先，"Apple"这个词汇在普通语境下指的是一种水果，但在苹果公司的使用中，它已经被赋予了全新的含义和识别性。苹果公司将其用作商标，并广泛应用于其电子产品、软件、服务等多个领域，使得消费者在看到"Apple"商标时，能够立即联想到苹果公司的产品和服务。"Apple"商标的显著性体现在以下几个方面：第一，独特性。"Apple"这个词汇虽然常见，但在商标领域，苹果公司将其与电子产品等特定商品和服务相结合，形成了独特的识别标志。这种独特性使得"Apple"商标能够在众多商标中脱颖而出，被消费者所识别和记忆。第二，识别性。随着时间的推移，"Apple"商标已经与苹果公司建立了紧密的联系。消费者在看到"Apple"商标时，能够迅速识别出该商品或服务的来源，即苹果公司。这种识别性是商标显著性的重要体现。第三，广泛使用性。苹果公司通过广泛地宣传和使用，使得"Apple"商标在市场上获得了极高的知名度和美誉度。这种广泛使用进一步增强了"Apple"商标的显著性。

第三节　商标注册的消极条件

一、不得违背诚实信用原则

商标注册时不得违背诚实信用原则，这一消极条件在商标法中占据重要

---

[1] 刘春田：《商标与商标权辨析》，载《知识产权》1998 年第 1 期。

地位。诚实信用原则要求商标注册申请人在申请过程中保持真实、善意，不得采取欺骗手段或其他不正当手段来取得商标注册。我国《商标法》第7条规定："申请注册和使用商标，应当遵循诚实信用原则。商标使用人应当对其使用商标的商品质量负责。各级工商行政管理部门应当通过商标管理，制止欺骗消费者的行为。"

注册商标过程中遵循违背诚实信用原则，是保护公共利益和他人合法权益、维护商标注册公正性和有效性的重要保障。司法实践中，违背诚实信用原则的行为多种多样，主要包括：第一，抢注商标。比如，某公司A在市场上发现某知名品牌B的某个尚未在中国注册的商标具有商业价值，于是A公司故意抢先注册该商标，意图通过转让或许可使用该商标来获取不正当利益。这种行为就违背了诚实信用原则，因为A公司并非基于真实的使用意图或经营需求来注册商标，而是出于恶意抢注的目的。第二，虚假陈述。在商标注册申请过程中，申请人需要提供一系列的信息和材料来证明其申请的合法性和真实性。如果申请人故意提供虚假信息或伪造材料，以欺骗商标审查机构，这种行为也违背了诚实信用原则。例如，申请人虚报其经营范围、夸大其经营规模或伪造商标注册证明等。第三，恶意模仿。有些申请人会故意模仿他人的知名商标或有一定影响力的商标，通过微小的修改或调整来申请注册。这种行为虽然可能在形式上符合商标注册的要求，但在实质上却违背了诚实信用原则，因为它损害了原商标所有人的合法权益，并可能导致消费者的混淆和误认。第四，滥用商标权。比如，商标权人滥用其商标专用权，违背诚实信用原则，恶意起诉他人侵权，以此来打压竞争对手或获取不正当利益。这种行为不仅损害了其他市场主体的合法权益，也破坏了公平竞争的市场秩序。可见，这些行为本质上都是出于恶意或欺骗的目的来申请商标注册或使用商标权。因此，在商标注册和使用过程中，各方主体都应严格遵守诚实信用原则，共同维护良好的市场秩序和商标环境。

二、不得侵犯他人的在先权利或合法利益

商标使用不得侵犯他人的在先权利，也不得损害他人的合法利益。这一原则要求申请人在申请商标注册时，必须尊重并保护已经存在的合法权利，避免通过恶意抢注或模仿等行为来侵犯他人的商标权。这一原则的实施，有助于维护公平竞争的市场环境，促进商标制度的健康发展。

假设公司 A 在市场上经营多年，并拥有一个在相关行业内广为人知的商标"蓝天"。该商标在多个类别上均已完成注册，并享有较高的知名度和美誉度。随后，公司 B 进入同一行业，并试图申请注册一个与"蓝天"商标高度相似或近似的商标"蓝田"用于相同或类似商品上。在这个例子中，公司 B 的行为就构成了对公司 A 在先商标权的侵犯。因为"蓝天"商标作为在先权利已经存在，并享有相应的法律保护。公司 B 在明知"蓝天"商标存在的情况下，仍然申请注册与之相似或近似的商标，显然具有恶意和不当目的。

根据《商标法》的规定，如果商标审查机构或法院认定公司 B 的商标申请侵犯了公司 A 的在先商标权，那么该申请将被驳回或宣告无效。这样，公司 A 的合法权益就得到了有效的保护，市场秩序也得到了维护。

三、不得违反商标法禁止注册或使用某些标志的条款

我国《商标法》第 10 条至第 13 条及第 16 条对禁止作为商标使用和注册的标志作了具体规定：第 10 条为所有商标均不能使用，包括注册商标与未注册商标；第 11 条是不得作为商标注册的规定；第 12 条是关于三维标志作为商标注册的禁用条款；第 13 条是关于驰名商标注册使用的禁用规定；第 16 条是关于地理标志商标注册的禁用规定。

（一）禁止作为商标使用的标志

禁止作为商标使用的标志即注册商标和未注册商标都不得使用的标志。我国《商标法》第 10 条规定，下列标志不得作为商标使用：

1. 同中华人民共和国的国家名称、国旗、国徽、国歌、军旗、军徽、军歌、勋章等相同或者近似的，以及同中央国家机关的名称、标志、所在地特定地点的名称或者标志性建筑物的名称、图形相同的。国家代表着主权与尊严，为维护其形象，均不得作商业性使用，包括全称、简写、缩写，如中国、CHINA、PRC 等。中南海、人民大会堂等与中央国家机关的名称所在地相同的，不得作为商标使用。

2. 同外国的国家名称、国旗、国徽、军旗相同或者近似的，但经该国政府同意的除外。如法兰西、奥地利等不能作为商标使用。该条体现了对各国政府和军队的尊重，也是对主权国家的尊重，是我国在国际交往中遵循和平共处五项原则的体现。"但书条款"的规定说明有些国家并未禁止将本国名称、国旗、军徽等作为商标使用，如果欲作为商标使用，还需履行相关的批

准手续，经过其同意。

3. 同政府间国际组织的名称、旗帜、徽记等相同或者近似的，但经该组织同意或者不易误导公众的除外。如欧盟、联合国、世界知识产权组织等不得用作商标。该条是为了维护国际组织的尊严，表明对国际组织的尊重。"但书条款"的规定说明如果使用政府间国际组织的名称、旗帜等作为商标使用，不仅应经过相关组织批准，而且不能误导公众。

4. 与表明实施控制、予以保证的官方标志、检验印记相同或者近似的，但经授权的除外。官方标志是国家机关专门使使用的标志，如海关标志、民航标志等。检验印记是国家有关机关为了管理某些重要物品而专门使用的标志，也是其履行监管职责所在，是对监管事项的认可或保证，具有严肃性和公信力，不宜作为商标使用。

5. 同"红十字""红新月"的名称、标志相同或者近似的，不得作为商标使用。"红十字"标志是国际人道主义保护标志，是国际红十字会的专用标志，它是一个志愿性、国际性的救护、救济团体。"红新月"是阿拉伯国家和部分伊斯兰国家红新月会专用的，性质和功能与红十字标志相同。禁止其作为商标使用是一种国际惯例，"红十字会"与"红新月会"组织的性质是非营利性的、进行人道主义救助的医疗机构，《巴黎公约》规定不得将其进行商业目的使用。

6. 带有民族歧视性的标志不得作为商标使用。该条体现了我国对各民族的尊重，尤其是在我国这样的多民族国家，处理好民族关系关乎国家的稳定和安全，也是遵守宪法的表现，因此，民族歧视性的文字、图案等不得作为商标使用。这里的民族包括我国的少数民族及外国的民族、种族。

7. 带有欺骗性，容易使公众对商品的质量等特点或者产地产生误认的不得作为商标使用。该规定的目的是保障消费者利益，防止利用商标欺骗和误导消费者。该条也体现了商标法的诚实信用原则，能够促进生产经营者之间的公平竞争，也是各国对商标使用的普遍要求。

8. 有害于社会主义道德风尚或者有其他不良影响的不得作为商标使用，这是一个弹性兜底条款。如禁止宣扬色情、凶杀、暴力、迷信的标志作为商标。目的是保障人民群众利益，维护良好的道德风尚，净化社会环境，弘扬社会正气。

9. 地名商标的禁止性规定及例外。禁止以地名作为商标是国际通行做法。

地名仅能说明产地而不能区分商品的来源，缺乏显著性，易造成混淆并引起不正当竞争；地名作为商标若被某一家企业独占，就阻止了其他企业的使用。而地名属于公有领域，不应被某个企业或个人独占。我国《商标法》第10条第2款规定："县级以上行政区划的地名或者公众知晓的外国地名，不得作为商标。……"

按照我国《商标法》规定，禁止地名作为商标的例外情况有三种：一是地名具有其他含义或称"第二含义"，即作为商标使用的地名，具有除了标志地方以外的含义，公众不认为是地名的或地名含义不突出的，并已善意取得，又不会在公众中引起误解的，可以作为商标使用。二是地名作为集体商标、证明商标的组成部分，如"涪陵榨菜""安溪铁观音"等已注册为证明商标或集体商标。证明商标所证明的内容之一是产地，必然使用地名。三是已经注册的使用地名的商标继续有效。这是由于有些地名商标使用多年，已被消费者接受，并建立了可靠的信誉，形成企业的无形资产，若禁止使用将会给企业带来损失，因此，为保护商标权人合法权益，可以继续使用。

（二）禁止作为注册商标使用的标志

申请注册的商标应当具有显著性，这是商标注册的积极条件之一，也是商标识别功能的必然要求。我国《商标法》第11条列举了因不具备显著性而不得作为商标注册的标志。

1. 仅有本商品的通用名称、图形、型号的。商品的通用名称、图形、型号不得作为商标注册。商品通用名称包括国家标准、行业标准规定的或者约定俗成的名称、图形、型号，其中名称包括全称、简称、缩写、俗称。其不得作为商标注册的原因：一是这些元素不具有显著性而不能区别商品和服务来源，缺乏商标应当具备的基本条件；二是其属于公共资源，公众普遍使用和经常使用，属于公有信息的集合，不能被任何人独占而影响公众的使用。若允许注册将妨碍同行业其他经营者正当使用，将会形成垄断，有悖公平原则，形成不正当竞争，该规定是对公有领域的保护。

2. 仅直接表示商品的质量、主要原料、功能、用途、重量、数量及其他特点的。即商标仅由指定使用商品的质量、主要原料、功能、用途、重量、数量及其他特点等具有直接说明性和描述性的标志构成。禁止其作为商标注册的原因是基于这些因素不具有显著性，而且也属于公有信息。间接地、暗喻性地表示商品的质量、功能、主要原料、用途的则可以注册为商标，如

"护彤"牌儿童感冒药、"百灵"乐器等。

3. 其他缺乏显著特征的。"其他缺乏显著特征的"是指《商标法》第11条第1款第1项、第2项以外的，依照通常理解，该标志作为商标使用在指定商品上不具备表示商品来源作用的标志。叙述性的、说明性的词汇不具有显著性，如"大树底下好乘凉""和谐社会"等不能注册为商标。

此外，《商标法》第11条第2款规定，商品的通用名称、图形、型号等经过使用产生了显著性特征，并且能够识别的，可以作为商标注册。经使用产生显著性的标志可以注册为商标是 TRIPS 协定第15条第1款的明确规定，也是国际通行做法。如"可口可乐"商标本身含有商品的主要原料；"美加净"护肤品表示功能，上述商标属于产生"后天显著性"的商标。

（三）其他禁用条件

1. 三维标志注册的禁用条件。我国《商标法》第12条对三维标志的注册作了特别的限制性规定：仅由商品自身的性质产生的形状，不得注册为商标。如不能将花生的形状注册为花生油的商标；为获得技术效果而须有的商品形状不得注册为商标，如"飞利浦"三头剃须刀的形状；使商品具有实质性价值的形状，不得注册为商标，如轮胎的形状。如果核准以上的标志注册，则会影响到同类产品生产经营者的正常生产活动，对其他经营者也不公平，并且会阻碍技术的推广应用。

2. 驰名商标的禁用条件。第一，对未在中国注册的驰名商标的禁用条件。我国《商标法》第13条第2款规定，就相同或者类似商品申请注册的商标是复制、摹仿或者翻译他人未在中国注册的驰名商标，容易导致混淆的，不予注册并禁止使用。根据该规定，驰名商标即使未在中国注册，他人在相同或类似商品上申请注册的商标构成对驰名商标的复制、摹仿或翻译，并且上述行为足以导致混淆的，不予注册，驳回申请；擅自使用的，禁止继续使用。可见对驰名商标的保护包括在注册阶段的保护及未注册时使用阶段的保护，而非驰名商标一般只对已经注册的商标进行保护，因此，对驰名商标的保护力度更大。在我国未注册的驰名商标大多是外国商标，我国的驰名商标基本是注册商标。

第二，对已在中国注册的驰名商标的禁用条件。我国《商标法》第13条第3款规定，就不相同或者不相类似商品申请注册的商标是复制、摹仿或者翻译他人已经在中国注册的驰名商标，误导公众，致使该驰名商标注册人的利益可能受到损害的，不予注册并禁止使用。这是对已注册驰名商标的"跨类保护"，即已注册驰名商标的保护延及在不相同或者不类似的商品上。他人将与驰名商标相似、相同的商标申请注册在非类似的商品上，应予驳回，不予注册。擅自使用的，由工商管理部门禁止使用。

此外，还禁止将他人的驰名商标作为商号使用。有些企业将与他人驰名商标相同或近似的文字注册为企业名称的一部分，并且不规范地使用，引起公众误认，造成混淆，影响驰名商标的信誉，因此，禁止将与他人驰名商标相同或近似的文字作为商号使用，可能引起公众误认的，工商行政管理机关不予登记。已经登记的，驰名商标所有人可以请求工商行政管理机关予以撤销。

4. 地理标志使用的禁用条件。《商标法》第16条第1款规定，使用虚假的地理标志误导公众的，不予注册并禁止使用。地理标志是由"地名+商品通用名称"构成，它标示着该商品的特定品质和地理来源，而这种特有品质与当地的地理因素和人文因素有关，即商品必须来自真实的产地，脱离了特定的地理环境，该商品难以保证其特定品质，所以虚假的地理标志会误导公众。从生产经营者的角度考虑，已经善意注册的，继续有效。

四、不得自行改变注册商标、注册人名义、地址或其他注册事项

商标注册人在商标注册后，必须严格按照商标注册证书上所记载的事项进行使用和管理，未经法定程序不得擅自更改。这一规定旨在维护商标的稳定性和可识别性，保护消费者和商标权人的合法权益。

假设某公司A成功注册了商标"绿野"，并在商标注册证书上明确记载了商标图案、注册人名称、地址以及核定使用的商品范围等信息。然而，在商标注册后的一段时间里，公司A由于业务发展的需要，将公司名称和地址进行了变更，但并未及时向商标局提出变更申请，而是直接在产品包装、广告宣传等场合使用了新的公司名称和地址。

此时，公司A的行为就违反了商标注册的消极条件，即"不得自行改变注册商标、注册人名义、地址或其他注册事项"。因为商标注册证书是商标权人享有商标专用权的法律凭证，其上记载的事项具有法律效力。商标权人如需变更商标注册事项，必须依法向商标局提出变更申请，并经过商标局的审查和核准后，方可生效。

如果公司 A 未经变更申请而擅自使用新的公司名称和地址，不仅可能导致消费者产生混淆和误认，损害商标的识别性和信誉度，还可能面临商标局的处罚和撤销注册商标的法律后果。

综上所述，商标注册人在使用商标的过程中，必须严格遵守商标注册的消极条件，不得擅自改变注册商标、注册人名义、地址或其他注册事项。如需变更商标注册事项，应及时向商标局提出变更申请，并按照规定办理相关手续。

五、其他消极条件

在商标注册和使用的过程中，还存在其他消极条件。诸如，商标使用不得导致消费者混淆或误认。商标作为商品或服务的标识，其根本目的在于帮助消费者区分不同来源的商品或服务。因此，商标注册和使用时不得导致消费者对商品或服务的来源产生混淆或误认。这是保护消费者免受误导和欺诈的重要举措。违反此消极条件的商标使用行为将构成商标侵权，可能面临法律责任，包括停止侵权、赔偿损失等。另外，不得损害社会公共利益或公共秩序。社会公共利益和公共秩序是社会稳定和发展的基石。商标注册和使用时不得损害这些基本价值，以确保社会的和谐与稳定。违反此消极条件的商标注册和使用行为将受到法律的制裁，可能面临商标无效宣告、罚款等法律后果。

思考题：

1. 如何判断商标的显著性？
2. 简述商标注册的消极条件。
3. 禁止作为注册商标使用的标志有哪些？

第十七章 商标权

【内容提示】

本章论述了商标权概述，其内容主要包括：（1）商标权的内容；（2）商标权的特征；（3）商标权的主体；（4）商标权人的义务；（5）商标权的取得方式。

第一节　商标权的内容

商标经核准注册之后，注册人就取得了"商标专用权"。就注册商标而言，"商标专用权"就是商标权。

一、商标专用权的概念

商标专用权，是指注册人对其注册商标在核定使用的商品或服务上享有的专用权，即在一定范围内排斥他人使用的权利。《商标法》第 56 条规定："注册商标的专用权，以核准注册的商标和核定使用的商品为限。""核准注册的商标"是指登载在商标注册簿上的商标，即商标局注册在案的组成商标的文字、图形、字母、数字、三维标志、颜色组合和声音，以及上述要素的组合。"核定使用的商品"是指注册时核准使用的指定商品类别中的具体商品。

在"核定使用的商品"上，商标注册人得以专有地使用核准注册的商标，使注册商标与其商品或服务的特定来源之间建立起固定的、唯一的联系，以便消费者实现"认牌购物"，避免对商品来源产生混淆。如果他人未经许可在同一种商品上使用与注册商标相同的商标，一般情况下会导致相关公众误认为该商品来源于商标注册人，因此构成商标侵权。此外，《商标法》还规定了商标的另行申请与重新申请制度。《商标法》第 23 条规定，注册商标需要在核定使用范围之外的商品上取得商标专用权的，应当另行提出注册申请；第24条规定，注册商标需要改变其标志的，应当重新提出注册申请。

二、商标权的效力

"商标专用权"并非指商标权人有在核定使用的商品上使用注册商标的绝对自由，而是指注册商标在此范围内具有很强的排他效力，商标权人可以排斥他人未经许可的使用，也可以基于这种排他效力要求他人在获取许可后才能使用。而商标权人自己对注册商标的使用，并不是商标专用权的体现。因为即使该商标没有注册，只要对该商标的使用没有侵犯他人的权利或因其他原因受法律禁止，经营者就可以使用该商标。相反，即使商标已经注册，如果对该注册商标的使用侵犯了他人的权利或因其他原因受法律禁止，商标权人仍有可能无法使用该注册商标。

商标专用权的排他效力有两个层次。在这两个层次中，商标专用权的排他效力有所区别。商标专用权排他效力的第一个层次，是排斥他人在同一种商品上使用与注册商标相同的商标。使用与注册商标相同的商标，容易导致混淆，从而破坏注册商标的识别功能，构成对商标专用权的侵害。商标专用权排他效力的第二个层次，是排斥他人在同一种商品上使用与注册商标近似的商标，或者在类似商品上使用与注册商标相同或者近似的商标。这类行为是否容易导致混淆，与注册商标的显著性、知名度等一系列因素相关。因此，只有能够证明此类行为容易导致混淆时，商标专用权才予以排斥，实施此类行为才会构成对商标专用权的侵害。

《最高人民法院关于审理注册商标、企业名称与在先权利冲突的民事纠纷案件若干问题的规定》第1条第1款明确规定：原告以他人注册商标使用的文字、图形等侵犯其著作权、外观设计专利权、企业名称权等在先权利为由提起诉讼，符合《民事诉讼法》第119条[1]规定的，人民法院应当受理。该款规定具有十分重要的意义。据此，商标权人使用注册商标的行为如果侵犯了他人的在先权利，他人仍然可以直接提起民事诉讼，并非必须先通过商标争议程序宣告该注册商标无效。

---

[1] 2023年《民事诉讼法》修正后，该条已变更为第122条。

第二节　商标权的特征

商标权作为知识产权的一种，具有多个显著特征，这些特征共同构成了商标权的基本属性和法律保护的基础，为商标注册人提供了有效的法律保障和经济利益。商标权主要特征主要表现在：

一、独占性

商标权的核心特征之一是独占性，即商标注册人对其注册商标享有独占使用权。这种独占性意味着只有商标的注册所有者才有权在指定商品或服务上使用该商标，并有权禁止他人在相同或类似商品或服务上使用相同或近似的商标。这种独占性是通过商标注册制度实现的，旨在保护商标注册人的合法权益，防止消费者混淆和误认。

二、显著性

商标应当具有显著特征，这是商标的核心要求之一。显著性体现在商标能够区分不同商品或服务的来源，使消费者能够轻易识别并记住。商标的显著性是商标注册和保护的基础，缺乏显著性的商标将难以获得注册，也无法有效保护商标注册人的权益。

三、地域性

商标权的保护具有地域性，即商标权只在注册商标的国家或地区有效。这意味着商标注册人只能在其注册国家或地区内享有商标专用权，并受到该国或地区法律的保护。如果商标注册人希望在其他国家或地区获得商标保护，必须在该国或地区进行商标注册或通过国际商标注册途径实现。

四、时效性

商标权是一种有期限的权利，即商标专用权的有效期限是有限的。在有效期限之内，商标专用权受法律保护；超过有效期限不进行续展手续，商标权将不再受到法律的保护。不同国家的商标法对商标专用权的保护期限有不同的规定，但大多数国家都规定了至少10年的保护期限。在我国，《商标法》

规定注册商标的有效期为 10 年，自核准注册之日起计算。有效期满后，商标注册人可以申请续展注册，每次续展注册的有效期也是 10 年。

五、可转让性

商标权具有可转让性，即商标所有者可以将其商标权转让给他人。这种转让可以是全部转让，也可以是部分转让。商标权的转让需要符合法律规定的条件和程序，包括签订转让合同、办理转让登记等。通过商标权的转让，商标所有者可以实现商标价值的最大化，同时也为商标的使用和发展提供了新的机会。

六、价值性

商标权具有价值性，是企业的重要资产之一。商标代表着企业的信誉和形象，通过商标的创意、设计、注册、宣传及使用，商标具有了价值，并能增加商品的附加值。商标的价值可以通过评估确定，并可以有偿转让或许可他人使用。因此，商标权不仅具有法律保护的意义，还具有经济价值和社会价值。

七、依附性

商标权具有依附性，即商标必须依附于具体的商品或服务存在。商标是商品或服务的标记，不能与商品或服务分离。商标权的行使和保护都离不开具体的商品或服务，否则商标权将失去其存在的意义和价值。

第三节 商标权的主体

商标权的主体是指依法享有商标权的人。在我国，只有依照法定程序注册商标才能取得商标权。所以商标权人亦称注册商标所有人。商标权主体包括自然人、法人或者其他组织。

一、商标权主体的范围

商标权主体范围指可以成为商标权主体的范围。各国商标法一般都规定了在本国可以成为商标权主体的范围。通常情况下，凡是从事工商业经营活动的或具有真诚的商业意图，需要获得注册商标权的主体，都可以申请注册商标，都可以成为商标权的主体。当今世界上的绝大多数国家和相关的国际条约都作了这样的规定。

根据我国《商标法》及相关法律法规的规定，商标权主体的范围广泛，主要包括以下几类：

（一）自然人

虽然在中国，自然人直接申请商标注册受到一定限制（目前暂不允许个人直接申请商标注册，但个人可以作为个体工商户或农村承包经营户等身份申请），但在国际上或特定情况下，自然人仍可以作为商标权的主体。他们可以通过合法途径，如个体工商户、个人合伙等形式，申请并享有商标权。

（二）法人

第一，企业。依法登记并能独立承担民事责任的工商企业，包括有限责任公司、股份有限公司等，是商标权的主要主体之一。这些企业可以通过商标注册来保护自己的品牌，防止他人侵权。

第二，事业单位。具有法人资格的事业单位，如学校、医院、科研机构等，在提供服务或生产、制造、加工、拣选、经销商品时，也可以使用并注册商标。

（三）其他组织

第一，社会团体。提供服务或经核准生产、制造、加工、拣选、经销商品的需要使用商标的社会团体，如行业协会、商会等，也可以申请注册商标，以维护团体成员的共同利益。

第二，个体工商户。依法取得工商登记，并能独立承担民事责任的个体工商业者，他们可以以个人名义或个体工商户的名义申请商标注册。

第三，个人合伙。由两个或两个以上的自然人通过订立合伙协议，共同出资经营、共负盈亏、共担风险的企业组织形式。个人合伙也可作为商标权的主体申请商标注册。

（四）外国人或外国企业

外国人或外国企业在中国申请商标注册的，应当按其所属国与中国签订的协议或者与中国共同参加的国际条约办理，或者按照对等原则办理。这意味着，只要符合相关条件，外国人或外国企业也可以在中国享有商标权。

二、商标权的共有

商标权的共有，是指两个或两个以上的自然人、法人或其他组织就某一商标共同享有商标权。商标权共有的前提是两个或两个以上的自然人、法人或其他组织可以共同向商标局申请注册同一商标。

依照 1993 年《商标法》，我国不允许商标权共有。对于两个或两个以上的申请人在同一种商品或服务上就同一商标申请商标注册的，初步审定并公告先申请人的注册申请，对同一天提出申请的，初步审定并公告先使用人的注册申请，而对于均未使用或无法证明先使用的，由各申请人协商，协商不成的在商标局的主持下由申请人抽签决定或者由商标局裁定。换言之，无论是协商，还是抽签或由商标局裁定，最终只能有一个申请人的申请被核准注册。

大多数国家和地区的商标法都规定了商标权的共有，实践中有不少要求在中国领土延伸的商标权共有的国际注册申请，商标局也接受了这类申请。无论是国内的实际情况，还是相关的国际条约都要求法律承认并保护共有商标权。2001 年修正《商标法》时，新增的第 5 条规定："两个以上的自然人、法人或者其他组织可以共同向商标局申请注册同一商标，共同享有和行使该商标专用权。"2013 年和 2019 年《商标法》第 5 条亦作如是规定。这一规定为保护共有商标权提供了法律依据。

我们认为上述规定也为公正、妥善解决就同一种商品或类似商品上，以相同或近似的商标在同一天向商标局提出且为同日使用或均未使用的商标注册申请人，以共同申请注册的方式解决将来商标权归属的问题，提供了可能性。

第四节　商标权人的义务

商标权人的义务是《商标法》规定的重要内容。这些义务是商标权人行使商标权利的基础和前提，也是维护商标市场秩序和保护消费者权益的重要保障。商标权人的义务主要包括：

一、缴纳各项费用

商标权人需要按照商标法及相关规定，及时缴纳商标注册、续展、转让、变更等过程中的各项费用。这些费用是商标权人获得和维持商标专用权的必要条件，也是商标管理机关提供服务的资金来源。商标权人应当按时缴纳费用，避免因未缴费而导致商标权利的丧失。

二、标明注册标记

虽然标明注册标记并非强制性的规定（根据《巴黎公约》和我国《商标法》的相关规定），但商标权人有权并建议标明"注册商标"或注册标记（如©）。这有助于树立商标信誉，增强消费者对商品质量的信任感，同时向其他经营者表明该商标已经注册，避免或减少侵权行为的发生。商标权人应当在商品、商品包装、说明书或其他附着物上正确、规范地使用注册标记。

三、依法使用注册商标

商标权人应当在合法范围内使用注册商标，遵守《商标法》的相关规定，主要体现在：一是不得擅自改变注册商标的标志、注册人名义、地址或其他注册事项。商标注册人名义、地址等事项是商标注册中的重要事项，事关注册商标的有效管理、注册商标权人以及利害关系人的利益。不经变更申请而改变注册人名义、地址，将切断商标注册人与商标管理机关的联系，影响相关文书的送达和官费的收缴。二是不得自行转让注册商标。注册商标的转让意味着注册商标主体的变化。为了便于商标管理和充分保护利害关系人的利益作出了限制。三是不得连续三年停止使用注册商标。注册商标没有正当理由连续3年不使用，说明该商标权的保护已经无法促进市场经济的发展，国家自然没有必要再耗费成本，维持该商标效力及于全国的强大排他权。否则，将会造成妨碍他人选择商标自由、阻碍产业发展的后果。商标权人应当确保使用注册商标的行为符合《商标法》的规定，避免因违法使用而导致商标权利的丧失或受到处罚。

四、保证商品质量

商标权人应当对其使用注册商标的商品质量负责，确保商品符合相关法律法规和标准的要求。商标作为商品或服务的标识，直接关系到消费者的购买决策和品牌形象。因此，商标权人必须严格把控商品质量，不得粗制滥造、以次充好，损害消费者的合法权益和商标的声誉。在商标许可使用中，商标权人还需对被许可人的商品质量进行监督，确保被许可人使用注册商标的商品质量符合要求。

五、许可和转让的合规性

商标权人在许可他人使用其注册商标或转让注册商标时，应当遵循商标法及相关法律法规的规定。许可使用应当签订书面合同并报商标局备案（虽然备案并非强制性要求，但建议进行备案以保护双方权益）；转让注册商标应当共同向商标局提出申请，并由商标局核准公告，受让人自公告之日起才享有注册商标权。未经核准公告的注册商标转让，虽然转让合同成立并且生效，但并不发生注册商标权转移的法律后果。商标权人应当确保许可和转让行为的合法性和合规性，避免因不当操作而导致商标权利的丧失或产生纠纷。

第五节 商标权的取得方式

按照商标是否为取得商标权的人所创设，可将商标权的取得方式划分为原始取得与传来取得。

一、原始取得

原始取得亦称直接取得，是指商标是由商标权取得人创设的，其取得之商标权是最初直接取得的，而不是基于他人已存在之权利。这种取得方式亦称商标权的绝对发生。纵观商标保护制度的历史，可以看出在不同历史阶段，商标权取得方式的主流也不尽相同。最早以法律形式保护商标的普通法系国家的判例法对商标保护的前提是商标是否在公众中享有盛誉，而商标的使用又是商标建立声誉的前提，所以在相当长的时期内，普通法系国家实行以使用确立商标权的制度。而自1857年法国颁布《关于以使用原则和不审查原则为内容的制造标记和商标的法律》以后，大陆法系国家相继确立了以注册确立商标权的制度。当今世界各国对商标权的原始取得大体上采用三种不同的原则。

(一) 使用原则

使用原则是指商标在商业活动中的真实使用是取得商标权的根据，注册仅是享有商标权的初步证据。在商标权的归属发生争议时，以商标使用的先后来确定商标权的归属，最先使用商标的人获得商标权，受法律保护，并可请求撤销在后使用人已经注册的相同或近似的商标。

商标的基本功能是识别商品或服务的来源，而只有通过在商业活动中真实地使用，即将特定的商标标识使用在特定的商品或服务上进行流通，才能使消费者将该标识与特定的商品或服务联系起来，商标才能发挥识别作用。即只有通过真实的商业使用，商标的识别作用才能建立并不断增强。商标不在商业活动中使用，无从发挥识别作用，法律没有保护的必要。从这个意义上说，使用取得原则是合理的。

美国是采取商标权使用取得原则的国家。1988 年之前，《美国商标法》规定未实际使用的商标注册申请不被接受。1988 年修改《美国商标法》以后，未实际使用的商标只要声明使用意图也可以接受申请，但申请人必须在规定的期限内提交实际使用的证据，专利商标局才进行审查，超过期限没有提交实际使用证据的，申请失效。注册申请构成对该商标的推定使用，授予其在申请注册的商品或服务上全国有效的优先权。如果发生抵触申请，商标权归最先使用商标的人。注册具有推定通知的效力。已经取得注册的商标，在先使用人自注册之日起 5 年内可以申请宣告注册无效，超过 5 年，注册便不可争议，除非该注册是恶意取得的。因此，在使用取得原则的美国，注册仍然非常重要。

(二) 注册原则

注册原则是指以注册作为商标权取得的根据，由商标注册申请在先者取得商标权。这一原则与使用原则最大的区别在于，它是以申请注册的先后来确定商标权的归属，谁最先提出商标注册申请，商标权就授予谁。获准注册后，商标权人就可禁止其他人使用该商标。依注册原则，商标只有经过申请注册，商标使用人才能获得商标权，受法律保护，而且即使是未使用过的商标，也同样可以申请注册。这一原则，一般来说并不注重商标是谁最先使用的，而是注重谁最先要求获得使用这一商标的法律授权，即谁最先提出注册申请。只有在两个或两个以上的申请人于同一时间在同一种商品或类似商品上，以相同或近似的商标申请注册时，才可能考虑谁是先使用人。

注册原则可以有效地弥补使用原则的缺陷。首先，注册是一种有力的公示方法。商标注册制度的建立是为了提高商标制度的效率，增加其操作性和可行性而建立的一套检索、确认和公示机制，其目的是对商标权的归属状态进行备案，从而为商标权的产生起到了一种"表面证据"的作用，在形式上赋予了当事人合法行使权利的条件。其次，注册可以强化商标权利归属的安定性。商标注册可以使权利人非常确定地在商标获得注册之日起便获得法律的保护。权利人的举证责任也非常简单，因为注册即公示，权利人不必再费力保存使用在先的证据，从而为其商品促销、包装设计和商业广告的进一步开展营造了良好的"安全环境"，进而强化了投资回报的预期性和确定性。最后，注册是一种有效的信息工具。商标注册的一个重要特点是注册信息的公开，为此，一方面可以向公众表明哪些商标已被注册，提醒市场竞争者在经营活动中尽量避免注册与之相似或相同的商标，以免带来不必要的市场投入或额外损失，提高市场效率，节约经济资源，调和经营秩序；另一方面，可以有助于与该注册商标可能相关的商人及消费群体可以以更快的速度、更低的成本获得与该注册商标有关的信息，降低商标信息的搜寻成本，从而有效地发挥"信息工具"的作用。

在贸易全球化的当今世界，注册取得原则相对于使用取得原则，在安全和效率方面具有比较优势，所以目前世界上绝大多数国家采取注册取得原则。我国商标法也属于这一类型。

（三）混合原则

混合原则是上述两原则的折中适用原则。依这种原则，商标权需经申请注册才能取得，但是在核准注册后的一定时间内，给先使用人以使用在先为由提出撤销已注册的与自己先使用的商标相同或近似商标的机会。只有经过一定期限后，没有先使用人主张权利，核准注册的商标才取得稳定的商标权。依这一原则，先使用人只要在法律规定的期间内提出对后使用人注册的撤销请求，不仅可以撤销其注册商标，而且可以获准注册，取得商标权。德国等少数国家商标法采用了此原则。

比较商标权取得的三种不同原则，从商标权的性质、特点上看，这一原则似乎最为合情合理，但它却存在着一个不可克服的问题，即一旦发生争议，很难查明谁是先使用人。而且采取这一原则，使已经注册的商标长期处于不稳定状态，不利于商标注册所有人为扩大商标市场影响的投入。商标的最先使用人也会因自己是先使用人而不去主动申请注册。而注册原则虽然克服了使用原则的不足之处，使注册的商标获得安定的权利，也无需查明谁是最先使用人，但带来了一个更为严重的问题——抢注他人的商标，并且会使这种不正当竞争行为合法化。尽管采取这一原则会促进先使用人及时申请注册，但先使用人如果未及时申请注册，他人一旦提出注册申请，先使用人很难寻求有效的法律救济。真正的商标创设人，即首先将某一商标与特定商品联系在一起的人可能因为未及时申请注册，不仅不能获得商标权，而且会被禁止继续使用自己所创设的商标。混合原则显然是充分注意到上述两项原则存在的固有弊端而采取的一种折中方案。

二、传来取得

传来取得亦称继受取得，是指商标权人取得之商标权是基于他人已存在之权利而产生，而非最初直接取得。这种取得也称为商标权的相对发生。传来取得包括：一是商标权的转让，即根据转让合同，受让人有偿或无偿取得出让人之商标权。《商标法》第42条规定："转让注册商标的，转让人和受让人应当签订转让协议，并共同向商标局提出申请……转让注册商标经核准后，予以公告。受让人自公告之日起享有商标专用权。"二是商标权转让以外的其他移转，即商标权因转让以外的其他事由发生的移转，包括继承人根据继承程序继承被继承人的商标权和法人因兼并、合并、破产等原因发生的商标权移转。

> **思考题：**
>
> 1. 简述商标权的效力。
> 2. 商标权的特征是什么？
> 3. 简述商标权人使用商标的义务。
> 4. 简述商标权的取得方式。

第十八章
商标注册与注册商标的变动

【内容提示】

本章论述了商标注册与注册商标的变动,其内容主要包括:(1)商标注册的申请;(2)商标注册的审查和核准;(3)注册商标的期限、续展与变更;(4)注册商标的转让和转移;(5)注册商标的使用许可;(6)注册商标的终止。

第一节 商标注册的申请

我国采取商标权注册取得原则和自愿申请原则,强制注册是例外。目前我国只有《烟草专卖法》要求烟草制品必须使用注册商标,其他商品和服务是否申请商标注册,由经营者根据需要自主决定。经营者要想取得商标权,需按规定的格式提出申请,经过注册机关审查核准,依法注册,自注册之日起取得商标权。

一、申请主体

《商标法》第4条第1款规定:"自然人、法人或者其他组织在生产经营活动中,对其商品或者服务需要取得商标专用权的,应当向商标局申请商标注册。不以使用为目的的恶意商标注册申请,应当予以驳回。"根据该条规定,申请商标注册的主体须具备以下条件:

第一,注册商标的申请人是自然人、法人或者其他组织。其他组织指依法能够取得权利、承担责任的组织,如合伙。

第二,申请人从事生产经营活动。商标是商事活动中使用的标志,不从事生产经营活动的人,如政府、党委机关,不能申请商标注册。我国《商标法》第 4 条明确规定了申请人须是"从事生产经营活动"的人,而且须在其生产经营的商品或服务上申请商标注册。针对不从事生产经营活动的自然人申请商标注册待价而沽的问题,商标局专门发布了《自然人办理商标注册申请注意事项》,规定我国自然人申请商标注册、转让等,应当限于个体工商户、农村承包经营户和其他依法获准从事经营活动的自然人,且其申请注册的商品和服务的范围应以其营业执照或有关登记文件核准的经营范围为限,或者以其自营的农副产品为限。

外国人或者外国企业在中国申请商标注册的,应当按其所属国和中华人民共和国签订的协议或者共同参加的国际条约办理,或者按对等原则办理。

二、申请文件

（一）申请文件的意义

申请文件是商标局审查的对象。申请文件的质量不仅影响申请是否能够得到批准以及批准的速度,而且会影响商标权的效力范围。因此,申请人应充分重视申请文件的撰写。为了提高申请的质量和获得批准的概率,申请前应认真进行市场调查和商标查询。市场调查是指对市场上同类商品或服务的商标、装潢和消费者偏好的调查。这种调查是为了帮助经营者选择一个好的、可能受消费者喜爱的商标。商标查询就是到商标局的商标数据库中查看自己拟申请注册的商标与他人已经注册或在先申请的商标是否相同或者近似。申请人可通过国家知识产权局商标局网站查询。

（二）具体申请文件

申请商标注册需向商标局提交以下申请文件：

1. 商标注册申请书。我国实行一件商标一份申请的原则,每一件商标注册申请应当向商标局提交《商标注册申请书》1 份、商标图样 1 份。申请书应当按照商标局公布的商品和服务分类表填报指定使用的商品或服务。商品或者服务项目名称应当按照商品和服务分类表中的类别号、名称填写;商品或者服务项目名称未列入商品和服务分类表的,应当附送对该商品或者服务的说明。以颜色组合或者着色图样申请商标注册的,应当提交着色图样,并提交黑白稿 1 份;不指定颜色的,提交黑白图样。以三维标志申请商标注册的,应当在申请书中予以声明,说明商标的使用方式,并提交能够确定三维形状的图样,提交的商标图样应当至少包含三面视图。以声音标志申请商标注册的，应当在申请书中予以声明，提交符合要求的声音样本，说明商标的使用方式，并提交以五线谱或者简谱对该声音的描述并附加文字说明；无法以五线谱或者简谱描述的，应当以文字加以描述。商标为外文或者包含外文的，应当说明含义。商标注册申请可以以纸质方式提交，也可以用数据电文方式提交。

2. 申请人主体资格证明文件复印件1份。

3. 委托代理组织申请的，应提交《商标代理委托书》1份。直接办理的，应提交经办人员身份证明的复印件1份。

申请集体商标注册的，还应提交申请人主体资格的文件和复印件，集体商标使用管理规则，集体组织成员名单。申请证明商标注册的，还应提交申请人主体资格的文件和复印件，并详细说明其具有的或者其委托的机构具有的专业技术人员、专业检测设备等情况，以证明其具有监督该证明商标所证明的特定商品品质的能力。此外，还要提交证明商标使用管理规则。

外国人申请人要求优先权的，应当在提交申请书时声明，并在同时或者自申请之日起3个月之内提交优先权证明文件。

第二节 商标注册的审查和核准

一、审查原则

目前世界上有两种商标审查制度，一种是不审查原则，即商标局只进行形式审查和对商标不得注册的绝对事由的审查，不主动审查申请注册的商标是否与在先权利相冲突（相对事由），与在先权利冲突的问题通过异议程序处理。法国、德国、英国、意大利、比利时、荷兰、卢森堡、西班牙等欧盟成员国以及韩国等，采用不审查原则。另一种是全面审查原则，即对于申请注册的商标标识是否属于法律规定不能作为商标注册的标志，包括绝对不能作为商标注册的和因为与在先注册或者初步审定商标权利相冲突（商标不得注册的相对事由）而不能注册的，都由商标局主动进行审查，并作出是否核准注册的决定。

我国在第三次商标法修改过程中，对是否应当采取不审查原则进行过一些讨论。认为应当采取不审查原则的理由主要有：（1）相对事由属于私权之间的冲突，私权的保护应当由权利人主张；（2）相对事由留待在先权利人提出异议时再进行审查，可以更准确地判断是否存在权利冲突；（3）不主动审查相对事由可以避免注册簿中的"死亡"商标阻碍他人的商标注册；（4）有利于提高审查效率，降低行政成本。反对的意见认为，不审查原则不符合我国当前的国情，会带来更多问题：（1）将会导致冲突商标并存注册的数量增加，使纠纷处理成本增大；（2）不利于保护消费者权益和维护正常的社会经济秩序；（3）可能助长恶意注册；（4）增加注册人的维权成本。争论的结果认为，目前我国采不审查原则的时机尚不成熟，所以，现行《商标法》仍采全面审查原则。

二、审查方式

我国对商标注册申请的审查分为形式审查和实质审查。

（一）形式审查

形式审查的事项包括申请人是否具备申请商标注册的主体资格；申请文件的填写是否符合要求；申请手续是否齐备；是否已经缴纳申请费。申请手续齐备并按照规定填写申请文件，且缴纳了申请费的，商标局予以受理，给予申请日。申请日以商标局收到申请文件的日期为准。申请手续不齐备、未按照规定填写申请文件或者未缴纳费用的，商标局不予受理。申请手续基本齐备或者申请文件基本符合规定，但是需要补正的，通知申请人，限其自收到通知之日起30日内按照指定内容补正。在规定期限内补正并交回商标局的，保留申请日；期满未补正或补正后仍不符合要求的，不予受理并书面通知申请人。

（二）实质审查

实质审查是对申请注册的商标是否符合《商标法》规定的注册条件的审查。分为以下两种情形：

1. 对商标不得注册的绝对事由的审查。《商标法》第10条规定的不能作为商标使用的标志和第11条、第12条规定的不能作为商标注册的标志，都属于绝对不得注册的标志，又称为商标不得注册的绝对事由。第11条规定的是缺乏显著性的标志，如"本商品的通用名称、图形、型号"，"直接表示商品的质量、主要原料、功能、用途、重量、数量及其他特点的"，以及"其他缺乏显著特征的"。这些标志经过使用获得显著特征，并便于识别的，可以申请注册。商标审查实践中对显著性的审查遵循五个原则，即结合商品和服务审查的原则、结合相关公众审查的原则、结合实际使用审查的原则、整体审查的原则和考虑公共利益的原则。第12条规定由商品自身的性质产生的形状、为获得技术效果而需有的商品形状或者使商品具有实质性价值的形状，不得作为商标注册。禁止此类三维标志注册，是为了防止借商标注册垄断产品或技术，维护竞争自由。

申请注册的商标有上述情况之一的，商标局应驳回申请，不予公告，并通知申请人。申请人不服的，可以申请复审。

2. 对商标不得注册的相对事由的审查。《商标法》第32条规定，申请商标注册不得损害他人现有的在先权利，也不得以不正当手段抢先注册他人已经使用并有一定影响的商标。对申请注册的商标是否与他人在先权利或权益相冲突的审查，是商标注册审查中最主要、最复杂的工作，涉及在先权利的种类，标志相同、近似和商品或服务类似的判定标准和方法等技术性很强的问题。申请注册的商标与在先权利或权益的冲突属于民事主体之间的利益冲突，因此被称为拒绝注册的相对事由。

影响商标注册的在先权利包括他人的注册商标专用权、著作权、肖像权、姓名权、外观设计专利权、商号权等。此外，知名商品特有名称、包装、装潢，他人初步审定公告的商标，他人在先使用的驰名商标以及在先使用并有一定影响的商标等，都是阻止商标注册的在先权益。显然，商标局不可能将所有在先权利或权益都纳入审查范围，因为这实际上无法做到。商标局对相对事由的审查，实际上限于依据《商标法》第30条的规定，对申请注册的商标是否与他人的注册商标或在先申请并初步审定的商标相冲突，即是否相同或者近似的审查。

商标相同是指两个商标标识在视觉上基本无差别，使用在同一种或者类似的商品或服务上容易使相关公众对商品或服务的来源产生误认。商标近似是指作为商标标识的文字字形、读音、含义近似，作为商标标识的图形的构图、着色、外观近似，或者文字和图形组合的整体排列组合方式和外观近似，立体商标的三维标志的形状和外观近似，颜色商标的颜色或颜色组合近似，使用在同一种或者类似商品或服务上容易使相关公众对商品或服务的来源产生误认。同一种商品或服务包括名称不同但指同一事物或者内容的商品或服务。类似商品是指在功能、用途、生产部门、销售渠道、消费对象等方面相同或基本相同的商品。类似服务是指在服务的目的、内容、方式、对象等方面基本相同的服务。同一种或类似商品或服务的认定以《商标注册用商品和服务国际分类表》和《类似商品和服务区分表》作参考。审查时，应先判断两个商标指定使用的商品或服务是否属于同一种或者类似的商品或服务。如果属于同一种或类似的商品或服务，再进一步从商标标识的音、形、义和整体表现形式等方面，以相关公众的一般注意力为标准，采取整体观察和隔离观察的方法，判断两个商标是否相同或者近似。

如果判定申请注册的商标同他人在同一种商品或服务或者类似商品或服务上已经注册的或者初步审定的商标相同或者近似的，由商标局驳回申请，不予公告。申请人不服的，可以申请复审。没有发现驳回理由的，给予初步审定并公告。两个或两个以上的申请人在同一种商品或服务或类似商品或服务上，以相同或近似的商标申请注册的，初步审定公告申请在先的商标；同一天申请的，初步审定公告使用在先的商标。与其他在先权利或权益是否存在冲突，需通过异议程序解决。

商标局对注册申请的审查时限为自商标局收到申请文件之日起9个月。商标局在审查过程中认为申请内容需要说明或修正的，可以要求申请人作出说明或者修正。申请人未作出说明或者修正的，不影响商标局作出审查决定。

三、异议

异议是由在先权利人或者利害关系人和公众对商标局初步审定公告的商标注册申请反对意见，以保护自己的在先权益和公共利益的程序。各国商标法都有异议程序，主要的区别在于，有的国家先异议后注册，有的国家先注册后异议。我国属于前者。

（一）异议理由

根据《商标法》的规定，提出异议的理由分为两类：一类是申请注册的商标损害他人的在先权利或权益，包括损害他人驰名商标权益的；代理人、代表人未经授权以自己名义将被代理人、被代表人的商标进行注册的；申请人与在先商标使用人具有上述关系以外的合同、业务往来关系或者其他关系，明知为他人的商标而申请注册的；商标标志中包含有商品的地理标志，但该商品并非来源于该标志所标示的地区，误导公众的；申请注册的商标与他人在同一种或者类似商品或服务上已经注册或初步审定公告的商标相同或者近似的；其他损害他人在先权利的以及以不正当手段抢先注册他人已经使用并有一定影响的商标的；等等。违反《商标法》第13条第2款和第3款、第15条、第16条第1款、第30、31、32条规定的，基于上述理由的异议，只能由在先权利人或者利害关系人提起申请。另一类是申请注册的商标标识是《商标法》第10条规定的不得作为商标使用的标志和第11条、第12条规定的因缺乏显著性而不得作为商标注册的标志。这类商标注册申请，事关公共利益，任何人都可以提出异议。

（二）异议程序

我国《商标法》第33条对异议程序作出了规定："对初步审定公告的商标，自公告之日起三个月内，在先权利人、利害关系人认为违反本法第十三条第二款和第三款、第十五条、第十六条第一款、第三十条、第三十一条、第三十二条规定的，或者任何人认为违反本法第四条、第十条、第十一条、第十二条、第十九条第四款规定的，可以向商标局提出异议。公告期满无异议的，予以核准注册，发给商标注册证，并予公告。"对此，异议程序的要点在于：（1）异议对象是初步审定公告的商标。（2）异议时间自公告之日起3个月内。（3）异议主体分两种情况。一种是在先权利人、利害关系人；针对特定条款（如第13条第2、3款等）；另一种是任何人，针对商标法的一般性规定（如第4条、第10条等）。（4）异议依据商标法相关条款，包括但不限于注册商标的绝对理由和相对理由。（5）结果处理。如果公告期满无异议，核准注册，颁发商标注册证，并再次公告；如果有异议：进入异议审查程序，根据异议理由和证据进行裁定。

四、复审

（一）复审的受案范围的意义

复审在商标法上称为商标评审。按照商标法的规定，复审案件包括以下几种：（1）注册申请人对商标局在注册审查阶段作出的驳回注册申请的决定不服的，简称为驳回申请复审。（2）被异议人（注册申请人）对商标局在异议程序中作出的不予注册决定不服的，简称为不予注册决定复审。（3）当事人对商标局依职权作出的商标注册无效决定不服的，简称为无效决定复审。（4）当事人对商标局作出的撤销或不撤销注册商标决定不服的，简称为撤销决定复审。作为商标注册程序的复审，仅指（1）（2）两种。

复审是向商标申请人、注册人提供的一种救济程序，是由复审机构根据当事人的申请，对商标局的相关决定进行审查，对于提高商标注册质量、保护当事人和相关公众的利益，具有重要的意义。

(二) 复审程序

当事人向商评委申请复审的时限是自收到相关通知之日起 15 日。申请复审，应当提交申请书，并按照对方当事人的数量提交相应份数的副本。基于商标局的决定书申请复审的，还应当同时附送商标局的决定书副本。申请书应当有明确的复审请求和所根据的事实、理由以及法律依据，并提供相应的证据。申请人还应按规定缴纳复审费。

复审机构收到申请书后，经审查符合受理条件的，予以受理；不符合受理条件的，不予受理，书面通知申请人并说明理由；需要补正的，通知申请人自收到通知之日起 30 日内补正。期满未补正的，视为撤回申请，并书面通知申请人。经补正仍不符合规定的，不予受理，书面通知申请人并说明理由。

复审机构受理申请后，应及时将申请书副本送达对方当事人，限其自收到申请书副本之日起 30 日内答辩，期满未答辩的，不影响复审机构的评审。审理不服商标局不予注册决定的复审案件，应当通知原异议人参加并提出意见。原异议人不参加或不提出意见的，不影响案件的审理。

复审机构根据当事人的请求或者实际需要，可以决定对评审申请进行口头审理。决定进行口头审理的，应当在口头审理 15 日前书面通知当事人，当事人应当在通知书指定的期限内作出答复。申请人不答复也不参加口头审理的，其评审申请视为撤回，复审机构应书面通知申请人；被申请人不答复也不参加口头审理的，可以缺席审理。

申请人在复审机构作出决定、裁定前，可以书面要求撤回申请并说明理由，复审机构认为可以撤回的，评审程序终止。申请人撤回商标评审申请的，不得以相同的事实和理由再次提出评审申请。

复审机构对商标评审申请已经作出裁定或者决定的，任何人不得以相同的事实和理由再次提出评审申请。但是，经不予注册复审程序核准注册后向复审机构提起宣告注册商标无效的除外。

复审机构应当在规定的时限内作出评审决定。对驳回注册申请不服的复审申请，评审时限是自收到申请之日起 9 个月，有特殊情况需要延长的，经批准可以延长 3 个月。对不予注册决定不服提出的复审申请，评审时限是自收到申请之日起 12 个月，有特殊情况需要延长的，经批准可以延长 6 个月。复审所涉及的在先权利的确定必须以人民法院正在审理或者行政机关正在处理的另一案件的结果为依据的，可以中止复审程序。

五、司法审查

商标的司法审查是法院对商标主管机关的决定或裁定进行合法性审查的行政诉讼过程。法院将审查商标主管机关的决定或裁定是否符合商标法及相关法律法规的规定，包括商标注册申请的合法性、商标是否具备显著性、是否与他人在先权利冲突等。2001 年修正的《商标法》赋予当事人向人民法院起诉的权利。当事人对商评委驳回注册申请复审裁定和不予注册决定复审裁定不服的，可以自接到通知之日起 30 日内向北京知识产权法院起诉。我国立法在此之前对于当事人之间的商标争议，商评委的决定、裁定是终局决定、裁定，当事人不能向法院起诉。司法审查程序将遵循行政诉讼的一般程序，包括起诉、受理、审理、判决等环节。法院将听取当事人的陈述和辩论，审查相关证据，并根据审查结果作出判决，如果认为商标主管机关的决定或裁定合法合理，将驳回当事人的诉讼请求；如果认为存在违法或不当之处，将撤销或变更原决定或裁定。

第三节 注册商标的期限、续展与变更

一、注册商标的期限

(一) 注册商标的有效期

商标专用权可以通过对商标注册的续展一直获得保护，这是因为《商标法》的立法目的是保护经营者的商业信誉，以及防止消费者受到欺诈；只要经营活动在继续，相应的商业信誉就能通过商标得以体现，而避免消费者受骗上当的需要始终存在。这就要求对仍在使用的注册商标进行持续的保护。假如注册商标专用权也像著作权、专利权那样有保护期限，则一旦保护期届满，昨天还是商标注册人享有专用权的商标，今天就可以被任何人随意使用在相同商品或服务上，这必然导致消费者对商品或服务来源产生混淆，同时引起市场的混乱，从而背离了《商标法》的立法目的。

《商标法》第 39 条规定：注册商标的有效期为 10 年，自核准注册之日起计算。第 40 条第 1 款规定：注册商标有效期满，需要继续使用的，应当在期满前 12 个月内按照规定办理续展手续；在此期间未能办理的，可以给予 6 个月的宽展期。宽展期满仍未办理的，注销其注册商标。每次续展注册的有效期为 10 年。

如果商标注册人未能在注册商标的有效期届满前 12 个月内申请续展注册，而是在宽展期内提出申请的，在未获得核准之前，他人未经许可在相同或类似商品上使用相同或近似商标，容易导致混淆的，商标注册人仍然可以起诉他人侵权。[1] 这是因为商标局并不对续展申请进行实质审查，续展申请基本上都会被核准。因此，一旦商标注册人在宽展期内提出了续展申请，就可以预期其又可以享有 10 年的商标专用权。当然，如果商标注册人未提出续展申请，或者提出续展申请但未被核准的，该商标专用权自有效期届满后就不再受法律保护了。

（二）注册商标的注销

注销是指商标局基于法定原因行使职权而使注册商标专用权归于消灭的行为。在下列两种情况下，商标局可以注销注册商标：（1）商标注册人可以申请注销其注册商标。商标注册人可能基于某些原因不愿再维持其商标的注册。由于商标专用权本质上是私权，法律是允许权利人自行放弃的，商标注册人可以向商标局申请注销其注册商标，或者注销其商标在部分指定商品上的注册。（2）未及时办理续展手续会导致注册商标被注销。注册商标的有效期为 10 年。如果商标注册人未在注册商标有效期满前 12 个月内及 6 个月的宽展期办理续展手续，注册商标将会被商标局注销。

二、注册商标的续展

注册商标的续展是指延长注册商标的有效期。我国以及大多数国家规定注册商标的有效期为 10 年，同时规定有效期满可以续展，续展次数不受限制。商标同作品、发明创造不同，商标的识别作用以商标的实际使用为依据，商标只要在使用，就理应依法受到法律保护。因此，应当允许商标连续续展。

---

[1] 参见《最高人民法院关于审理商标民事纠纷案件适用法律若干问题的解释》（法释〔2020〕19 号），第 5 条。

TRIPS 协定第 18 条规定："商标注册应可以无限次续展。"我国《商标法》对商标续展次数没有限制，只要是"需要继续使用的"，就可以申请续展，办理相关手续，就可以连续使用注册商标。《商标法》第 40 条规定：注册商标有效期满，需要继续使用的，商标注册人应当在期满前 12 个月内按照规定办理续展手续；在此期间未能办理的，可以给予 6 个月的宽展期。每次续展注册的有效期为 10 年，自该商标上一届有效期满次日起计算。期满未办理续展手续的，注销其注册商标。商标局应当对续展注册的商标予以公告。

注册商标续展应符合下列条件：

1. 必须在法定时间内提出续展申请。依据我国《商标法》的规定，续展期限为注册商标有效期届满前 12 个月。若因不可抗力或意外事件导致未能在法定时间内提出续展申请的，给予 6 个月的宽展期。设立 6 个月宽展期的目的是使注册人有充足的时间办理续展手续，从而对商标权进行周密的保护。若在法定期间内未提出续展申请的，由商标局注销其注册商标，该商标权自动终止。自注销之日起 1 年内，商标局对与该商标相同或近似的商标注册申请不予核准。

2. 应当提交规定的文件。申请文件包括续展申请书 1 份、商标图样 10 张。申请注册商标续展的，需要交纳申请费和注册维持费，宽展期内申请续展的应缴纳迟延金。其目的是防止续展申请人滥用续展制度，以及及时确定是否申请续展，形成稳定的商标法律关系。

申请人提交的续展文件符合规定的，商标局审查核准后，将原商标注册证加注发还，并予以公告。续展注册商标有效期从该商标上一届有效期满次日起计算，并且与该商标上一届有效期相衔接。续展申请经审查不符合续展规定的，予以驳回。对驳回续展注册申请不服的，可在收到驳回通知书之日起 15 日内，向商标评审委员会申请复审。若申请人对商标评审委员会的决定不服的，可以自收到通知之日起 30 日内向人民法院起诉。通常驳回续展申请的主要事由是：（1）过了宽展期提出续展申请；（2）自行改变原注册商标的图样；（3）自行扩大原注册商标核定使用商品范围；（4）自行转让注册商标；（5）其他违反商标法规定的事由。

为明确宽展期间注册商标的法律效力，2020 年《最高人民法院关于审理商标民事纠纷案件适用法律若干问题的解释》第 5 条规定，商标注册人或者利害关系人在注册商标续展宽展期内提出续展申请，未获核准前，以他人侵犯其注册商标专用权提起诉讼的，人民法院应当受理。

三、注册商标的变更

注册商标人的情况可能在商标注册后，因各种原因发生变化，为了避免出现名不副实的情形，《商标法》特别规定当注册人的名义、地址或者其他注册事项出现变化时，应当提出变更申请，使得商标注册簿中的记载与实际情况相一致，也保护公众因公示公信原则而产生的合理信赖。变更申请的内容包括注册人名义、地址及其他事项的变更。注册人的名义是指注册人的姓名或名称，如果姓名或名称改变（非商标主体的变更），与商标注册时申请文件中记载的不一致，又没有及时变更，可能会给商标权带来不利的后果，甚至丧失商标权。注册人的地址同样记载在商标申请文件中，若地址发生变化，应及时办理变更手续，以免妨碍商标事务和商标管理文件不能送达，给注册人造成损失，也给商标管理工作带来不便。其他注册事项的变更是指除了注册人名义、地址变更以外的事项。申请变更商标注册人名义、地址或者其他注册事项的，应当提交变更商标注册人名义申请书或变更商标注册人地址申请书或变更商标其他注册事项申请书以及变更证明各一份。上述文件经商标局核准后，发给注册人相应证明，并予以公告。我国《商标法》第41条规定了注册商标的变更。

需要注意的是，因企业合并、兼并或改制而发生商标专用权转移的，应当办理转让手续而不是变更手续，同时变更只能涉及名义、地址等事项。此外，应当注意的是，注册商标需要在核定使用范围之外的商品上使用的，应当另行提出注册申请；注册商标需要改变注册商标标识的，应当重新提出注册申请。这两种情况与变更申请人名义、地址或者其他事项不同：另行申请是基于商标权的使用范围是有限的，应以核定的商品或服务为限；重新申请是基于注册商标应以核准注册的商标标识为准；变更申请则是基于注册人名义、地址或者其他事项的变化，商标权主体没有变更。

第四节　注册商标的转让和转移

一、注册商标转让的概念

注册商标转让是指注册商标所有人依照法定条件和程序，将其注册商标所有权转移给受让人的行为。注册商标的转让是注册商标所有人（出让人）与受让人之间依法实施的民事法律行为，是市场经济发展的客观需要。其法律意义在于：

第一，合理配置和充分利用商标资源。注册商标是一种市场资源，如果配置不当或闲置不用，等于是资源的浪费，所以《商标法》要求注册人必须使用注册商标。如果连续3年停止不用的，由商标主管机关责令限期改正或者撤销注册。而注册商标的转让，则使得注册人在自己不用的情况下，可以将注册商标转让出去，让需要该注册商标的受让人使用，从而有利于商标资源的充分利用。

第二，延续使用商标专用权，避免因注册人的原因而终止。随着经济体制改革的不断深入，原有的企业特别是一些中小型国有企业出现了关、停、并、转的现象。在这种情况下，它们过去已经注册的商标，特别是其中某些使用于名优产品上的商标，面临着因权利主体消灭而终止的问题。通过注册商标的转让，可以保持那些已经为人们所熟悉的注册商标继续存在，注册商标所有人也可因此获得相应经济利益。

第三，扩大传统名牌商品出口量，促进对外贸易的发展。我国的注册商标一般是由商品的生产者享有。作为商品销售者成为注册商标专有权人的情况很少，一般是外贸公司作为商品经营主体而经核准注册对其使用商标享有专用权。同时为了促进对外贸易发展，扩大出口量，外贸公司可以采用支付转让费，获得某企业的名牌商标，利用该名牌在国外的影响打开销路，使得更多企业生产的商品能使用名牌商标，扩大外贸的货源，促进对外贸易的发展。

二、注册商标转让的原则

注册商标转让的原则是指转让注册商标时应当遵循的基本准则。目前，世界各国商标立法中对注册商标转让的原则有不同的规定。

（一）连同营业转让的原则

所谓连同营业转让的原则是指转让注册商标时，注册商标必须与企业或者与注册商标有关的业务和生产要素一起转让。连同营业转让原则，实际上是不允许单独转让注册商标。

确立连同营业转让原则的理由是，商标作为商品的一种标志，不能与其所依附的商品相分离，也不得与其所依附的生产者或者该生产者的生产要素相分离。如果允许商标与其所依附的商品或者该商品的生产者以及该生产者的生产要素相分离，即可以单独转让注册商标，将会引起不同企业同种商品的混淆，从而损害消费者的利益。特别是在企业发生出售、兼并等情况时，注册商标的转让更应当实行连同营业转让的原则，以利于维护商标信誉，保障消费者的利益。如美国、德国等一些国家就采用该原则。

（二）自由转让原则

所谓自由转让原则，是指注册商标的注册人既可以将其注册商标连同营业一并转让，也可以只转让注册商标；既可以将该注册商标所使用的非类似商品上的专用权按类别分割单独转让，也可以将该注册商标所使用的所有商品上的专用权全部转让。

确立自由转让原则的理由是，随着经济贸易的迅速发展，消费者更关心的是商品或者服务的质量本身，而不是商品的生产者或者服务的提供者。只要商品或者服务的质量没有变化，商品的生产者或者服务的提供者即使发生了变化，消费者也同样予以认可。所以，注册商标即使与其所属经营分离转让，只要质量没有降低，并不会损害消费者的利益。

目前，英国、法国等许多国家采用自由转让原则，TRIPS 协定也采用自由转让原则。该协定第 21 条规定，注册商标所有人有权决定在其转让商标时，是否将其营业一起转让。《巴黎公约》在此问题上采取折中的办法，要求转让商标须以连同转让营业或者信誉为条件，但是如果按某成员国的法律，商标的转让只有连同营业同时转让方为有效时，则只需把位于该国的那部分企业或者营业同时转让，就足以认为有效，而无须将位于该国以外的那些企业或者营业全部转让。该公约还规定，这种转让应以不使公众对商标的商品来源和品质发生误解为前提。我国《商标法》对此未作明文规定，亦即对注册商标的转让没有作出限制性的规定。这种在立法上没有限制规定的做法，也正好表明我国在商标转让问题上实行自由转让的原则，而非连同营业转让的原则。

三、注册商标转让的程序

（一）签订注册商标转让协议

注册商标的转让是一种民事法律行为，而且该民事法律行为必须由双方当事人即转让人与受让人共同实施。转让人与受让人共同实施注册商标转让行为,首先必须就注册商标的转让达成一致的意见,签订转让协议。

(二) 向商标主管机关提出申请

转让人与受让人签订注册商标转让协议以后,应当共同向商标局提出转让注册商标申请,提交转让注册商标申请书。

向商标局提出注册商标转让申请时,应当交送《转让注册商标申请书》一份,受让人《营业执照》复印件,交回原《商标注册证》,并按照规定交纳费用。转让注册商标申请手续由受让人办理。商标局收到申请以后,经过审查,确认申请手续齐备的,予以受理,否则不予受理。

(三) 经过商标局审查核准

注册商标的转让,必须经过商标局核准后,方能生效。商标局对注册商标转让申请的审查,主要包括以下几个方面:(1) 受让人是否具备商标注册申请人的资格,如法人和其他组织必须是依法成立;(2) 受让人用药品、烟草制品的注册商标,受让人是否取得了有关主管部门准许其生产该商品的证明文件;(3) 受让人是否能够保证使用该注册商标的商品质量;(4) 转让人是否将其在同一种或者类似商品上注册的相同或者近似的商标一并转让;(5) 转让人如果已经将该注册商标许可他人使用的,是否已经征得被许可使用人的同意,是否存在损害被许可使用人利益的情况等。

商标局经过审查,认为符合有关规定的,核准注册商标转让申请,发给受让人相应证明文件。

根据《商标法实施条例》的规定,商标局经过审查,对可能产生误认、混淆或者其他不良影响的转让注册商标申请,不予核准,书面通知申请人并说明理由。注册商标专用权转移的,注册商标专用权人在同一种或者类似商品上注册的相同或者近似的商标应当一并转移;未一并转移的,由商标局通知其限期改正;期满不改正的,视为放弃转移注册商标的申请,商标局应当书面通知申请人。

(四) 公告

商标局核准注册商标转让申请,除了发给受让人相应证明文件外,还应当予以公告。受让人自公告之日起享有商标专用权。受让人享有受让的注册商标的有效期限,为该注册商标剩余的有效期限,即10年减去已经过去的时间。

第五节　注册商标的使用许可

一、注册商标使用许可的概念

注册商标的使用许可是指注册商标所有人通过签订使用许可合同，许可他人使用其注册商标的行为。注册商标使用许可是注册商标所有人（许可人）与被许可人之间所设立的一种民事法律行为，也是各国商标法通行的一项法律制度。我国《商标法》第43条对此作了明确规定。建立注册商标使用许可制度具有以下重要意义：

1. 保证注册商标的充分使用。商标只有在使用中才能实现其功能，所以法律并不鼓励注册商标的闲置不用。注册商标的使用许可，可以保证注册商标的使用，从而保证注册商标不因注册人自己不使用而被撤销。

2. 有利于商标所有人实现其商标权益。商标注册人许可他人使用自己的注册商标，一般都要收取使用费，这也是注册商标所有权人对其所有的注册商标享有收益权的一种体现。同时，被许可人也可借此以较小的投资获取较高的经济效益，从而节省创造一个知名品牌所需要的巨大成本。

3. 有利于提高注册商标的知名度。注册商标只有使用于商品之上，才能为人所知。商标注册人通过注册商标使用许可的办法，允许他人使用自己的注册商标，等于是扩大了使用注册商标的商品的产量，借助他人的生产能力扩大自己占有市场份额的能力，弥补自己生产能力的不足，提高该注册商标的知名度。

二、注册商标使用许可与注册商标转让的区别

注册商标使用许可和注册商标的转让均是商标权人行使商标权的结果，商标权人均可通过对其注册商标的使用许可和转让而更好地实现其利益要求。同时，在注册商标的使用许可和转让中，被许可人和受让人都取得了注册商标的使用权。但是，注册商标的使用许可和转让毕竟存在重大区别。主要表现为：

1. 在注册商标使用许可中，许可人允许被许可人使用其注册商标，但注册商标的所有权仍然属于许可人，没有发生所有权的转移。而在注册商标的

转让中，转让人将注册商标转让给受让人，注册商标的所有权发生了转移，已经变成受让人所有。

2. 注册商标的使用许可在一般情况下不影响许可人自己使用该注册商标。在注册商标使用许可中，除了独占许可外，许可人自己仍然可以使用该注册商标。而在注册商标转让中，转让人一旦转让其注册商标，即失去了使用该注册商标的权利。

3. 在注册商标的使用许可中，许可人负有监督被许可人使用其注册商标的商品质量的义务。而在注册商标的转让中，转让人一旦转让其注册商标，就无义务监督使用该注册商标商品的质量问题。

4. 在注册商标的使用许可中，只要双方当事人签订的使用许可合同生效，就产生了相互之间的权利义务关系，不需要经过商标局的核准。而在注册商标的转让中，即使双方当事人签订了转让协议，在没有获得商标局核准的情况下，仍然不能产生注册商标所有权转移的效力，受让人只有在经过商标局核准并予以公告以后，才能取得注册商标的所有权。

三、注册商标使用许可的形式

根据注册商标使用许可是否具有排他性，可将其分为独占许可、排他许可和普通许可三种形式。

（一）注册商标的独占许可

注册商标的独占许可是指许可人在同一时间内只能准许一个被许可人在规定的地域和指定的商品或者服务项目上独家使用其注册商标。在独占许可中，被许可人获得了在合同规定范围内该注册商标的独占使用权。因此，在注册商标的独占许可中，只能由被许可人使用该注册商标，连许可人即注册商标所有人自己也不能使用该注册商标，否则即构成违约，须承担相应的法律责任。

（二）注册商标的排他许可

注册商标的排他许可是指许可人在同一时间内准许一个被许可人在规定的地域和指定的商品或者服务项目上使用其注册商标时，不得再准许他人使用其注册商标，但许可人本人仍然保留使用该注册商标的权利。在排他许可中，被许可人虽然取得了注册商标的使用权，但许可人仍然保留使用该注册商标的权利，只是排除了其他第三人对注册商标的使用。

（三）注册商标的普通许可

注册商标的普通许可是指许可人在同一时间内准许一个被许可人在规定的地域和指定的商品或者服务项目上使用其注册商标的同时，不但许可人本人仍然保留使用该注册商标的权利，而且还保留了许可其他人使用其注册商标的权利。在普通许可中，被许可人虽然取得了注册商标的使用权，但许可人不但保留了自己使用该注册商标的权利，而且还保留了同时许可他人使用该注册商标的权利。

在使用许可的三种形式中，独占许可实际上是被许可人取得了本来属于注册商标所有人的商标专用权，即只能由被许可人使用该注册商标，包括注册商标所有人在内的任何人都不得使用该注册商标；排他许可实际上是只允许两人使用该注册商标，即许可人与被许可人两人可以使用该注册商标，排除了第三人使用该注册商标的可能；普通许可实际上是被许可人只是取得了该注册商标的使用权，至于许可人使用该注册商标以及其他第三人经许可使用该注册商标的，被许可人无权干涉。

四、注册商标的使用许可合同

注册商标的使用许可合同是指商标注册所有人（许可人）与他人（被许可人）之间就注册商标所有人准许他人使用其注册商标而达成的明确相互间权利义务关系的协议。使用许可合同应采用书面形式，并具备以下内容：（1）双方当事人即许可人与被许可人的自然状况，如姓名或者名称、住所等；（2）许可使用的注册商标的情况，如该注册商标的名称、注册证号等；（3）使用许可的形式，即明确独占许可、排他许可、普通许可；（4）许可使用注册商标的范围，即明确在哪些商品和什么地域范围内使用该注册商标；（5）合同的有效期限，该期限不得超过注册商标本身的有效期限；（6）使用该注册商标的商品质量的保证办法；（7）许可使用的费用及其支付时间、地点、方式等；（8）合同的变更和解除条件；（9）违约的认定及违约责任；（10）争议的解决方式，如选择仲裁方式解决争议；（11）其他事项。

五、注册商标使用许可合同双方当事人的义务

注册商标使用许可合同签订以后，被许可人即取得注册商标的使用权，可以在自己生产的商品或者服务项目上使用该注册商标。在此种情况下，许

可人与被许可人在商品质量上都负有一定的义务。

（一）许可人的义务

1. 监督被许可人使用其注册商标的商品质量；
2. 未经被许可人同意，不得将其注册商标转让给第三人；
3. 在使用许可合同的有效期内，不得放弃续展注册商标；
4. 在许可使用合同的有效期内，不得申请注销被许可使用的商标。

总之，许可人应当恪守合同，保证被许可人在约定时间、地区内对其所许可使用的注册商标能有效使用，而以上情况都会导致被许可人对注册商标的使用因许可人转让商标权而失去效力，法律理应禁止。

（二）被许可人的义务

1. 保证使用该注册商标的商品质量，维护商标信誉；
2. 按合同规定的时间、地点、方式向许可人交纳使用许可费；
3. 不得与第三人再签订该注册商标的使用许可合同；
4. 必须在使用该注册商标的商品上标明自己的名称和商品的产地。

六、注册商标使用许可的程序

商标注册人可以通过签订商标使用许可合同，许可他人使用其注册商标。许可他人使用其注册商标的，许可人应当将其商标使用许可报商标局备案，由商标局公告。

办理注册商标使用许可合同备案，应当提交《商标使用许可合同备案表》《商标使用许可合同》副本、许可使用的注册商标的《商标注册证》复印件；办理人用药品、烟草制品商标的使用许可合同备案，还应当附送被许可人经有关主管部门批准生产人用药品、烟草制品的证明文件。

第六节　注册商标的终止

注册商标的终止，亦称注册商标权的消灭，不但注册商标权人丧失了专用权和禁用权，而且注册商标标识本身也归于消灭。注册商标终止的事由包括撤销、注销、违反反垄断法规定三个方面。

一、注册商标的撤销

注册商标的撤销，是指注册商标权人违反注册商标使用管理规定，商标局主动或者被动终止注册商标权作出的强制行政决定。

（一）注册商标撤销的原因

按照《商标法》第 49 条的规定，注册商标撤销的原因包括以下三个方面：

1. 注册商标权人自行改变注册商标等注册事项的。注册商标权人负有依法使用注册商标的义务，自行改变注册商标、注册人名义、地址或者其他事项的，商标局可以撤销其注册商标。

2. 注册商标成为其核定使用商品的通用名称的。核定使用商品的通用名称，是指一定地域范围内相关公众普遍知悉的某一种类商品区别于其他种类商品的名称，包括某类商品规范化的名称、约定俗成的名称、惯常使用的名称以及相关公众用以称呼某类商品的其他名称。由于注册商标权人在使用注册商标过程中未切实维护其注册商标等原因，注册商标可能成为其核定使用商品的通用名称。注册商标成为其核定使用商品的通用名称后，丧失了识别商品来源的功能，基于商标识别力要件和独占适格性要件考虑，不再适合于让商标权人独占，因而应当被撤销。

3. 没有正当理由连续 3 年不使用的。商标法之所以通过注册程序赋予商标权人范围及于全国排他权，目的在于激励商标权人积极地在商业活动中使用注册商标，促进产业发展。没有正当理由连续 3 年不使用的注册商标，已经不能促进产业发展，商标法没有再继续维持注册商标强大排他权的理由，因而应当被撤销。但为了防止该制度被滥用、反过来危害商标权人利益，该制度的适用应当具备如下条件：（1）商标权人不使用注册商标。只有使用，才能够发挥注册商标的识别功能。（2）商标权人不使用注册商标的时间连续达到 3 年以上。连续意味着不使用的时间不能中断。中断使用的，只要时间没有达到 3 年，也不能撤销该注册商标。之所以连续不使用的时间必须达到 3 年以上，是因为根据市场规律，在 3 年的时间里商标权人很有可能突破暂时的困境，重新在商业活动中使用注册商标。（3）商标权人不使用注册商标没有正当理由。正当理由主要是指地震、水灾等自然界发生的不可抗力因素，以及战争、社会动荡、火灾等人为导致的不可抗力因素。因为破产清算导致注册商标被列入破产财产而不能使用的，也属因法律规定引发的正当理由。

（二）注册商标撤销的途径

1. 商标局依照职权主动撤销注册商标。这是指《商标法》第49条第1款规定的情形。即注册商标权人在使用注册商标的过程中，自行改变注册商标、注册人名义、地址或者其他注册事项的，地方工商行政管理部门可依职权责令其限期改正。限期不改正的，国家商标局可依职权主动撤销其注册商标。

2. 商标局因申请而撤销。这是指《商标法》第49条第2款规定的情形。即注册商标成为其核定使用商品通用名称或者没有正当理由连续3年不使用的，任何单位或者个人可以申请商标局撤销该注册商标。商标局应当自收到申请之日起9个月内作出决定。有特殊情况需要延长的，经国务院工商行政管理部门批准，可以延长3个月。相比国家商标局，公众特别是竞争者更容易发现注册商标是否已经成为核定使用商品的通用名称，或者没有正当理由连续3年不使用的事实，所以将注册商标撤销的发动权交给公众，更加符合市场的实际，效果也更好。

（三）注册商标撤销后的法律效果

1. 注册商标权终止。我国《商标法》第55条第2款规定，被撤销的注册商标，由商标局予以公告，该注册商标专用权自公告之日起终止。注册商标被撤销后，不但注册商标标识本身消灭，注册商标权人对注册商标的专用权和禁用权也一并消灭。

2. 撤销决定没有溯及力。注册商标被撤销之前，是合法有效的商标，因此撤销决定不具有任何溯及力，相关侵权判决或者处理决定、调解书，转让或者许可使用合同，已经执行或者履行的，继续有效。尚未执行或者履行的，必须继续执行或者履行。这点与注册商标无效宣告不同。注册商标被宣告无效后，该注册商标专用权视为自始不存在。无效宣告决定或者裁定仅仅原则上不具有溯及力。

3. 被撤销的注册商标自撤销之日起1年内，在相同或者类似范围内申请注册的，不予核准。注册商标虽被撤销，但凝结在其上的信用不会立即消失，如果任由他人立即在类似范围内申请注册，很可能误导相关公众。

（四）注册商标撤销的法律救济

为了保护注册商标撤销涉及的注册商标权人、利害关系人等多方当事人的利益，我国《商标法》为当事人设计了相关法律救济程序。《商标法》第

54条规定，对商标局撤销或者不予撤销注册商标的决定，当事人不服的，可以自收到通知之日起15日内向商标评审委员会申请复审。商标评审委员会应当自收到申请之日起9个月内作出决定，并书面通知当事人。有特殊情况需要延长的，经国务院工商行政管理部门批准，可以延长3个月。当事人对商标评审委员会的决定不服的，可以自收到通知之日起30日内向人民法院起诉。

二、注册商标的注销

（一）注册商标被注销的原因

注册商标的注销，是指基于注册商标权人自愿放弃等原因而导致商标局终止其注册商标权的一种方式。在我国，导致注册商标被注销的原因包括以下两种：

1. 注册商标权人申请注销其注册商标权。注册商标权人欲终止其注册商标专用权的，可以申请注销其注册商标。按照现行《商标法实施条例》第73条的规定，商标注册人可以申请注销其注册商标或者注销其商标在部分指定商品上的注册。申请注销的，该注册商标专用权或者该注册商标专用权在该部分指定商品上的效力自商标局收到其注销申请之日起终止。

但是，在注册商标权设定了被许可使用权、质权等情况下，随便注销注册商标专用权可能会造成被许可使用权人、质权人等利害关系人利益的损害，因此，注册商标权人必须征得这些利害关系人的同意才能申请注销其注册商标权。

此外，将注册商标权人申请注销的注册商标权效力终止之日确定为商标局收到注销申请之日，虽可尽早结束因该商标而发生的交易关系，促使该商标尽早进入公有领域，但因为申请日不同于公告日，缺乏必要的公示力，可能给利害关系人造成非常不利的局面。为了使商标的注销具备公示效果，从立法论角度而言，宜将商标局注销公告日作为因注销而终止的注册商标权效力终止之日。

2. 注册商标期满未申请续展的。《商标法》第39条规定，注册商标的有效期为10年，自核准注册之日起计算。《商标法》第40条第1款规定，注册商标有效期满，需要继续使用的，商标注册人应当在期满前12个月内办理续展手续；在此期间未能办理的，可以给予6个月的宽展期。每次续展注册的有效期为10年，自该商标上一届有效期满次日起计算。期满未办理续展手续的，注销其注册商标。

（二）注册商标被注销后的法律效果

注册商标被注销的原因虽然与注册商标被撤销的原因不同，但二者的法律效果完全相同，即注册商标权自注销公告之日起终止，注销的决定没有溯及力，注册商标被注销后的 1 年内，他人在相同或者类似范围申请商标注册的，商标局不予核准。

三、构成反垄断法上的犯罪行为而终止

滥用注册商标权构成反垄断法规定的犯罪行为，司法机关可以判决剥夺注册商标权，从而导致注册商标权的终止。此种情形下的注册商标权终止有赖于反垄断法的特别规定。例如，《日本垄断禁止法》第100条就对此作出了规定。但我国《反垄断法》尚无此种规定。

思考题：

1. 简述我国对商标注册申请的审查方式。
2. 异议制度在商标注册中有何意义？
3. 注册商标续展应符合的条件有哪些？
4. 比较注册商标使用许可与注册商标转让的区别。
5. 注册商标终止的事由有哪些？
6. 注册商标撤销后的法律效果是什么？

第十九章
注册商标无效

【内容提示】

本章论述了注册商标无效，其内容主要包括：（1）导致商标无效的情形；（2）注册商标无效宣告的程序；（3）注册商标无效的追溯力问题。

第一节　导致商标无效的情形

一、注册商标无效宣告的含义

注册商标无效宣告，是指已经获得注册的商标因为不符合商标法规定的注册要件，由国家商标局或者商标评审委员会宣告其无效的制度。与注册商标因为使用不当撤销以及因为其他事由注销不同，被宣告无效的注册商标权视为自始不存在，而被撤销或者注销的注册商标在被撤销或者注销前，是合法有效的商标，因而撤销或者注册决定不具有任何溯及力。

二、注册商标无效宣告的种类

1. 根据发动主体的不同，可以将注册商标无效宣告分为主动无效宣告和被动无效宣告。主动无效宣告是指国家商标局依照职权主动对注册商标作出的无效宣告，此种无效宣告只限于已经注册的商标不符合《商标法》第10条至第12条规定，或者是以欺骗手段或其他不正当手段获得注册的情形。被动无效宣告是指国家商标评审委员会应公众的请求对注册商标作出的无效宣告。注册商标不符合《商标法》第10条至第12条规定的，任何公众都可以请求商标评审委员会宣告其无效。注册商标不符合《商标法》其他不予注册事由的，则只限于利害关系人有权请求商标评审委员会宣告其无效。与主动无宣告相比，被动无效宣告将商标注册监督的权力交给了公众，特别是竞争者和其他利害关系人，更加容易发现注册不当的事实，效果更好，是较为可取的做法。

2. 根据受理机构的不同，可以将注册商标无效宣告分为国家商标局作出的无效宣告和商标评审委员会作出的无效宣告。国家商标局作出无效宣告的事由只限于《商标法》第10条至第12条的规定。商标评审委员会作出无效宣告的事由则及于《商标法》规定的所有应当获得注册的事由。

三、注册商标无效宣告的事由

（一）不得注册的绝对理由

如果注册商标在注册时，就存在拒绝注册的绝对理由，即违反《商标法》第10条（禁止特定内容违法的商标注册）、第11条（禁止缺乏显著性的商标注册）和第12条（禁止特定三维标志注册），或者是以欺骗手段或者其他不正当手段取得注册的，商标局可以依职权随时宣告该注册商标无效，没有时间限制。除商标局主动宣告注册商标无效之外，其他任何人均可随时请求商标评审部门宣告该注册商标无效，没有时间限制。

（二）不得注册的相对理由

在先权利人或利害关系人如果认为注册商标在注册时就存在不得注册的相对理由，损害了自己的民事权利，也即认为商标注册违反了《商标法》第13条（禁止抢注驰名商标）、第15条（禁止代理人和代表人抢注）、第16条（禁止注册误导公众的地理标志）、第30条（禁止在相同或类似商品上注册与他人已注册商标或已初步审定的商标相同或近似的商标）、第31条（先申请原则）和第32条（禁止商标注册损害其他在先权利，禁止抢注特定未注册商标），可以请求商标评审部门宣告该注册商标无效。由于在先权利人或利害关系人请求宣告注册商标无效是基于不得注册的相对理由，也即其与商标注册人之间存在民事争议，一般不涉及公共利益，故不能由商标局主动宣告无效。

第二节 注册商标无效宣告的程序

一、注册商标无效宣告的提出

由于注册商标无效宣告事由的不同，注册商标无效宣告提出的主体和时间要求也不同。按照《商标法》第 44 条第 1 款的规定，已经注册的商标，违反第 10 条至第 12 条规定，或者是以欺骗手段或其他不正当手段获得注册的，国家商标局可以依照职权主动宣告该注册商标无效，其他任何单位或者个人也可以请求商标评审委员会宣告该注册商标无效，并且时间上没有限制。这意味着违反第 44 条的注册商标自核准公告之日起的任何时间内，只要其尚在有效保护期限内，商标局就可以主动或者被动宣告其无效。

但是，按照《商标法》第 45 条第 1 款的规定，已经注册的商标，违反第 13 条第 2 款和第 3 款、第 15 条、第 16 条第 1 款、第 30 条、第 31 条、第 32 条规定的，只有在先权利人或者利害关系人才可以请求商标评审委员会宣告该注册商标无效，并且提出无效宣告请求的时间原则上限定为自商标注册之日起的 5 年内。超过 5 年限制的，除非商标注册人主观具有恶意，但即使如此，请求宣告无效的申请人也只限于驰名商标所有人。

我国《商标法》第 45 条如此规定的原因在于：第一，将申请无效宣告主体限定为在先权利人或者利害关系人，可以减少申请主体范围，减少商标评审委员会负担。第二，原则上将提出无效宣告请求的时间限定为商标注册之日起的 5 年，是因为商标使用时间越长，凝结在其中的信用就越多，商标价值也就越大，5 年之后再允许在先权利人或者利害关系人提出无效宣告的话，将给商标注册人造成过大的利益。另外，从商标注册之日的 5 年时间内，在先权利人或者利害关系人都不提出无效宣告的话，也说明其并不重视自己的权利，商标法没有必要给予过度保护。当然，驰名商标相对于普通商标来说，价值更大，对产业发展贡献更多，对于恶意复制、模仿、翻译其注册的，商标法允许请求无效宣告时间不受 5 年期限的限制。

二、注册商标无效宣告请求的处理

根据《商标法》第 45 条第 2 款、第 3 款的规定，商标评审委员会收到宣告注册商标无效的申请后,应当书面通知有关当事人,并限期提出答辩。商标评审委员会应当自收到申请之日起 12 个月内作出维持注册商标有效或者宣告注册商标无效的裁定,并通知当事人。有特殊情况需要延长的,经国务院工商行政管理部门批准,可以延长 6 个月。

在商标评审委员会按照《商标法》第 45 条规定对无效宣告请求进行审查过程中,所涉及的在先权利的确定必须以人民法院正在审理或者行政机关正在处理的另一案件的结果为依据的,可以中止审查。中止原因消除后,应当恢复审查程序。

三、注册商标无效宣告决定或者裁定的救济以及生效

(一)注册商标无效宣告决定或者裁定的救济

《商标法》第 44 条第 2 款、第 3 款和第 45 条第 2 款规定了注册商标无效宣告决定或者裁定的救济措施。

1. 复审。商标局主动依职权宣告注册商标无效的,应当通知当事人。当事人对商标局的决定不服的,可以自收到通知之日起 15 日内向商标评审委员会申请复审。商标评审委员会应当自收到申请之日起 9 个月内作出决定,并书面通知当事人。有特殊情况需要延长的,经国务院商标行政管理部门批准,可以延长 3 个月。

2. 司法救济。当事人对商标评审委员会的复审决定或者无效宣告裁定不服的,可以自收到通知之日起 30 日内向人民法院起诉。该种诉讼为行政诉讼,由北京第一中级人民法院专属管辖。诉讼中,提起诉讼的一方当事人为原告,商标评审委员会是被告,对方当事人作为有利害关系的第三人参加诉讼。

(二)注册商标无效宣告决定或者裁定的生效

《商标法》第 46 条规定了注册商标无效宣告决定或者裁定的生效。据此规定,法定期限届满,当事人对商标局宣告注册商标无效的决定不申请复审,或者对商标评审委员会的复审决定、维持注册商标或者宣告注册商标无效的裁定不向人民法院起诉的,商标局的决定或者商标评审委员会的复审决定、裁定生效。

第三节 注册商标无效的追溯力问题

我国《商标法》第 47 条规定了注册商标宣告无效的法律效果。第 1 款规定，被宣告无效的注册商标，其注册商标权视为自始即不存在。自始不存在，意味着该注册商标根本就不是注册商标，注册商标权人不但没有专用权，而且没有禁用权。这点与注册商标被撤销或者注销完全不同。

宣告注册商标无效的决定或者裁定是否具有溯及力？按照《商标法》第 47 条第 1 款规定推理，既然注册商标被无效宣告后，注册商标权视为自始不存在，则该注册商标权被宣告无效前的所有法律关系也应当无效，必须恢复到没有注册商标权一样的状态。也即，理想状态应该是，宣告注册商标无效的决定或者裁定应当具有溯及力。

但《商标法》第 47 条第 2 款出于保护交易安全和维护公平原则的目的，对宣告注册商标无效的决定或者裁定的溯及力作了特别规定。第 2 款规定，宣告注册商标无效的决定或者裁定，对宣告无效前人民法院作出并已执行的商标侵权案件的判决、裁定调解书，工商行政管理部门作出并已执行的商标侵权案件的处理决定，以及已经履行的商标转让或者使用许可合同，不具有追溯力。但是，因商标注册人恶意给他人造成的损失，应当给予赔偿。第 3 款则进一步规定，依照第 2 款规定不返还商标侵权赔偿金、商标转让费、商标使用费，明显违反公平原则的，应当全部或者部分返还。显然，第 2 款追求的是交易安全和秩序价值，第 3 款追求的是公平价值。立法目的试图兼顾各方面当事人利益。

思考题：

1. 注册商标无效宣告的事由有哪些？
2. 简述注册商标无效宣告的程序。
3. 简述注册商标无效宣告的法律效果。

第二十章
商标评审与商标确权制度

【内容提示】

本章论述了商标评审与商标确权制度，其内容主要包括：（1）商标评审委员会及商标评审制度；（2）商标复审裁决；（3）商标确权与商标确权终审制度。

第一节 商标评审委员会及商标评审制度

一、商标评审委员会

商标评审是由法律授权的专门机构解决商标确权纠纷的活动，是商标确权程序中的重要环节。在商标申请的审查核准过程中，由于种种原因，不可能保证所有审定公告的商标或核准注册的商标均符合法律规定。为了保证商标确权的公平合理，保护当事人的合法利益，同时也为加强对商标注册审查工作的内部监督，法律设置了商标评审制度。《商标法》第2条规定："国务院工商行政管理部门商标局主管全国商标注册和管理的工作。国务院工商行政管理部门设立商标评审委员会，负责处理商标争议事宜。"商标评审委员会和商标局都是国家市场监督管理总局的下设机构，级别相同，互不隶属，但在职能上既相互关联又相互制约。商标局承担商标注册审查工作，商标评审委员会承担商标复审审理工作。从程序上看，商标评审是商标注册审查、异议审查、撤销审查等程序的后续程序，商标评审委员会作出的决定、裁决是行政终局的，又是人民法院司法审查的对象。

商标评审委员会受理的商标评审案件分为以下几种：（1）对商标注册申请的复审，即对当事人不服商标局驳回申请的决定，向商标评审委员会提起复审申请的案件；（2）对注册商标无效决定的复审，即对商标局宣告注册商标无效的决定不服，向商标评审委员会提起复审的案件；（3）对注册商标无效的审理，即在先权利人或利害关系人对注册商标请求无效宣告的案件的审理；（4）对商标局撤销或者不予撤销注册商标的决定不服，请求商标评审委员会复审的案件。

商标评审委员会就申请人的申请进行评审，对商标权作出予以确认或撤销的裁定或决定。其中，"裁定"适用于处于平等地位的当事人之间发生的商标争议案件，不论这种争议是当事人直接向商标评审委员会提出的，还是因不服商标局的裁定而提起的复审申请。"决定"适用于当事人不服商标局在无第三人争议情况下作出的行政决定而向商标评审委员会提起复审申请的案件。

根据我国《商标法实施条例》第60条的规定，商标评审委员会根据当事人的请求或者实际需要，可以决定对评审申请进行口头审理。商标评审委员会决定对评审申请进行口头审理的，应当在口头审理15日前书面通知当事人，告知口头审理的日期、地点和评审人员。当事人应当在通知书指定的期限内作出答复。

二、商标评审制度

程序既是保障实体价值实现的手段，也具有自身独立的价值，合理的程序设计是实现公正高效确权所必不可少的。2019年《商标法》对与商标评审有关的内容作出了调整和完善，主要体现在以下几个方面：

（一）将商标争议制度修改为无效宣告制度

注册商标无效，是指商标不具备注册条件但取得注册的，依法定程序使其商标权回复到未产生的状态。注册无效的事由分为两种情况：一是欠缺绝对条件，也叫作因绝对理由无效；二是欠缺相对条件，也叫作因相对理由无效。注册无效制度是对不当注册采取的一种事后补救措施，注册商标一旦被宣告无效，商标权视为自始即不存在。原《商标法》将注册商标无效制度规定为"注册商标的争议"，同时对注册商标争议使用了多个概念，包括争议裁定、撤销注册商标等，不仅对商标权无效制度定性不准，而且将权利无效宣告与商标管理程序中的撤销相混同。现行《商标法》将商标争议改为注册商标无效，明确了争议撤销和商标管理程序中撤销的界限，使得不同情况下的撤销程序更加清晰、明确，便于当事人理解和操作。

(二) 明确了商标评审决定、裁定的生效方式和日期

商标局和商标评审委员会决定、裁定的生效方式和日期对于确定商标权利状态至关重要。《商标法》第 46 条规定:"法定期限届满,当事人对商标局宣告注册商标无效的决定不申请复审或者对商标评审委员会的复审决定、维持注册商标或者宣告注册商标无效的裁定不向人民法院起诉的,商标局的决定或者商标评审委员会的复审决定、裁定生效。"第 55 条第 1 款规定:"法定期限届满,当事人对商标局做出的撤销注册商标的决定不申请复审或者对商标评审委员会做出的复审决定不向人民法院起诉的,撤销注册商标的决定、复审决定生效。"这些修改明确将商标评审委员会作出的各种决定、裁定的生效方式作出规定,进一步明确"法定期限届满"这一生效时间,避免了因诉讼程序而导致的权利状态不确定,有利于维护商标权利的稳定性。

(三) 增加了评审案件审理期限及审理中止的规定

为了简化商标确权程序,便利申请人和当事人商标确权的请求,现行《商标法》明确了商标评审的审理期限,第 34 条、第 35 条、第 44 条、第 45 条、第 54 条分别规定了各种评审案件的审理期限,限定在 9 个月或者 12 个月,审理期限为 9 个月的,有特殊情况需要延长的,可延长 3 个月,但最长审理期限为 12 个月。这一规定对于提高商标授权确权效率具有积极意义,同时也给商标评审工作带来了新的挑战。

(四) 回应社会关注的热点问题,加大了对恶意抢注行为的打击力度

针对社会上广泛关注的恶意抢注问题,一方面,加大了对恶意抢注行为的打击力度。通过提高罚款数额、建立强制转移制度、明确民事赔偿责任等方式,严格规范商标注册申请行为,遏制恶意抢注现象。另一方面,在总则中增加了申请注册和使用商标应遵循诚实信用原则的规定。这一规定强调了商标注册和使用中的诚信原则,为打击恶意抢注行为提供了法律基础。

第二节 商标复审裁决

一、驳回申请复审

驳回申请,是指在初步审定过程中,商标局认为申请注册的商标不符合商标法规定或者同他人在同一种商品或类似商品上已经注册的或者初步审定

的商标相同或者近似的，由商标局驳回申请，不予公告。两个或者两个以上的商标注册申请人，在同一种商品或者类似商品上，以相同或者近似的商标申请注册的，初步审定并公告申请在先的商标；同一天申请的，初步审定并公告使用在先的商标，驳回其他人的申请，不予公告。对于上述驳回申请、不予公告的商标，商标局应当书面通知商标注册申请人。商标注册申请人不服的，可以在收到通知之日起15日内向商标评审委员会提出复审申请。

驳回申请的复审是商标评审工作中数量较大的案件。商标评审委员会对驳回申请的复审主要围绕商标局驳回申请的理由和申请人的复审理由进行审理。根据《商标法》关于商标显著性、合法性、非功能性以及不得与在先权利、在先申请相冲突等规定，进行审理。商标评审委员会应当在自收到申请之日起9个月内作出予以驳回或应予初步审定的决定，并书面通知申请人。当事人对商标评审委员会的决定不服的，可以自收到通知之日起30日内向人民法院起诉。

二、商标异议复审

商标异议是他人对商标注册提出反对意见的环节，这一程序的设置体现了商标注册的公正公平合理及社会监督。一方面，根据异议的理由限定异议申请人。较之于原商标争议制度不区分异议理由，未对异议申请人进行限制，任何单位或个人都可以各种理由对他人商标申请提出异议，致使被异议商标不能及时获得注册，甚至以异议为手段，阻止竞争对手申请商标注册，经过完善的异议制度既有助于减少商标异议的数量，维护商标申请程序公正，又保证了对商标不当注册的社会监督。

另一方面，简化程序。为了改变商标异议程序冗长而使得商标权长时间内难以确定的问题，现行《商标法》规定，商标局将对商标注册异议进行审查后直接作出准予或者不予注册的决定。商标局认为异议不成立、准予注册的，发给商标注册证并予公告，异议人不服的，可以向商标评审委员会请求宣告该注册商标无效，而不得再提起复审。商标局认为异议成立、不予注册的，被异议人可以申请复审。

三、注册商标无效宣告

注册商标无效是指已经核准注册的商标，因违反商标法有关核准注册条件的规定，而终被撤销注册。商标评审委员会是审理或者复审无效宣告案件的专门机构，由其作出的维持注册商标或者宣告注册商标无效的裁定，当事人不服的，可以向人民法院起诉。

《商标法》第44条和第45条规定了可以申请注册商标无效的条件。第44条规定了因绝对条件宣告注册商标无效，即违反商标注册的绝对条件，将本属于公共领域的资源通过商标注册纳入私权领域，也就是借助公权力的力量垄断公共资源，或者是以欺骗手段或者其他不正当手段取得注册的，商标局发现其属于注册不当，可以宣告该注册商标无效。当事人对商标局的决定不服，可以向商标评审委员会申请复审。其他单位或者个人可以在任何时候向商标评审委员会请求宣告该注册商标无效。第45条规定了因相对条件宣告注册商标无效，即商标的注册侵害了驰名商标所有人、在先权利人或者利害关系人的利益，自商标注册之日起5年内，在先权利人或者利害关系人可以请求商标评审委员会宣告该注册商标无效。对恶意注册的，驰名商标所有人不受5年的时间限制。

四、撤销注册商标复审

撤销注册商标，是指在商标使用中因严重违法使用或者没有正当理由连续3年不使用的，由商标行政管理部门作出的撤销该注册商标的处罚。商标评审委员会撤销注册商标复审，是指因当事人对商标局撤销或不予撤销注册商标的决定不服，而提起的商标复审。《商标法》第49条规定，自行改变注册商标、注册人名义、地址或者其他注册事项的，由地方工商行政管理部门责令限期改正；期满不改正的，由商标局撤销其注册商标。注册商标成为其核定使用的商品的通用名称或者没有正当理由连续3年不使用的，任何单位或者个人可以向商标局申请撤销该注册商标。

第三节　商标确权与商标确权终审制度

商标确权与商标确权终审制度在商标法律体系中占据重要地位，它们直接关系到商标权利的确定和保护。

一、商标确权

商标确权，简而言之，就是对商标权归属的确定。这一过程主要包括商标的注册、审查、公告、异议、争议以及注册不当撤销等环节。商标确权的标准主要是《商标法》及相关法律法规，具体包括以下几个方面：

第一，显著性。商标应当具有显著特征，便于识别，不得与他人在先取得的合法权利相冲突。这意味着商标必须能够明显区分商品或服务的来源，不与其他已注册或申请的商标相似，以避免混淆。

第二，合法性。商标注册不得违反法律法规的强制性规定和公序良俗。例如，不能注册与国旗、国徽、军旗等相同或近似的商标，也不能注册带有民族歧视性、夸大宣传或有害于社会主义道德风尚的商标。

第三，非功能性。商标并非基于商品或服务的功能性特征而设计，而是作为一个独立的识别标志存在。它不会与商品或服务的功能性特征相混淆，也不会对消费者产生误导。

商标确权的过程是确保商标权利清晰、明确的重要环节，它为后续的商标使用、保护及维权提供了法律基础。

二、商标确权终审制度

商标确权终审制度是指商标确权争议在经过一系列行政和司法程序后，最终达到终局裁决的制度。在中国，商标确权终审制度主要涉及商标评审委员会的行政裁决和人民法院的司法裁决两个层面。

第一，行政裁决。商标评审委员会是负责处理商标确权争议的行政机构。当事人对商标局作出的驳回商标注册申请、宣告商标无效等决定不服时，可以向商标评审委员会提出复审申请。商标评审委员会在受理申请后，会依据商标法的相关规定进行审查，并作出复审决定。这一决定在当事人未提起司法诉讼的情况下，具有终局效力。

第二，司法裁决。当事人对商标评审委员会的复审决定不服的，可以在规定期限内向人民法院提起诉讼。人民法院在受理案件后，会依法对商标确权争议进行审理，并作出终审判决。这一判决是终局性的，对当事人具有法律约束力。

值得注意的是，中国商标确权制度在过去曾实行"工商总局商标局、商标评审委员会行政两审"以及"司法两审"的"四审终审制",但近年来随着《商标法》的修正和完善,行政确权程序有望简化为一级,以提高效率并降低当事人的维权成本。

综上所述,商标确权与商标确权终审制度在保护商标权利、维护市场秩序和促进公平竞争方面发挥着重要作用。通过明确商标权利的归属和提供有效的争议解决机制,它们为商标权利人提供了坚实的法律保障。

思考题:

1. 商标评审委员会受理的商标评审案件有哪些?
2. 简述商标复审裁决。
3. 简述商标确权的标准。

第二十一章
驰名商标及其保护

【内容提示】

本章论述了驰名商标及其保护概述,其内容主要包括:(1)驰名商标的概念;(2)驰名商标的认定;(3)驰名商标的保护。

第一节 驰名商标的概念

驰名商标通常是指那些在市场享有较高声誉、为相关公众所熟知,并且有较强竞争力的商标。驰名商标在英文中的表述是"well-known mark"或"well-known trademark"。这类表述最早出现于19世纪中叶一些欧洲国家的判例法中。《巴黎公约》在1925年修订的文本中首先在国际公约中作出了保护驰名商标的规定,TRIPS协定也规定了对驰名商标的保护。

驰名商标这一表述虽然被国际公约及各国法律广泛采用,但没有一个确切的定义。最早规定保护驰名商标的国际条约——《巴黎公约》没有对驰名商标明确定义。TRIPS协定虽然扩大了驰名商标的保护范围,但同样没有对驰名商标具体定义。世界知识产权组织召集专家会议起草驰名商标保护条约时,曾试图为驰名商标下定义,但终未成功。而且各国对驰名商标的称谓也不尽相同,除驰名商标外,还有周知商标、著名商标、高信誉商标、世所共知商标等,称谓虽不尽相同,但其含义大致相同。对驰名商标大致可以作如下表述:驰名商标是指在市场上享有较高声誉并为相关公众所熟知的且具有较强市场竞争力的商标。

驰名商标依据是否为注册商标,可分为注册的驰名商标和未注册的驰名商标。《巴黎公约》对驰名商标保护的重要特点之一就是驰名商标未注册之前被他人在先注册,则在5年之内驰名商标所有人有权提出撤销该注册的请求,而且如果在先注册是恶意的,则不受5年的限制。可见,《巴黎公约》对驰名商标的保护并不以其是注册商标为前提条件。

我国《商标法》制定之时没有规定驰名商标的保护。1985年我国加入《巴黎公约》以后,就面临着按照该公约要求保护驰名商标的问题。在实务中,商标行政主管部门依照《巴黎公约》的要求给予某些外国商标以驰名商标保护。2001年《商标法》规定了驰名商标制度,但是没有规定驰名商标的定义,而是规定了认定驰名商标应考虑的因素。2003年4月,国家工商行政管理总局制定公布了《驰名商标认定和保护规定》,其第2条第1款规定,驰名商标是指在中国为相关公众广为知晓并享有较高声誉的商标。2020年12月修订的《最高人民法院关于审理涉及驰名商标保护的民事纠纷案件应用法律若干问题的解释》第1条规定,驰名商标,是指在中国境内为相关公众所熟知的商标。

第二节　驰名商标的认定

一、驰名商标认定的标准

认定驰名商标应当依照一定的标准进行,这一标准由一些具体因素所组成。世界知识产权组织1999年通过的《关于保护驰名商标的规定的联合建议》(以下简称《联合建议》)提出了具体的认定标准:该商标在相关公众中的了解或知晓程度;该商标任何使用的持续时间、程度和地理范围;该商标任何宣传的持续时间、程度和地理范围;包括在交易会或展览会上对使用该商标的商品或服务所作的广告、宣传和展示;能反映该商标使用或被认知程度的任何注册或任何注册申请的持续时间和地理范围;该商标成功实施商标权的记录,尤其是为主管机关认定驰名的记录;该商标的市场价值。《联合建议》还指出,以上标准因素是帮助主管机关认定商标是否驰名的指导性因素,而非作出驰名商标认定的前提条件。在每一个案例中,驰名商标的认定取决于该案例的具体情况:在某些案件中,可能要考虑全部因素;在另一些案件中,可能要考虑部分因素;在某些案件中,可能一个因素也不考虑。

我国《商标法》第14条规定了驰名商标的认定标准,根据该规定,认定驰名商标应当考虑以下因素:(1)相关公众对该商标的知晓程度;(2)该商标使用的持续时间；（3）该商标的任何宣传工作的持续时间、程度和地理范围；（4）该商标作为驰名商标受保护的记录；（5）该商标驰名的其他因素。我国《驰名商标认定和保护规定》对上述标准因素作出细化规定，以下材料可以作为证明商标驰名的证据材料：（1）证明相关公众对商标知晓程度的有关材料；（2）证明该商标使用持续时间的有关材料，包括该商标使用、注册的历史和范围的有关材料；（3）证明该商标的任何宣传工作的持续时间、程度和地理范围的有关材料，包括广告宣传和促销活动的方式、地域范围、宣传媒体的种类以及广告投放量等有关材料；（4）证明该商标作为驰名商标受保护记录的有关材料，包括该商标曾在中国或者其他国家和地区作为驰名商标受保护的有关材料；（5）证明该商标驰名的其他证据材料，包括使用该商标的主要商品近3年的销售收入、市场占有率、净利润、纳税额、销售区域等有关材料。

认定标准中的各项因素是否全部满足才构成商标驰名，《驰名商标认定和保护规定》第13条第1款规定，商标局、商标评审委员会在认定驰名商标时，应当综合考虑《商标法》第14条第1款和本规定第9条规定的各项因素，但不以该商标必须满足该条规定的全部因素为前提。对此，《关于审理涉及驰名商标保护的民事纠纷案件应用法律若干问题的解释》第4条也作出了类似规定：人民法院认定商标是否驰名，应当以证明其驰名的事实为依据，综合考虑《商标法》第14条第1款规定的各项因素，但是根据案件具体情况无需考虑该条规定的全部因素即足以认定商标驰名的情形除外。据此可知，认定商标是否驰名，应当综合考虑标准因素，但不以满足全部因素为前提。

二、驰名商标的认定方式

驰名商标的认定方式有两种基本模式：主动认定和被动认定。主动认定方式是在并不存在实际权利纠纷的情况下，有关部门出于预防将来可能发生权利纠纷的目的，应商标所有人的请求，对商标是否驰名进行认定。被动认定方式是在商标所有人主张权利时，也即存在实际的权利纠纷的情况下，应商标所有人的请求，有关部门对其商标是否驰名、能否给予扩大范围的保护进行认定。

主动认定着眼于预防可能发生的纠纷，是行政机关认定驰名商标的方式。例如，韩国、泰国的商标注册部门就掌握着一份自己主动认定的驰名商标名单（对外不公开），以为日后审查时参考。主动认定方式不适用于司法机关。当然，主动认定比被动认定能提供事先的保护，使商标所有人避免不必要的纠纷，但主动认定不符合国际惯例。尤其是我国国家工商行政管理局自1996年发布《驰名商标认定和管理暂行规定》后，采用主动批量认定并向社会公布认定结果的方式，对驰名商标的认定更多的是在并无商标纠纷情况下，将驰名商标的认定作为一种荣誉称号的授予。企业期望得到驰名商标的认定也在于可从中获得来自行政主管机关赋予的优于竞争对手的市场竞争力，驰名商标的认定也蜕变为一种评比活动，导致企业之间、地区之间的攀比。为获得驰名商标的认定，许多企业将本应用于提高商品质量管理、扩大市场的人力、物力、财力用到了驰名商标的认定上，给企业增加了不必要的负担。另一方面，由于一旦被认定为驰名商标，可以给企业带来市场竞争优势，所以许多企业又热衷于这种变相的评比活动。这种主动批量认定的方式将本来为了制止侵权、寻求法律保护而设定的驰名商标认定的制度蜕变为经营者的市场竞争工具，而握有认定大权的主管机关实际上也自觉或不自觉地加入经营者市场竞争的行列当中，利大于弊。所以，我们认为首先应摒弃大批量主动认定的方式；其次，对于已认定的驰名商标也不必向社会公布认定结果，更应严格禁止经营者将认定的驰名商标当作竞争工具用于广告宣传，应当让驰名商标的认定只为商标所有人保护自己的商标权服务。

被动认定是司法机关认定驰名商标的基本模式，目前为西方多数国家采用，被视为国际惯例。被动认定为驰名商标提供的保护虽然是消极被动的，但这种认定是以达到实现跨类保护和撤销抢注为目的，而且它具有很强的针对性，因而所得到的法律救济是实实在在的。被动认定方式也可以为行政机关所采用。

驰名商标的认定应遵循被动认定、事实认定、个案认定、因需认定的原则。我国《商标法》鲜明地体现了这一原则，第13条第1款规定："为相关公众所熟知的商标，持有人认为其权利受到侵害时，可以依照本法规定请求驰名商标保护。"该款规定与《巴黎公约》驰名商标保护的第6条之二的立法精神一致，旨在建立商标的强化保护制度，而不是设立特殊类型的商标。首先，其立法意图是给予驰名商标特别保护，这种保护围绕制止抢注和侵权行为展开。其次，强调驰名商标的被动保护。第14条第1款规定："驰名商标应当根据当事人的请求，作为处理涉及商标案件需要认定的事实进行认定。"这体现了驰名商标的"个案认定、按需保护"原则。这一原则在第14条第2

款至第 4 款中得到进一步明确，即在商标的注册审查、工商行政管理部门查处商标违法案件，商标争议处理，商标民事案件、行政案件审理过程中，当事人依照第 13 条规定主张权利的，分别由商标局、商标评审委员会和最高人民法院指定的人民法院，根据案件审查处理或审理的需要，对商标驰名情况作出认定。据此，认定驰名商标须有当事人提出请求，当事人未提出请求的，行政机关和法院不予主动认定。即使当事人提出请求，行政机关和人民法院也应当视案件审理情况决定是否有必要认定，如果依据商标法能够解决涉案商标争议问题或处理商标侵权行为的，就没有必要认定驰名商标。认定某个商标是否构成驰名商标，属于查明案件的基本事实，应由当事人提交证据加以证明。

第三节　驰名商标的保护

一、对未注册的驰名商标予以保护

现在大多数国家对商标的保护均采用注册原则、先申请原则，未注册的商标不能得到法律的保护。但是对驰名商标的保护则不以注册为前提条件。对未注册的驰名商标可以按"使用原则"予以保护。这种保护还体现在未注册的驰名商标所有人在出现他人以与其驰名商标相同或者近似且使用于相同或类似商品上的商标申请注册或已获得注册的情况时，有权在一定的期间内请求商标主管当局不予注册或撤销注册，并有权请求禁止该商标的使用。这与《巴黎公约》保护驰名商标的规定是相吻合的。《巴黎公约》还要求各成员国对于以欺诈手段恶意取得注册或使用的，驰名商标所有人请求撤销其注册或禁止该商标使用的，不应规定时间限制。

根据《商标法》第 13 条第 2 款、第 45 条规定，就相同或者类似商品申请注册的商标是复制、摹仿或者翻译他人未在中国注册的驰名商标，容易导致混淆的，不予注册并禁止使用。已经获准注册的，自注册之日起 5 年内，驰名商标所有人或利害关系人可以请求宣告该注册商标无效，对恶意注册的，驰名商标所有人不受 5 年的时间限制。

二、放宽驰名商标注册的限制性条件

显著性是商标获得注册的积极条件之一，不具有显著性的商标就不会有

很强的识别性。但是驰名商标由于其与某一商品已紧紧联系在一起,并已获得较高的声誉且为相关公众所熟知,即使其在设计上不具有显著性,但由于反复呼叫,并在较大范围内被长时间使用,其所表彰的商品在行销区域内为交易者和消费者认知,商标通过使用已完全具备表彰商品出处的功能,足以弥补其设计上显著性不足之缺憾,具有较强的识别性,从而具备了获准注册的条件。许多发达国家如美、英、德、日等国的商标法,都规定放宽驰名商标获准注册的显著性条件。对外国的驰名商标在华申请商标注册的,我国实际上也同样放宽了限制性条件。

三、扩大驰名商标的保护范围

商标的保护范围,即商标所有人享有禁用权的范围。一般注册商标的保护范围,限定在与注册商标所核定使用的商品相同或类似的商品上使用的与注册商标相同或近似的商标。但是为了有效地保护驰名商标,许多国家的商标法都规定对驰名商标的保护范围要大于一般注册商标的保护范围,即不仅在相同或类似的商品上禁止他人使用与驰名商标相同或近似的商标,而且在不同类别、性质亦不相似的商品上也不允许使用与驰名商标相同或近似的商标,若以此种商标申请注册则不予核准。不仅如此,一些国家的商标法还规定,驰名商标所有人有权请求制止他人将与自己商标相同或近似的文字作为企业名称或企业名称的一部分使用。

《商标法》第13条第3款规定:"就不相同或者不相类似商品申请注册的商标是复制、摹仿或者翻译他人已经在中国注册的驰名商标,误导公众,致使该驰名商标注册人的利益可能受到损害的,不予注册并禁止使用。"已经注册的商标违反了这一规定,自注册之日起5年内,驰名商标所有人可以请求宣告该注册商标无效;而对于恶意注册的,则不受5年时间的限制。

驰名商标实为商标强化保护,其意义在于:以驰名为理由为商标提供一些特别保护,制止商标不正当竞争行为。强化保护、特别保护体现在:一是对注册原则的补充,当某个商标为相关公众所知晓,即使该商标未予注册,该商标所有人也可获得与注册商标相同的权利,禁止他人的注册和使用,以防止发生混淆。二是跨类保护,已经注册的驰名商标,即使他人将该驰名商标在不相同、不类似的商品或服务上注册和使用,即使不存在商品混淆的可能,该驰名商标注册人也有权禁止他人的注册和使用,以防止给驰名商标所有人的利益造成损害。第二种特别保护是对注册商标专有权范围的扩大。

四、驰名商标所有人享有特别期限的排他权

《巴黎公约》与 TRIPS 协定都规定对与驰名商标冲突的已经注册的商标，自该商标注册之日起 5 年内，驰名商标所有人有权提出撤销该注册商标的请求，至于恶意使用或注册的，则不受该时间限制。我国《商标法》也有同样的规定。注册的驰名商标在与他人在先注册的商标发生冲突时，驰名商标所有人有权继续使用其商标。按照《商标法》的一般规定，在后注册的商标与在先注册的商标发生冲突时，应认定在后注册的商标无效。但对注册在后连续正当善意使用的驰名商标，为了不使其所有人经过使用而建立的声誉蒙受损失，许多国家的法律都允许在后注册的商标继续使用。

五、禁止将驰名商标用作广告

在驰名商标保护方面，我国《商标法》明确禁止将驰名商标用作广告宣传，这一规定被视为治理驰名商标乱象的重要举措。在我国驰名商标保护实践中，曾出现过一些违背驰名商标本意的做法：企业争相认定驰名商标不是为了特别保护的需要，而是将驰名商标作为广告资源，以期获取市场份额和竞争优势。商标代理机构在代理驰名商标申请过程中，为招揽生意谋取收入，鼓励企业以捏造事实、伪造证据的形式提起民事诉讼。为了有效遏制驰名商标异化现象，必须从根源上纠正将驰名商标作为广告宣传的不当行为。为此，我国《商标法》第 14 条第 5 款规定："生产、经营者不得将'驰名商标'字样用于商品、商品包装或者容器上，或者用于广告宣传、展览以及其他商业活动中。"这一规定将有助于消除企业认定驰名商标的不良动机，对推动驰名商标制度的理性回归具有积极的作用。

思考题：

1. 如何理解驰名商标的概念？
2. 驰名商标的认定标准是什么？
3. 简述驰名商标的保护。

第二十二章
注册商标专用权的保护

【内容提示】

本章论述了注册商标专用权的保护，其内容主要包括：（1）注册商标专用权的保护范围；（2）侵害商标权的表现形式；（3）认定侵害商标权的几个问题；（4）侵害商标权的法律责任。

第一节 注册商标专用权的保护范围

我国《商标法》对注册商标专用权的保护作了规定。未注册商标不享有专用权，因此，目前在我国对商标权的保护仅是对注册商标专用权的保护。《商标法》第56条规定："注册商标的专用权，以核准注册的商标和核定使用的商品为限。"这就为注册商标的权利范围作了界定：

首先，以核准注册的商标为限，即注册商标所有人实际使用的商标必须与核准注册的商标相一致，如果注册商标所有人实际使用的商标与核准注册的商标不一致，不仅不受商标法保护，而且可能招致承担违法使用注册商标的法律后果。

其次，以核定使用的商品为限，即注册商标所有人实际使用注册商标的商品与核定使用的商品必须一致，否则，同样可能招致承担违法使用注册商标的后果。

注册商标的权利保护范围也是注册商标所有人行使禁止权的范围，它不同于注册商标专用权的权利范围。为有效保护注册商标专用权，我国《商标法》及《商标法实施条例》规定，对商标的权利保护范围要大于商标专用权的权利范围。商标权保护范围除核定注册的商标和核定使用的商品外，还包括与注册商标近似的商标和与该注册商标核定使用的商品相类似的商品。换言之，注册商标所有人有权禁止他人在与其注册商标所核定使用的商品相同或类似的商品上使用与其核准注册商标相同或相近似的商标。此外，依法请求制裁其他损害注册商标专用权的行为，也属于注册商标的权利保护范围。

注册商标的权利范围与权利保护范围不同，注册商标的权利保护范围大于权利范围，是世界各国商标法的通常做法。这样规定，有利于切实保护商标注册人的权利。

第二节 侵害商标权的表现形式

一切侵害他人注册商标权益的行为，都是侵害商标权的行为。我国《商标法》第 57 条规定了侵害商标权的具体表现形式。

一、未经商标注册人的许可，在同一种商品上使用与其注册商标相同的商标的行为

该侵权行为的表现形式是在相同商品上使用相同商标，直接侵入注册商标专用权的权利范围，损害商标功能。这是一种严重侵害商标权的侵权行为，认定侵权时无需考虑混淆可能性，而是根据"商品或服务相同、商标相同"推定构成侵害商标权。世界上多数国家的商标立法和司法对于这种形式的侵权行为的认定，都采用推定混淆。这种侵害商标权的行为既可以是故意的，又可以是因过失而造成的。如果不仅主观上是故意的，而且侵权违法所得数额较大或有其他严重情节的，则构成假冒注册商标犯罪。

二、未经商标注册人的许可，在同一种商品上使用与其注册商标近似的商标，或者在类似商品上使用与其注册商标相同或者近似的商标，容易导致混淆的行为

在同一种商品上使用近似商标、在类似商品上使用相同商标、在类似商品上使用近似商标，这三种情形的共同点是商标不完全相同、商品并非同一种，即商标是近似的、商品是类似的。此时，未经许可的使用行为并未直接侵入注册商标权的权利范围，对商标功能是否造成损害也并不确定，因此，是否构成侵害商标权应当考虑这种"双重近似"是否足以使相关公众对商品

或服务的来源产生混淆，容易导致混淆的构成侵害商标权的行为，若不存在混淆的可能性则不构成侵权行为。

三、销售侵犯注册商标专用权的商品的行为

销售侵犯注册商标专用权的商品的，构成侵害商标专用权的行为。假冒注册商标行为的泛滥与销售商的配合是分不开的。销售商明知是侵犯商标专用权的商品而销售的行为，助长了制造假冒注册商标商品的行为。因此，法律不仅要在生产环节上打击假冒注册商标的行为，而且应在流通环节上堵塞假冒注册商标商品的销售，只有这样才有可能制止假冒行为。我国《商标法》第64条第2款规定："销售不知道是侵犯注册商标专用权的商品，能证明该商品是自己合法取得并说明提供者的，不承担赔偿责任。"

四、伪造、擅自制造他人注册商标标识或者销售这种标识的行为

商标标识是指附有文字、图形或者组合等商标图样的物质实体，如商标纸、商标牌、商标织带、印有商标的包装等。最常见的有化妆品、药品、酒等的瓶贴，服装上的商标织带，食品、卷烟的包装等。国家市场监督管理总局发布了《商标印制管理办法》，对制造注册商标标识进行了严格规定。印制商标的单位必须是持有工商机关核发的营业执照并核定允许承揽印刷制造商标的企业，严禁无照或超经营范围承揽商标印制业务。而企事业单位或个体户印制商标标识，应当凭商标注册证到县工商局开具注册商标印制证明，然后凭证明到商标印制单位印制。商标印制单位要严格核查证明才能承揽印制业务。

伪造主要是指非注册商标所有人自己印制或委托他人印制注册商标标识的行为。其目的各有不同，有的是为了用于生产假冒商品，有的是为了销售标识牟取暴利。擅自制造则主要指非印制单位为他人印制注册商标标识或印制单位不按国家规定验收有关证明而印制非商标注册人委托的印制注册商标标识的行为。销售无论是伪造的或者是擅自制造的注册商标标识的行为，都构成侵害商标权行为。

五、未经商标注册人同意，更换其注册商标并将该更换商标的商品又投入市场的行为

这是 2001 年修正《商标法》时新增加的一项侵害商标权的行为，是指行为人将在市场上通过合法交易取得的商品上的注册商标标识撤除、更换为自己的商标后再次投入市场的行为。对于这种行为是否构成对商标权的侵害，学界争论较大。

六、为侵犯商标权行为提供帮助的行为

现行《商标法实施条例》第 75 条规定，为侵犯他人商标专用权提供仓储、运输、邮寄、印制、隐匿、经营场所、网络商品交易平台等，属《商标法》第 57 条第 6 项规定的"故意为侵犯他人商标专用权行为提供便利条件，帮助他人实施侵犯商标专用权行为"，由此确立了商标法中的间接侵权（共同侵权）。

此种行为没有直接侵害商标权，而是行为人为他人实施的侵害商标权的行为提供便利条件，从而与直接侵害商标权的行为构成帮助侵权行为（共同侵权）。帮助侵权行为的构成要件，一是直接侵权行为成立，如果不存在直接侵权行为，提供帮助行为的人的行为自然不构成侵权；二是行为人具有主观过错，即明知或应知他人在实施商标侵权行为而提供便利条件，协助其完成侵权行为。

七、给他人的注册商标专用权造成其他损害的行为

除上述六种侵权行为外，给他人的注册商标专用权造成损害的都可以归于这一类。根据《最高人民法院关于审理商标民事纠纷案件适用法律若干问题的解释》第 1 条的规定，下列行为属于给他人注册商标专用权造成其他损害的行为：（1）将与他人注册商标相同或者近似的文字作为企业的字号在相同或者类似的商品上突出使用，容易使相关公众产生误认的；（2）复制、摹仿、翻译他人注册的驰名商标或者其主要部分在不相同或者不相类似商品上作为商标使用，误导公众，致使该驰名商标注册人的利益可能受到损害的；（3）将与他人注册商标相同或者近似的文字注册为域名，并且通过该域名进行相关商品交易的电子商务，容易使相关公众产生误认的。

第三节　认定侵害商标权的几个问题

一、商标权穷竭

商标权穷竭，亦称商标权用尽，是一种为防止商标权人以商标权阻碍自由贸易的学说。这种学说首先由德国学者约瑟夫·科勒于19世纪末提出，随即为德国最高法院所接受。而同一时期美国联邦最高法院在1873年Adams v. Burke一案中的"首次销售"理论与之有着同样的主旨。即都认为使用注册商标的商品被商标权人或其授权的其他人合法投放到市场上后，商标权人在这些商品上的商标权业已实现，其权利也因用尽而告消灭，商标权人亦失去了对该产品再次销售的控制权。商标权人无权阻止任何人在这些商品上继续使用其商标。换言之，任何人将在市场上合法取得的缀附注册商标的商品再行转让或投入工业上的使用均不构成对商标权的侵害。

权利穷竭原则提出时，囿于当时历史条件下商品流通的规模与范围，仅限于一国司法领域内，尚不存在不同国度间权利穷竭的冲突。但随着商品的流通突破国家疆域的局限，不同国家在权利穷竭上的冲突便凸显出来，目前世界上有三种权利穷竭原则：一国范围内的穷竭、一特定区域（如欧共体）内的穷竭、世界范围的穷竭。不同穷竭原则的采用决定于一个国家所采取的不同的贸易自由和竞争的政策，而不同的穷竭原则对于一个国家在平行进口的合法性问题又有决定性的影响。

商标权穷竭学说对于排除侵权行为的认定具有重要意义。与专利首次销售学说一样，商标权穷竭学说也为许多立法例所接受，成为判断是否构成侵害商标权的原则。例如，《欧洲共同体商标条例》第13条规定，欧共体商标权不能被用于禁止第三人对那些已经由商标权人或其被许可人投放到市场上的商品上的商标的使用；法国的商标立法也有类似的规定；保护知识产权联合国际局（BIRPI）颁布的《BIRPI发展中国家示范法》也规定，"商标的注册不应授予注册所有人以排除第三人在标有注册商标的商品在本国合法销售以后在该商品上使用同一商标的权利，但以所售出的商品没有任何变化为条件"。

二、平行进口

平行进口,是指在国际贸易中当某一知识产权获得两个或以上的国家的保护,未经进口国知识产权人或其授权人的许可,第三人进口并销售专利产品或合法使用注册商标商品的行为。就与商标权有关的平行进口而言,由于这种进口行为所涉及的商品是合法取得的真品,而非假冒注册商标的商品,所以又被称为真品进口。在进口国市场上销售的平行进口的商品被称为灰色市场商品。出现这种现象的原因在于进口国与出口国之间存在同一种商品的价格差,进口商可以在进口国获得高于在出口国销售商品的利润。

我国在过去相当长的时期内,很少发生平行进口,关税偏高、无外贸进出口权的进口商还需委托代理等原因使平行进口无利可图。而随着我国加入世界贸易组织,上述阻碍平行进口的经济成本上的原因将逐渐消除,平行进口必然日益增多,由此带来的利益冲突也将无法避免。

由于平行进口一方面具有侵权商品所没有的合法性,另一方面又影响或损害进口国商标权人的利益,因此,对于平行进口是否构成侵权,各个国家大体上采取如下几种做法:(1)认为平行进口构成对商标权的侵害,因而禁止平行进口;(2)认为平行进口不构成对商标权的侵害,因而允许平行进口;(3)不作统一规定,依据个案具体情况确定进口商的行为是否构成侵权。

认为平行进口侵害商标权而禁止平行进口的做法的理论依据以属地主义原则为基础,主要有商标权的地域性理论和商标信誉独立理论。地域性理论认为,商标权与产生权利的地域不可分离,不承认商标权有域外效力,即商标权不能延伸到授予商标权国家法律所管辖的范围之外,所以,进口国商标权是否受到损害,不受发生在外国的法律事实的影响,进口商虽然将从外国商标权人处合法取得的商品进口,但这一事实并不必然对进口国商标权人生效,即使出口国与进口国的商标权为同一人所有,商标权人同样可依在进口国获得的商标权对抗平行进口。商标信誉独立理论则认为,同一商标在不同市场上的信誉是相互独立的,而平行进口行为会给进口国商标权人或被授权人的市场声誉带来影响。

认为平行进口不构成对商标权的侵害,因而允许平行进口的理论依据主要是权利穷竭理论,权利穷竭理论又分为功能说与消耗说两种。功能说认为,商标具有标明商品来源、品质保证之功能，而平行进口的是真品不影响其功能，所以不构成侵权，何况缀附商标的商品一经合法销售商标权便消耗殆尽，商标权人不得再凭借商标权来阻止商品的正常流通，包括平行进口。消耗说则强调商品经合法销售流通，商标权人已获得了应得的报酬，没有必要再赋予商标权人从首次销售以后的商品流通中获取多重报酬的权利或机会，而合法取得商品的所有权人则不受商标权人的限制可以任意处分自己合法取得的商品，包括平行进口。

平行进口问题既有法律上的原因，更有经济上的原因，所以当一个国家到底是允许平行进口还是禁止平行进口，经济上的原因往往更具有决定意义。例如在欧盟内部，基于建立统一市场的要求，为鼓励成员国之间商品的自由流通和消除价格差异，平行进口行为是被允许的。而在日本，商标立法则经历了从禁止平行进口到允许平行进口的过程，而这种变化是伴随着日本在国际市场上经济竞争力增强、长期保持高额贸易顺差而发生的。因为在这种情况下允许平行进口不会对日本国内的产业造成冲击。至于美国，虽是一个判例法国家，但在平行进口问题上却有较完备的成文立法，即赋予美国商标权人禁止平行进口的权利，但随着经济的发展，在判例法中也出现了一些变化。有判例表明：当美国的商标权人与外国的商标权人为同一实体或彼此为有关联的实体、平行进口的商品与美国商标权人在美国市场上的商品具有相同品质时，平行进口被认为并不构成对商标权的侵害。

对平行进口的态度，我国《商标法》自1982年颁布以来，几经修改，虽从未明确规定允许平行进口，但也从未赋予商标注册人可以禁止平行进口的权利。在司法实践中，对于平行进口是否构成商标侵权，法院会根据具体案件情况、商标权利人的意愿、进口国的法律等因素进行综合判断，以确保各方利益的平衡。

三、更换他人注册商标的行为

将"未经商标注册人同意，更换其注册商标并将该更换商标的商品又投入市场的"行为明确规定为侵害商标专用权的一种行为，是2001年修正《商标法》时新增加的内容。这一规定直接针对了市场上存在的"反向假冒"行为，即不法商家未经商标权人同意，擅自更换商品上的注册商标，并以自己的名义进行销售，从而侵犯了商标权人的合法权益。此次修改旨在加强商标保护，维护商标权人的利益，同时也促进了市场的公平竞争和健康发展。通过明确将此类行为认定为商标侵权行为，为商标权人提供了更加有力的法律武器，以打击和遏制不法商家的侵权行为。

对于更换他人注册商标的行为，如何认定其性质、如何规制，世界各国并无通行的立法例。仅从发达国家来看就有几种做法：（1）在给他人造成损害的情况下，按不正当竞争行为予以制止，如美国；（2）商标法中规定禁止这种行为，如法国；（3）法律未作规定，如德国；（4）在使用注册商标的商品进入流通过程之前去除、更换注册商标的构成侵害商标权，而商品进入流通过程之后去除、更换注册商标的则不构成侵害商标权，如日本。日本学者认为在使用注册商标的商品进入流通过程之后，"商标已达到其目的，商标权因用尽而消灭，因此，将注册商标去掉，一般不会产生什么问题，而且，在某些情况下，还必须将商标去掉，如使用该商标的商品用附有别人商标的包装或装入附有别人商标的容器内将之与其相同或类似商品一起进行销售的情况"[1]。

第四节 侵害商标权的法律责任

法律责任是行为应承担的法律后果。法律责任具有确定性及强制性的特点。所谓确定性，是针对违法侵权指在出现什么样的情况下，由谁承担法律责任以及承担何种法律责任，是由法律明确规定的。法律未明确规定的行为，行为人不承担责任。根据《商标法》的有关规定，侵害商标权应承担的法律责任分为行政责任、民事责任和刑事责任。

一、行政责任

依据《商标法》第60条第1款的规定，因侵害商标专用权行为引起纠纷的，由当事人协商解决。不愿协商或协商不成的，商标注册人或利害关系人可以向人民法院起诉，也可以请求工商行管理部门处理。工商行政管理部门依照《商标法》及其他相关规定查处侵害商标专用权行为。

---

[1] [日] 纹谷畅男编：《商标法50讲》，魏启学译，法律出版社1987年版，第220页。

（一）侵害商标专用权行为的行政查处程序

工商行政管理部门在接到商标注册人的控告或其他任何人的检举或者在检查中发现有侵害商标专用权行为，以及其他部门移送的案件，均应依照职权调查核实，依法处理。对已经发生的侵害商标权行为，经审查认为有侵权事实存在，需要给予行政处罚，属于依职权的管辖范围，且人民法院尚未受理该案件的，应当立案。侵害商标专用权案件一经立案，办案人员应当立即进行调查取证，依据《商标法》第62条之规定，工商行政管理部门在调查取证时可以行使下列职权：（1）询问有关当事人，调查与侵害他人注册商标专用权有关的情况；（2）查阅、复制当事人与侵权活动有关的合同、发票、账簿以及其他有关资料；（3）对当事人涉嫌从事侵犯他人注册商标专用权活动的场所实施现场检查；（4）检查与侵权活动有关的物品；对有证据证明是侵害他人注册商标专用权的物品，可以查封或者扣押。工商行政管理部门在行使前述职权时，有关当事人应当予以协助、配合，不得拒绝、阻挠。

在查处商标侵权案件过程中，对商标权属存在争议或者权利人同时向人民法院提起商标侵权诉讼的，工商行政管理部门可以中止案件的查处。中止原因消除后，应当恢复或终结案件查处程序。

（二）行政处罚

依据《商标法》第60条第2款的规定，工商行政管理部门认定侵权行为成立的，可责令立即停止侵权行为，没收、销毁侵权商品和主要用于制造侵权商品、伪造注册商标标识的工具，违法经营额5万元以上的，可以处违法经营额5倍以下的罚款，没有违法经营额或者违法经营额不足5万元的，可以处25万元以下的罚款。对5年内实施两次以上商标侵权行为或者有其他严重情节的，应当从重处罚。

对侵害商标专用权的赔偿数额的争议，当事人可以请求进行处理的工商行政管理部门调解，也可以向法院提起民事诉讼。经工商行政管理部门调解，当事人未达成协议或者调解书生效后不履行的，当事人可以向法院提起民事诉讼。

二、民事责任

对于侵害商标权行为，被侵权人既可向工商行政管理部门提出控告，要求给予行政制裁，也可以直接向人民法院起诉，要求侵权人承担侵权的民事责任。《最高人民法院关于审理商标民事纠纷案件适用法律若干问题的解释》第 21 条第 2 款规定："行政管理部门对同一侵犯注册商标专用权行为已经给予行政处罚的，人民法院不再予以民事制裁。"

依据《民法典》《商标法》的相关规定，侵害商标专用权的行为承担民事责任的方式为：停止侵害、排除妨碍、消除危险、赔偿损失、消除影响。人民法院还可以作出罚款，收缴侵权商品、伪造的商标标识和专门用于生产侵权商品的材料、工具、设备等财物的民事制裁决定。

损害赔偿在制裁侵权和救济权利中具有十分重要的作用，而损害赔偿数额的计算方式和标准也是实践中当事人最为关切的问题。现行《商标法》对侵权损害赔偿数额的运用方法和计算标准作出了修改：第一，加大侵权赔偿数额。第 63 条第 1 款规定：侵犯商标专用权的赔偿数额，按照权利人因被侵权所受到的实际损失确定；实际损失难以确定的，可以按照侵权人因侵权所获得的利益确定；权利人的损失或者侵权人获得的利益难以确定的，参照该商标许可使用费的倍数合理确定。对恶意侵犯商标专用权，情节严重的，可以在按照上述方法确定数额的 1 倍以上 5 倍以下确定赔偿数额。赔偿数额应当包括权利人为制止侵权行为所支付的合理开支。第二，提高法定赔偿数额。第 63 条第 3 款规定：权利人因被侵权所受到的实际损失、侵权人因侵权所获得的利益、注册商标许可使用费难以确定的，由人民法院根据侵权行为的情节判决给予 500 万元以下的赔偿。

三、侵害注册商标犯罪的刑事责任

侵害商标权构成犯罪的行为是侵害商标权行为中最严重和危害最大的一种。根据《商标法》第 67 条和《刑法》第 213 条至第 215 条的规定，侵害注册商标权构成犯罪的有三个罪名：假冒注册商标罪；销售假冒注册商标的商品罪；非法制造、销售非法制造的注册商标标识罪。这几种犯罪侵害的客体都是注册商标专用权，所以我们将其统称为侵害注册商标罪。这些犯罪都是为牟取非法利益，故意违反商标法，严重侵害商标注册人的合法权益，破坏社会经济正常秩序的行为。

（一）侵害注册商标罪的构成

1. 侵害注册商标罪的主体。犯罪主体是实施犯罪行为的人。假冒他人注册商标等侵害注册商标罪的主体既可以是自然人，也可以是法人。《刑法》第220条明确规定，单位犯本节第213条至第219条规定之罪的，对单位判处罚金，并对其直接负责的主管人员和直接责任人员，依照本节各该条的规定处罚。

2. 侵害注册商标罪的主观方面。犯罪的主观方面是指犯罪主体对实施危害社会行为所抱的心理态度，即主观上的故意或过失。侵害注册商标罪是一种故意犯罪，而且是一种直接故意犯罪，即行为人明知自己的行为会产生危害社会的结果，却希望这种结果的发生。侵害注册商标罪的行为人往往是以追求非法利益为目的，而故意实施法律所规定的犯罪行为。如果行为人是出于过失，在同一种商品上使用了与注册商标相同的商标，可以追究侵权人的民事责任或行政责任，而不能按假冒注册商标罪追究责任。

3. 侵害注册商标罪的客体。犯罪客体是指犯罪行为所侵害的受法律保护的社会关系。侵害注册商标罪所侵害的客体是国家对商标的管理制度和他人注册商标的专用权。商标是区别商品或服务来源的重要标识，商标专用权是商标权人依法对自己已注册商标的专有使用权。侵害注册商标的行为破坏了商标管理制度，损害了商标权人的合法权益，扰乱了市场经济秩序。

4. 侵害注册商标罪的客观方面。犯罪的客观方面是指行为人所实施的犯罪的行为，具体表现为：未经注册商标所有人许可，在同一种商品上使用与注册商标相同的商标情节严重的行为，即假冒注册商标罪；销售明知是假冒注册商标的商品，销售金额数额较大的行为，即销售假冒注册商标的商品罪；伪造、擅自制造他人注册商标标识或者销售伪造、擅自制造的注册商标标识情节严重的行为，即非法制造、销售非法制造的注册商标标识罪。

（二）对侵害注册商标罪的刑事制裁

依据《刑法》第213条至第215条的规定，构成侵害注册商标罪的，处3年以下有期徒刑，并处或者单处罚金；情节特别严重的或销售金额巨大的，处3年以上10年以下有期徒刑，并处罚金。

思考题：

1. 侵害商标权的表现形式有哪些？
2. 简述商标权穷竭。
3. 简述侵害商标权的法律责任。

第五编

知识产权保护的国际条约

【内容提示】

知识产权的国际条约，是知识产权制度的重要内容之一。伴随着全球一体化趋势，知识产权国际保护日益重要。而知识产权国际保护，目前主要是通过订立知识产权国际条约来实现。本编主要涉及知识产权保护国际条约概述以及国际上主要的知识产权国际条约介绍。

【思政讨论】

2021年9月，中共中央、国务院发布了《知识产权强国建设纲要（2021—2035年）》，旨在实施知识产权强国战略，积极应对新技术、新经济及新形势对知识产权制度的挑战，加速改革进程，全面提升国家知识产权的综合实力，以增强国家核心竞争力、扩大对外开放格局。习近平主席对此有深刻见解，他指出，知识产权保护工作对于推进国家治理体系和治理能力现代化、实现高质量发展、增进人民福祉、维护国家对外开放大局及保障国家安全均至关重要。同时，他强调，应坚持人类命运共同体理念，秉持开放包容、平衡普惠原则，深度参与世界知识产权组织框架下的全球知识产权治理，推动完善知识产权及相关国际贸易、国际投资等国际规则和标准。

讨论：

（1）如何理解知识产权保护工作对于增强国家核心竞争力的重要性？

（2）中国应如何秉持开放包容、平衡普惠原则参与世界知识产权组织的全球治理？

第二十三章
知识产权保护国际条约概述

【内容提示】

本章论述了知识产权保护国际条约概述，其内容主要包括：（1）知识产权保护国际条约的概念和特点；（2）知识产权保护国际条约的分类；（3）知识产权国际保护与生物多样性和传统知识的保护。

第一节 知识产权保护国际条约的概念和特点

一、知识产权国际条约的概念

国内一些著述在提及知识产权领域的国际条约时，直接将之称为"国际知识产权法"或者"国际知识产权制度"。这种提法既有违法理，又易致人误解，因此有必要将这些概念加以明晰。

知识产权国际条约，无非是指知识产权领域的国际条约，其含义必须根据其上位概念国际条约来界定。国际条约，也简称为条约。"称'条约'者，谓国家间所缔结而以国际法为准之国际书面协定，不论其载于一项单独文书或两项以上相互有关之文书内，亦不论其特定名称如何。"[1]因此，我们可以这样来定义：所谓知识产权国际条约，就是国家之间以及国家与国际组织之间依据国际法，为便于知识产权的保护、登记、分类等而确立权利义务关系的书面协定。由此可知：

第一，知识产权国际条约本质上属于国际法范畴，具有国际条约的一般特性，但其内容以及实施又与一国的知识产权法密切相关，从而也应当属于

---

[1]《维也纳条约法公约》第2条一款（甲）项。该公约于1969年订立，我国于1997年加入。

知识产权法学的研究对象。

第二,世界上只有知识产权的国际条约,而不存在"国际知识产权法"。国际法领域确实存在着一些似是而非的名称,包括在英文著述中。比如,private international law 在国内称作"国际私法"。至于经济活动领域的国际法,通常被称为"国际经济法",英文称作 international economic law。至于"国际知识产权法",在一些英文著述中亦有称作 international intellectual property law。但即便如此称呼者,也往往强调不能望文生义,以为世界上真有一个什么"国际知识产权法"。

第三,知识产权国际条约外延广泛,不仅数量众多,而且形式和名称也是各式各样,例如公约、条约、协定、议定书等。除了全球性的知识产权条约外,尚有大量区域性条约、双边条约规定涉及知识产权问题。

第四,全球性的知识产权条约大多要求其签署方为主权国家,也有条约不要求签署方是国家,比如 TRIPS 协定。

二、知识产权国际条约的特点

(一) 标准化与统一化

知识产权国际条约的一个重要特点是促使各成员方在知识产权保护上遵循统一的标准。这些条约通过设定最低保护标准,为各国知识产权法律制度的协调与统一提供了法律框架。例如,《巴黎公约》和《伯尔尼公约》等国际公约,首次尝试在全球范围内统一知识产权的保护标准,要求成员方在专利、商标和版权等领域提供最低限度的保护。此外,TRIPS 协定更是通过设定详细的规则和标准,进一步推动了全球知识产权保护制度的统一化。

(二) 高水平保护

随着科技的进步和国际贸易的发展,知识产权的保护水平也在不断提高。知识产权国际条约反映了这种趋势,通过扩大保护范围、延长保护期限、加强执法措施等方式,为权利人提供了更高水平的保护。例如,TRIPS 协定首次将未披露的信息纳入保护范围,并规定了专利、商标等知识产权的最低保护期限,以及详尽的行政和司法程序的具体义务和措施。

(三) 体系化与综合化

知识产权国际保护体系逐渐完善,形成了综合性的保护机制。这一特点体现在知识产权国际条约与国际贸易体系的融合上。TRIPS 协定的诞生标志着知识产权国际保护领域与国际贸易体系的紧密结合，它通过将知识产权纳入WTO体系，利用贸易手段强化了对知识产权的保护。此外，世界知识产权组织（WIPO）等国际组织也通过制定和实施一系列公约和条约，为全球知识产权保护提供了坚实的法律基础。

（四）地域性与国际合作

知识产权具有地域性特点，即其保护范围通常限于特定国家或地区。然而，知识产权国际条约的签订和实施促进了各国在知识产权保护方面的国际合作与交流。这些条约要求成员国在履行公约义务的过程中相互协作，共同打击跨国知识产权侵权行为。同时，一些国际条约还规定了争端解决机制，为成员国之间的知识产权纠纷提供了有效的解决途径。

（五）时间性

知识产权的保护具有法定的时间限制。这一特点在知识产权国际条约中得到了充分体现。各国法律和国际条约通常对知识产权的保护期限作出明确规定，超出保护期限后，相关权利将不再受保护，智力成果将进入公有领域供公众自由使用。然而，值得注意的是，商标权等部分权利可通过续展等方式延长保护期限。

（六）专有性

知识产权的专有性是其本质特征之一。知识产权国际条约强调了对知识产权专有性的保护。这些条约要求成员国在立法和执法过程中充分尊重权利人的专有权利，禁止他人未经许可擅自使用或侵犯其知识产权。同时，条约还规定了严厉的制裁措施，以打击和遏制知识产权侵权行为。

第二节　知识产权保护国际条约的分类

知识产权保护国际条约可以根据其内容和目的的不同进行分类，每类条约都在不同方面促进了知识产权的跨国保护与合作。这些条约的签署和实施，为知识产权的全球化保护提供了重要的法律基础和制度保障。

一、实体性保护条约

这类条约主要规定了知识产权保护的实体性规范，即知识产权的权利内容、保护范围、保护期限等。最具代表性的条约包括：

第一，《巴黎公约》。该公约是工业产权保护领域的基本条约，它规定了专利、商标、外观设计等工业产权的保护原则和标准，如国民待遇原则、优先权原则等。

第二，《伯尔尼公约》。作为著作权保护领域的重要条约，它规定了著作权的自动保护原则、保护范围、保护期限以及权利限制等，为成员国在著作权保护方面提供了基本框架。

二、程序性条约

这类条约主要关注知识产权的申请、注册、审查、维持等程序性事项，以简化跨国申请和保护程序，提高效率。例如：

第一，《专利合作条约》（PCT）。该条约提供了一种在多个国家申请专利的便捷途径，通过国际申请和国际检索、初步审查等程序，使申请人能够更高效地在多个国家获得专利保护。

第二，《商标国际注册马德里协定》。该协定建立了商标国际注册体系，允许商标所有人通过向国际局提交一份申请，在多个缔约国取得商标注册，简化了跨国商标注册的流程。

三、分类与标准化条约

这类条约主要关注知识产权的分类和标准化问题，以便于知识产权的检索、管理和使用。例如：《商标注册用商品与服务国际分类尼斯协定》。该协定为商标注册提供了统一的商品和服务分类标准，有助于各国在商标注册和管理方面的协调与合作。

四、综合性保护条约

除了上述分类外，还有一些综合性保护条约，它们涵盖了多个领域的知识产权保护，并规定了更为全面和具体的保护措施。例如 TRIPS 协定。作为世界贸易组织（WTO）管辖的一项多边贸易协议，TRIPS 协定不仅涵盖了专利、商标、著作权等传统知识产权类型，还涉及地理标志、集成电路布图设计、商业秘密等新型知识产权类型。它规定了知识产权保护的最低标准、执法措施、边境措施以及争端解决机制等，是知识产权保护领域最具综合性的国际条约之一。

第三节 知识产权国际保护与生物多样性和传统知识的保护

一、知识产权国际保护

知识产权国际保护是指通过双边或多边的国家间保护制度，以国民待遇原则、最惠国待遇原则、透明度原则、独立保护原则、自动保护原则及优先权原则为基本原则，旨在确立并保护各类知识产权。这一体系涵盖了商标、专利、版权等多个领域，是全球经济和科技发展的重要支撑。

知识产权国际保护的重要性在于它能够促进技术创新和文化繁荣，同时保障权利人的合法权益。随着全球化的深入发展，知识产权的国际保护标准不断提升，各国之间的合作也日益加强。

二、生物多样性的保护

生物多样性是指地球上所有生物体及其遗传变异和生态系统的复杂性的总称。它包括物种多样性、遗传多样性和生态系统多样性三个层次。生物多样性的保护对于维护地球生态平衡、促进可持续发展具有重要意义。

在知识产权领域，生物多样性的保护主要体现在对遗传资源的保护上。遗传资源是生物多样性的重要组成部分，具有巨大的经济价值和科研价值。为了保护遗传资源，国际社会制定了一系列法律文件和制度，如《生物多样性公约》（CBD）等。这些文件规定了遗传资源的获取、利用和惠益分享等原则，旨在促进遗传资源的可持续利用和保护。

三、传统知识的保护

传统知识是指基于传统产生的文学、艺术或科学作品，表演，发明，科学发现，外观设计，标记、名称和符号，未披露的信息，以及一切其他在工业、科学、文学或艺术领域内产生的基于传统的革新和创造。传统知识往往与特定的文化、社区或民族紧密相关，是这些群体在长期历史发展过程中积累的智慧结晶。

在知识产权国际保护框架下，传统知识的保护也受到了越来越多的关注。传统知识具有独特的文化价值和经济价值，但由于其往往以口头传授、习惯法等方式存在,难以通过传统的知识产权制度进行保护。因此,国际社会开始探索新的保护模式和机制,如建立特别数据库、制定专门法律等,以加强对传统知识的保护。

四、知识产权国际保护与生物多样性和传统知识的联系

首先,相互促进。知识产权国际保护为生物多样性和传统知识的保护提供了法律基础和制度保障。通过专利、商标等知识产权制度,可以激励创新,促进生物资源的可持续利用和传统知识的传承与发展。

其次,相互制约。同时,生物多样性和传统知识的保护也对知识产权国际保护提出了新的挑战和要求。例如,在遗传资源的获取和利用过程中,需要尊重提供国的权利,确保惠益分享;在传统知识的保护中,需要平衡传统社区与现代社会的利益,避免文化资源的滥用和流失。

最后,共同目标。知识产权国际保护、生物多样性和传统知识的保护都旨在增进可持续发展和人类福祉。通过加强国际合作和交流,可以共同应对全球性挑战,推动构建人类命运共同体。

总之,知识产权国际保护与生物多样性和传统知识的保护之间存在着密切的联系和互动关系。未来,随着全球化和科技发展的不断深入,这一领域的研究和实践将继续深化和完善。

思考题:

1. 知识产权国际条约的特点是什么?
2. 知识产权保护的主要国际条约有哪些?
3. 知识产权制度如何为生物多样性保护提供支持?

第二十四章
《与贸易有关的知识产权协定》

【内容提示】

本章论述了《与贸易有关的知识产权协定》，其内容主要包括：（1）概述；（2）《与贸易有关的知识产权协定》的基本原则；（3）《与贸易有关的知识产权协定》规定的知识产权的内容。

第一节 概述

TRIPS 协定是《与贸易有关的知识产权协定》的简称，是知识产权领域迄今最具综合性的知识产权多边协定，系世界贸易组织的三大支柱之一，在全球化经济中扮演重要角色。

一、TRIPS 协定的订立

TRIPS 协定是关贸总协定乌拉圭回合谈判达成的最后文件之一。TRIPS 协定于 1994 年 4 月 15 日签署，1995 年 1 月 1 日生效。它是迄今为止最具综合性的知识产权多边协定，与货物贸易协定、服务贸易协定共同构成世界贸易组织的三大支柱。[1]

世界贸易组织（WTO，简称"世贸组织"）成立于 1995 年 1 月 1 日，取代了之前的关贸总协定。关贸总协定乌拉圭回合谈判所达成的协定，均成为世贸组织框架下的多边协定，凡是世贸组织的成员均须加入这些协定。截至 2024 年 2 月 2 日，世贸组织的成员有 166 个。这些成员也均为 TRIPS 协定的

---

[1] 世界贸易组织的大部分协定都是 1986 年~1994 年乌拉圭回合谈判所达成的结果，1994 年 4 月在摩洛哥的马拉喀什部长级会议上签署。这些协定和决定多达 60 余项，TRIPS 协定是其中的附件 1C。参见世界贸易组织官方网站（http：//www.wto.org）。

成员。

中国政府于2001年12月11日成为世贸组织的成员，当然也是TRIPS协定的成员。中国香港和澳门地区在1995年1月1日世贸组织成立之时即为其成员，中国台湾地区（以"台、澎、金、马单独关税区"名义）亦于2002年1月1日加入世贸组织。因此，该三个地区也是TRIPS协定的成员。

知识产权问题被纳入关贸总协定多边贸易谈判，并最终缔结TRIPS协定，是世界经济贸易发展到一定程度的必然反映，是经济、技术全球化趋向的要求，是发达国家与发展中国家相互妥协的结果。

一方面，知识产权在国际贸易中的地位日益突出。知识产权的转让与许可使用本身就是国际贸易的重要组成部分，而且国际货物贸易的正常发展也离不开知识产权的保护。那些标有驰名商标、含有先进发明的商品虽然容易进入国际市场，而不法厂商随后也会冒用驰名商标、产地标志，侵害他人专利，对作品进行盗版。以美国为首的发达国家遂积极提议加强知识产权保护的国际合作，通过签订新的条约来保护其知识产权。

另一方面，在此之前有关知识产权保护的国际条约，如《巴黎公约》《伯尔尼公约》等，尽管对国际保护知识产权作出了重大贡献，但的确也存在一定的问题。例如，以往的公约没有制定一套相对完整的知识产权保护的国际标准，而且它们大都是专为某一类型的知识产权而制定的，缺乏对知识产权的全面规定。此外，对于侵权行为的救济以及解决各国之间关于知识产权争端的机制方面的规定也付阙如。在TRIPS协定之前，有关知识产权的国际公约往往规定，成员间如果发生知识产权争端，则可以将之诉诸国际法院，但事实上，由于国际法院受理的多系政治争端，而且在国内法层面上对这种方式往往加以保留，因此，最终并无一起争端递交给国际法院解决。[1]这就导致有些国家采用其他方式来解决知识产权争端，典型的如美国的特别301条款，单方使用贸易制裁与威胁的方法，迫使其认为知识产权保护不力的国家改变相关立法或做法。[2]

美国等发达国家出于本国利益考虑，希望外国尤其是亚洲、拉美的新兴

---

[1] See Sigrid Dormer, Dispute Settlement and New Development Within the Framework of TRIPS-An Interim Review, 31 IIC, 4 (2000).

[2] 20世纪90年代，中美之间发生多次知识产权谈判，甚至双方为此互开贸易制裁清单。这也成为中国知识产权史上的重大事件。

工业化国家提高知识产权的保护力度。最终转向通过关贸总协定来解决的直接原因，是修订《巴黎公约》的企图不能产生使这些工业化国家满意的结果。[1]在此背景下，知识产权问题由于美国、瑞士等发达国家的坚持而作为新的议题于1986年被列入新一轮乌拉圭回合谈判的议程，使得关贸总协定这个原来只涉及货物贸易的多边协定，在乌拉圭回合谈判中成为包括知识产权、服务贸易等在内的一揽子协定。其间发达国家与发展中国家所提的有关知识产权的建议案意见分歧较大。一直到1991年12月才在美国、英国、日本、德国等10个发达国家和印度、巴西、中国等10个发展中国家的反复推动下，达成TRIPS协定草案，并最终与其他协定一起于1994年4月15日在马拉喀什签署。

二、TRIPS协定与知识产权国际公约的关系

知识产权国际公约是指《巴黎公约》、《伯尔尼公约》、《保护表演者、音像制品制作者和广播组织罗马公约》（以下简称《罗马公约》）与《关于集成电路的知识产权条约》。TRIPS协定第2条第1款规定，就该TRIPS协定第二部分（关于知识产权效力、范围和使用的标准）、第三部分（知识产权的实施）与第四部分（知识产权的取得和维持及相关当事人之间的程序）而言，全体成员均应遵守《巴黎公约》1967年文本第1条至第12条以及第19条的规定。TRIPS协定第2条第2款还规定，该TRIPS协定第一至第四部分的所有规定，均不应背离各成员在《巴黎公约》《伯尔尼公约》《罗马公约》《关于集成电路的知识产权条约》中相互承担的现有义务。因为这些规定都涉及知识产权保护的实体性规定，故TRIPS协定对知识产权国际保护水平被认为是所有知识产权国际条约中最高的。

三、TRIPS协定对我国知识产权法律的作用与影响

随着我国加入世界贸易组织，TRIPS协定对我国已经产生法律约束力。我国政府在加入世贸组织的法律文件是这样承诺的："中国将在完全遵守WTO协定的基础上，通过修改其现行的国内法和制定新的法律，以有效和统一的方式实施WTO协定。"因此，TRIPS协定在我国国内法中并不具有直接适用

---

[1] 1975年联合国贸发大会（UNCTAD）指出，《巴黎公约》体制对于解决发展中国家的技术问题不起作用，随后发展中国家提议修订《巴黎公约》，并分别于1980年（日内瓦）、1981年（内罗毕）、1982年（日内瓦）举行了修订会议。

效力,我国法院与执法机关亦不能直接适用。

为适应我国加入世贸组织的新形势,满足经济社会发展带来的新需求,我国在2000年、2001年集中修正和完善了国内的知识产权法律。其中包括:第二次修改《专利法》(2000年8月25日);第二次修改《商标法》(2001年10月27日);第一次修改《著作权法》(2001年10月27日);重新颁布《计算机软件保护条例》(2001年12月20日);制订《集成电路布图设计保护条例》(2001年4月2日);相应修改和重新颁布有关专利法、商标法、著作权法的实施条例;清理与世贸组织协定不相符合的法规和规章文件。此外,WTO争端也影响着我国知识产权法律的修改。比如,2010年对《著作权法》第4条的修改就源于中美知识产权争端。此外,在司法和行政执法领域,我国进一步完善了知识产权执法措施,加强知识产权保护。

第二节 《与贸易有关的知识产权协定》的基本原则

一、国民待遇原则

各成员在知识产权保护方面,给予其他成员的国民的待遇不得低于其给予本国国民的待遇。对独立关税区而言,"国民"是指在该关税区内定居或拥有真实有效的工商业机构的自然人或法人。

根据TRIPS协定第3条,允许下列例外:

1. 可以适用《巴黎公约》《伯尔尼公约》《罗马公约》《关于集成电路的知识产权条约》所允许的有关国民待遇的例外。TRIPS协定吸收了已有的若干《世界知识产权组织版权条约》的内容,因此在国民待遇原则的适用方面也保留了此条约的规定。

2. 就表演者、录音制作者和广播组织而言,国民待遇仅适用于本协定规定的权利。各国的邻接权制度差异较大,因此有的国家不愿意完全实行国民待遇,一个典型的例子,即"录制版税"。在法、德等欧洲国家,为了减少个人与家庭复制对著作权的影响,家用音像复制设备与载体(如空白录音带或录像带)的生产者、进口者必须支付一定的费用,即"录制版税",这笔费用通过集体管理组织分配给著作权人与邻接权人。因为"录制版税"是欧洲国家特有的制度,在其他国家未建立此项制度的背景下,欧洲国家不愿意实行国民待遇，主张实行互惠原则。为了平息争议，TRIPS 协定指出，凡协定未规定的邻接权内容，可以不实行国民待遇原则。

3. 适用《伯尔尼公约》第 6 条或《罗马公约》第 16 条第 1 款 b 项。《伯尔尼公约》第 6 条第 1 款规定："任何非本联盟成员国如未能充分保护本联盟某一成员国国民作者的作品，该成员国可对首次出版时系该非成员国国民，且在任何成员国境内均无惯常居所的作者的作品保护加以限制，如首次出版国利用此项权利，本联盟其他成员国对此受到特殊对待的作品的保护无须超过首次出版国所给予的保护。"

《罗马公约》第 16 条第 1 款 b 项规定：成员国可以声明不按照第 13 条第 4 项保护广播组织的公开传播权（广播组织有权许可或禁止在收取入场费的公共场所公开传播电视节目），如果一成员国作出此种保留，其他成员国对于总部设于该国的广播组织没有义务赋予第 13 条第 4 项规定的保护。

如果 TRIPS 协定的成员适用上述两个条款，应通知 TRIPS 理事会。

4. 各成员可以利用《巴黎公约》《伯尔尼公约》《罗马公约》《关于集成电路的知识产权条约》允许的司法和行政程序方面的例外，包括在某成员的司法管辖范围内指定送达地址或指定代理人，但这些例外应为保证不违反本协定之法律法规所必需，且不构成对贸易的变相限制。

二、最惠国待遇原则

TRIPS 协定首次将国际贸易中的最惠国待遇原则引入知识产权公约。第 4 条规定："在知识产权保护方面，一成员给予其他国家国民的任何利益、优惠、特权或豁免，应立即无条件地适用于其他全体成员之国民。"但下列情形不适用最惠国待遇原则：

1. 由一般司法协助及法律执行的国际协定引申出的、非专门保护知识产权的利益、优惠、特权或豁免。

2. 《伯尔尼公约》1971 年文本和《罗马公约》允许不按国民待遇，而按互惠原则给予的利益、优惠、特权或豁免。

3. 本协定未规定的表演者、录音制作者和广播组织的权利。

4. 《建立世界贸易组织协议》生效之前已生效的知识产权国际协定中产生的利益、优惠、特权或豁免；且已将该协定通知给 TRIPS 理事会，并对其他成员之国民未构成任意的、不公平的歧视。

三、最低保护标准原则

凡协定规定的最低保护标准，成员均应遵守。与知识产权的国际公约一样，TRIPS 协定在实体部分也规定了知识产权保护的最低标准。同时，TRIPS 协定第 1 条第 1 款规定，各成员应确保 TRIPS 协定的效力，成员可以，但并无义务在其法律中实施比 TRIPS 协定要求更广泛的保护，只要该保护与 TRIPS 协定的规定不相冲突。

四、利益平衡原则

TRIPS 协定的第 7 条和第 8 条的标题分别为"目标"和"原则"，这两条反映了知识产权保护与社会公众利益应当保持平衡的立场。第 7 条规定，知识产权的保护与权利的行使，应以促进技术革新、技术转让和技术传播为目的，以有利于社会经济福利的方式促进技术知识的生产者和利用者的互利，并促进权利与义务的平衡。第 8 条规定，成员可在其国内法律法规的制定或修订中，采取必要措施保护公众的健康与发展，以促进其社会经济与技术发展的重要领域的公共利益，只要上述措施与本协定的条款一致。在不违反本协定条款的前提下，可采取适当措施防止权利人滥用知识产权，防止不合理地限制贸易或妨害国际技术转让的做法。

第三节 《与贸易有关的知识产权协定》规定的知识产权的内容

TRIPS 协定的主要内容：

1. 保护的主体。根据第 1 条第 3 款的规定，TRIPS 协定保护的主体是符合《巴黎公约》1967 年文本、《伯尔尼公约》1971 年文本、《罗马公约》和《关于集成电路的知识产权条约》所规定的受保护资格的自然人和法人，假设所有的 WTO 成员均为这些公约的成员。

2. 保护的对象。TRIPS 协定保护的对象包括作品、表演、录音制品、广播、商标、地理标志、外观设计、发明、集成电路布图设计以及未公开的信息。这些对象基本上囊括了《伯尔尼公约》《罗马公约》《巴黎公约》《关于集成电路的知识产权条约》的内容，但与《巴黎公约》相比，TRIPS 协定未规定实用新型和制止不正当竞争，只是规定了与不正当竞争有关的一种对象——

未公开的信息。

3. 著作权。协定对著作权的保护基本遵照《伯尔尼公约》，第9条要求成员应遵守《伯尔尼公约》1971年文本第1条至第21条及公约附件，但成员没有义务履行《伯尔尼公约》第6条之二规定的权利以及由此引申的权利，即著作人格权的保护。在《伯尔尼公约》的基础上，协定增加了出租权。出租权的对象限于两类：计算机程序和电影作品。协定还规定了著作权的保护期、著作权的限制与例外。

4. 邻接权。邻接权又称相关权利，TRIPS协定采用了"相关权利"的表述，包括表演者权、录音制作者权和广播组织权的保护；协定还规定了相关权利的保护期、限制与例外。

5. 商标权。协定规定了商标的注册；商标权的内容；驰名商标的保护；商标权的期限；商标权的例外以及对商标使用的要求；商标权的许可和转让。

6. 地理标志。协定规定了对地理标志的保护；对酒类地理标志的特殊保护；地理标志的例外。

7. 外观设计。协定规定了对外观设计的保护与例外。

8. 发明专利。协定规定了发明专利权的内容、发明专利的申请、专利权保护的程序要求、专利权的限制。

9. 集成电路布图设计。协定规定了对集成电路的布图设计的保护标准和保护的例外。

10. 未公开信息的保护。协定规定了未公开信息受保护的条件；对未公开信息的保护。

11. 对滥用知识产权行为的控制。协定的任何规定均不得阻止各成员在其立法中明确规定在特定情况下可构成对知识产权的滥用并对相关市场中的竞争产生不利影响的许可活动或条件。协定还规定了知识产权的实施；争端的防止和解决；过渡性安排；机构安排与最后条款。

思考题：

1. 简述TRIPS协定与知识产权国际公约的关系。
2. 简述TRIPS协定的基本原则。
3. 论述TRIPS协定对我国国内立法产生了哪些重大影响？

第二十五章
《保护工业产权巴黎公约》

【内容提示】

本章论述了《保护工业产权巴黎公约》，其内容主要包括：(1) 概述；(2)《保护工业产权巴黎公约》的保护范围；(3)《保护工业产权巴黎公约》的基本原则；(4)《保护工业产权巴黎公约》的共同规则。

第一节 概述

一、《巴黎公约》的产生和历史

《巴黎公约》签订于 1883 年 3 月 20 日，1884 年 7 月 7 日正式生效。《巴黎公约》是工业产权保护方面最重要的国际条约，也是知识产权领域第一个国际公约。《巴黎公约》历经数次修订，形成了 6 个修订文本。现在，绝大多数国家批准和采纳的是其 1967 年修订的斯德哥尔摩文本。

中国于 1984 年 12 月 19 日向世界知识产权组织总干事交存了《巴黎公约》（1967 年斯德哥尔摩文本）的加入书，同时对公约第 28 条第 1 款（该款规定：两个或两个以上本同盟成员国之间对本公约的解释或适用有争议不能协商解决时，任一有关国家可根据国际法院规约向国际法院起诉，除非有关国家同意通过其他办法解决。向法院起诉的国家应通知国际局，国际局应将此事提请其他本同盟成员国注意）的规定提出了保留。《巴黎公约》（1967 年斯德哥尔摩文本）于 1985 年 3 月 19 日对中国生效（该文本在 1997 年 7 月 1 日对香港特别行政区、1999 年 12 月 20 日对澳门特别行政区生效）。

二、《巴黎公约》的结构

根据斯德哥尔摩文本，《巴黎公约》共包括 30 个条款。这些条款大致可以分为两类：第 1 条至第 12 条规定了成员国在工业产权保护方面的权利和义务，属于实质性条款；第 13 条至第 30 条涉及有关行政和体制问题，属于行政性条款。

这些规则也可以分为如下四类：

1. 规定成员国权利、义务和建立本公约所创设的联盟机关的国际公法方面的规定以及行政方面的规定。

2. 要求或允许成员国在工业产权方面制定法律的规定。

3. 关于工业产权方面当事人的权利和义务的实体法，不过仅限于要求成员国将其本国法适用于这些当事人。

4. 关于当事人的私人的权利和义务的实体法规则。这些规则不仅涉及国内法的适用，而且规则的内容可以直接决定争论中的问题。[1]

第二节 《保护工业产权巴黎公约》的保护范围

《巴黎公约》是用来保护工业产权的。问题是如何理解工业产权的含义，如何确定巴黎公约所保护的工业产权的范围。

一、工业产权的概念

《巴黎公约》并没有对"工业产权"进行定义。根据传统的分类方法，知识产权包括工业产权与著作权。因此从外延上看，工业产权就是除著作权（包括邻接权）以外的那部分知识产权。工业产权是一个传统的但是不完全精确的词，是指工商业领域的创造性构思或区别性标志或记号的类似财产权的某些专有权利，加上该领域中有关制止不正当行为的某些规则。说其不精确是因为工业产权仅仅是通常财产的一个比拟，也因为它包括的范围超过了工业上的对象，还因为制止不正当行为的规则不一定与财产有关。[2]

---

[1] 参见［荷］博登浩森：《保护工业产权巴黎公约解说》，汤宗舜、段瑞林译，专利文献出版社 1984 年版，第 4~10 页。

[2] 参见［荷］博登浩森：《保护工业产权巴黎公约解说》，汤宗舜、段瑞林译，专利文献出版社 1984 年版，第 14 页。

二、工业产权的保护对象

《巴黎公约》第 1 条第 2 款规定："工业产权的保护对象有专利、实用新型、工业品外观设计、商标、服务标记、厂商名称、货源标记或原产地名称和制止不正当竞争。"该条款于 1925 年海牙修订会议订入，其中的服务标记则是由 1958 年里斯本修订会议所增列。

《巴黎公约》对于工业产权的对象的列举规定具有重要的实际意义。对于工业产权所列举的对象，成员国有义务把给予本国国民的待遇给予其他成员国的国民，并将公约的有关规定适用于这些对象，而不能要求对方给予对等待遇。但成员国对于工业产权列举范围以外的对象，则没有义务实施国民待遇，并且可以要求对方国家给予对等待遇。例如，集成电路布图设计、植物新品种等即属于公约规定的工业产权范围之外的对象。[1]

公约规定的工业产权的对象包括：

1. 专利。公约对"专利"未予定义，但它仅指发明，并不包括实用新型与外观设计。[2]成员国可在国内法中自由定义其范围，然后将本公约适用于它们。例如，如果某一成员国的法律对于植物品种授予专利，则本公约也将适用于该种专利。《巴黎公约》第 1 条第 4 款还规定，"专利应包括本联盟国家的法律所承认的各种工业专利，如输入专利、改进专利、增补专利和增补证书等"。

2. 实用新型。实用新型被认为是用来保护工业革新的。与发明相比，其创造性程度较低、范围一般限于产品、保护期限较短。目前只在为数不多的国家和地区有此规定，例如德国、日本、意大利、西班牙、葡萄牙等。

3. 工业品外观设计。工业品外观设计是指物品的装饰性或富有美感的特征。该外观设计可具有立体特征，诸如物品的外观或外表，也可具有平面特征，诸如形状、线条或颜色。《巴黎公约》第 5 条之五规定："外观设计在本联盟所有国家均应受到保护。"因此，各成员国法律要么将之列入专利法，要么单独立法，均应有所规定。

4. 商标。商标是指用于区别商品不同来源的标记。公约所称的商标仅指

---

[1] 这些对象需另行缔结条约，例如《华盛顿条约》、UPOV 等。
[2] 我国《专利法》规定的"专利"则包括了发明、实用新型和外观设计。

商品商标，不包括服务标记（或服务商标）。

5. 服务标记。这是用于区别服务的不同提供者的标记。《巴黎公约》第 6 条之六规定："本联盟各国承诺保护服务标记不应要求它们对该项标记的注册作出规定。"

6. 厂商名称。它用于区别不同企业或从事经营活动的个人，也被称为"商号"。《巴黎公约》第 8 条规定："厂商名称应在本联盟一切国家内受到保护，没有申请或注册的义务，也不论其是否为商标的一部分。"

7. 货源标记或原产地名称。货源标记一般包括用来表明产品或服务来自某一个或某一组国家、地区和地方的所有标志或表达。原产地名称是用来表明产品所来自的国家、地区和地方的名称，而该产品的质量或特点完全或主要是由于地理环境所致，包括自然环境和人文环境。通常认为，原产地名称与货源标记是种属关系，前者的特点在于其与来源地的品质或特点有联系。两者有时就被合称为地理标记。

8. 制止不正当竞争。公约之所以将其纳入工业产权，是因为在许多情况下，不正当竞争行为往往也侵害了商标、厂商名称或货源标记、原产地标记的权利。当然，不正当竞争行为的范围不限于此，各成员国可在国内法中自行加以规定。

第三节 《保护工业产权巴黎公约》的基本原则

一、国民待遇原则

国民待遇原则是国际社会交往的一项原则，1883 年公约缔结之时即有此规定，此后缔结的其他知识产权国际条约亦予以规定。根据国民待遇原则，在工业产权保护方面，一成员国对于其他成员国国民应当给予其法律所授予或今后可能授予其本国国民的各种利益。

1. 国民待遇的含义。《巴黎公约》规定，享有国民待遇的人在本联盟所有其他国家内应享有各该国法律现在授予或今后可能授予各该国国民的各种利益；他们应和该国国民享有同样的保护，对侵害他们的权利享有同样的法律上的救济手段。应当注意，这里所谓的"各该国法律"是指其本国法，不包括国际条约。例如，该成员国与其他国家签订的双边条约可以作为国民待遇的例外。

2. 适用国民待遇的标准。根据《巴黎公约》第 2 条与第 3 条，能否享有国民待遇的确定标准只是属人标准，但其分为两种情况：本身属于某一成员国国民；在成员国内有住所或营业所。两者符合其一即可。

一是根据国籍确定。根据《巴黎公约》第 2 条第 1 款的规定，联盟任何国家的国民，在保护工业产权方面，在联盟所有其他国家内应享有各该国法律现在授予或今后可能授予国民的各种利益。实际上，这又可以分为自然人与法人两种情况。自然人国籍依据其内国法确定，一般没有争议。但由于各国法律并未对法人授予"国籍"，容易引起争议。通常可以依据设立该法人所根据的法律、法人实际上总部所在国的法律或依据其他标准来确定其"国籍"，并且确定其是否成立。另外，如果一人具有双重国籍时，只要其中之一属于公约成员国的国籍，他就被认为是成员国的国民。如果二人以上共同作为工业产权的申请人或者所有人，但又不全部属于成员国的国民，则不能要求适用本公约，因为成员国对于无权享受本公约利益的人没有适用本公约的义务。[1]

二是根据住所或营业所确定。《巴黎公约》第 3 条规定：本联盟以外各国的国民，在本联盟一个国家的领土内设有住所或有真实和有效的工商业营业所的，应享有与本联盟国家国民同样的待遇。据此，国民待遇原则扩大适用于某些非成员国的国民、无国籍人或者难民，条件是这些人在某一成员国领土内有住所或真实有效的工商业营业所。

3. 手续条件与保留。《巴黎公约》允许各成员国规定工业产权获得法律保护的条件，比如必须履行相应的手续，同时允许在国内法中就司法和行政程序管辖权、指定送达地址或委派代理人等自行作出规定。

二、优先权原则

《巴黎公约》所规定的优先权，是指已经在公约某一成员国正式提出专利、实用新型、外观设计、商标注册申请的人，或者其权利继受人，在规定期间内又向其他成员国提交申请的，则以第一次提出申请之日为申请日。优

---

[1] 参见［荷］博登浩森：《保护工业产权巴黎公约解说》，汤宗舜、段瑞林译，专利文献出版社 1984 年版，第 23 页。

先权原则在《巴黎公约》1883年文本中即有规定，并于1911年华盛顿修订会议上将其适用范围扩大于实用新型和申请人的权利继受人。优先权对需要在几个国家都提出申请的人有很大好处。申请人不必同时在几个国家提出申请，只要在向某一成员国提出申请后，就可以在优先权期限内再来准备其他各国要求的不同手续，从而可以充分考虑市场状况以决定在哪些国家申请，同时对于专利而言又不丧失新颖性。[1]

1. 优先权的基础。优先权是以在《巴黎公约》某一成员国提出的第一次申请为基础的。《巴黎公约》第4条A款第1项规定："已经在本联盟的一个国家正式提出专利、实用新型注册、外观设计注册或商标注册的申请的任何人，或其权利继受人，为了在其他国家提出申请，在以下规定的期间内应享有优先权。"对此，应注意以下几个方面：

首先，优先权适用的对象是那些需要申请注册才能获得的工业产权。公约所列举的是专利、实用新型、外观设计和商标四种。根据《巴黎公约》第1条的规定，其他的工业产权则不属于公约所要求的适用优先权的对象，例如服务标记。当然，成员国可以在其国内法中规定对其他的工业产权给予优先权。

其次，这里所谓的第一次申请是指正式申请。是否被认定为正式申请，取决于接受第一次申请的国家的法律规定。如果该申请在形式上符合规定，而且甚至在申请形式上不完备或不符合规定的时候，只要申请足以确定其提出的日期，就是正式的国内申请。并且，申请以后的结局不影响优先权的基础。所以在第一次申请撤回、放弃或被驳回的时候，甚至在与申请有关的发明在申请提出地国家不能被授予专利的时候，优先权依然存在。[2]

再次，其后提出之申请所涉及的主题必须和作为优先权基础的第一次申请相同。在专利、实用新型的情况下，后来的申请必须涉及同一发明创造；在外观设计的情况下，必须涉及同一设计；在商标的情况下必须涉及用于相同商品的同一商标。同时，在保持主题相同的前提下，如果后来的申请改变了工业产权的种类，也仍然可以主张优先权。此外，《巴黎公约》第4条F、G、H各款还就专利申请中涉及主题相同的问题设有具体规定。

最后，优先权人既包括第一次提出申请的申请人，也包括其权利继受人。

---

[1] 参见《WIPO知识产权手册》（WIPO Intellectual Property Handbook：Policy，Law and Use），2004年第2版，第243~244页。

[2]《巴黎公约》第4条A款第2项、第3项。

因为可以在不转让第一次申请本身的情况下,将优先权转让给他人,故在实践中存在着一种通常的做法,就是允许向不同国家的不同人转让优先权。[1]

2. 优先权的效力。根据《巴黎公约》第 4 条 B 款,在优先权期间届满前在联盟的任何其他国家后来提出的任何申请,不应由于在这期间完成的任何行为,特别是另外一项申请的提出、发明的公布或利用、外观设计复制品的出售或商标的使用而成为无效,而且这些行为不能产生任何第三人的权利或个人占有的任何权利。这样,优先权人不仅在申请日期上优先于他人,而且申请人自己或他人在优先权期间对相同主题的发明、实用新型、外观设计、商标所做的任何公开或使用,都不会使之丧失新颖性与创造性。

3. 优先权的期间。根据《巴黎公约》第 4 条 C 款的规定,专利和实用新型的优先权的期间为 12 个月,外观设计和商标的优先权的期间为 6 个月。这些期间应自第一次申请的申请日开始计算,但申请日不计入期间之内。

4. 程序条件。行使优先权的程序主要包括:应当提交优先权声明,说明提出该申请的日期和受理该申请的国家,以及该申请的号码。并应将之提交于主管机关的出版物中,特别是应在专利和有关专利的说明书中予以载明。接受申请的成员国可以要求作出优先权声明的任何人提交以前提出的申请(说明书、附图等)的副本,还可以要求该副本附有上述机关出具的载明申请日的证明书和译文。

三、独立保护原则

独立保护仅针对专利与商标。

《巴黎公约》第 4 条之二第 1 款规定:"本联盟国家的国民向本联盟各国申请的专利,与在其他国家,不论是否本联盟的成员国,就同一发明所取得的专利是相互独立的。"

《巴黎公约》第 6 条规定:"(1)商标的申请和注册条件,在本联盟各国由其本国法律决定。(2)但本联盟任何国家对本联盟国家的国民提出的商标注册申请,不得以未在原属国申请、注册或续展为理由而予以拒绝,也不得使注册无效。(3)在本联盟第一个国家正式注册的商标,与在联盟其他国家

---

[1] 参见《WIPO 知识产权手册》(WIPO Intellectual Property Handbook: Policy, Law and Use),2004 年第 2 版,第 244 页。

注册的商标，包括在原属国注册的商标在内，应认为是相互独立的。"在《巴黎公约》的实质性条款中，有的是公约特别规定的权利，各成员国均须遵守之，也有的是要求或允许各成员国制定法律予以规定的，特别是有关手续、保护的范围、条件、期限、内容等方面，因此，各成员国的法律在这些方面可以存在不同的规定。

尽管随着经济全球化的趋势，相关国际条约、多边协定的规定，各国在工业产权保护的规定上也在不断趋同，但不可否认的是，只要各国之间在主权、利益等方面存在差异，就必然在立法上反映出不同的规定。

四、最低保护标准原则

《巴黎公约》第2条第1款在规定国民待遇的同时指出，"一切都不应损害本公约特别规定的权利"。这是1925年海牙修订会议上增设的规定，实际上就是指成员国对工业产权保护的最低标准。

属于公约特别规定的内容包括工业产权的范围（第1条）、优先权（第4条）、专利的独立性（第4条之二）、发明人在发明证书中表示其姓名的权利（第4条之三）、对拒绝授予专利或取消专利的可能性的限制（第4条之四）、规定利用专利、商标等的义务（第5条）、缴纳维持费的宽限期（第5条之二）、制造方法专利权人的权利（第5条之四）、商标注册的条件和商标的独立性（第6条）、商标的转让（第6条之四）、关于保护厂商名称的规定（第8条）、承认追究虚伪的货源标记的利益（第10条第2款）等。

第四节 《保护工业产权巴黎公约》的共同规则

《巴黎公约》除规定了上述基本原则之外，它还对不同的工业产权设有一些共同的规则。

一、专利、实用新型与外观设计

《巴黎公约》对专利、实用新型与外观设计，特别是专利方面制定了详细的规则，旨在保护创新者的合法权益，促进科技进步和经济发展。

（一）发明人的署名权

根据《巴黎公约》第4条之三的规定，发明人有权在发明专利证书中作为发明人写明姓名,这是对发明人精神权利的一种保护。不过,公约虽提出了这个规则,但没有规定具体的实行方式,因此发明人行使这种权利的程序需由成员国在其国家法律中规定。

(二)专利的授予与内容

1. 国内法对产品销售的限制不能阻碍对该产品或者其制造方法授予专利。《巴黎公约》第 4 条之四规定:各成员国不得以专利产品的销售或依照专利方法制造的产品的销售受到本国法律的禁止或限制为理由,而拒绝授予专利或宣告该专利无效。这意味着,即使某一产品在某成员国内被禁止或限制销售,但只要与该产品或其制造方法相关的发明创造符合该成员国国内法要求的专利授予条件,那么该发明创造仍然可以获得专利保护。例如,武器、化学药品等产品在一些国家属于被禁止销售的产品,但是与这些产品或者这些产品的制造方法相关的发明创造,只要满足专利授予条件,同样可以获得专利保护。这一规定旨在保护发明人的创新成果,不因产品销售限制而受阻。

2. 缴费宽限期。《巴黎公约》第 5 条之二第 1 款规定了缴纳权利维持费的宽限期制度,适用于包括专利权在内的一切工业产权。各成员国对于工业产权维持费的缴纳应给予不少于 6 个月的宽限期。在宽限期内,专利权人因特殊原因未能按时缴纳维持费,不会导致专利权立即失效。同时,各成员国可根据本国法律规定,要求专利权人在宽限期内缴纳附加费作为补偿。此外,对于因未缴费而终止的专利权,各成员国有权规定相关的权利恢复办法,使专利权人在依法补缴费用之后仍然可以受到法律保护。这一规定为专利权人提供了一定的缴费灵活性,减轻了因缴费延误而可能导致的专利权失效风险。

3. 对利用专利方法制造的产品的进口作出了特别规定。《巴黎公约》第 5 条之四规定:一种产品进口到对该产品的制造方法给予专利保护的《巴黎公约》成员国时,专利权人享有进口国法律对在该国依照专利方法制造的产品所给予的一切权利。这意味着,方法专利的保护范围不仅限于在专利授予国境内使用该方法制造的产品,还延及至从其他国家进口到该国的、使用相同方法制造的产品。这一规定有助于维护专利权人在国际市场上的利益,防止他人通过进口使用专利方法制造的产品来规避专利保护。同时,这也要求进口国在专利保护方面采取更加严格的措施,确保专利权人的合法权益得到有效保障。

第二十五章 《保护工业产权巴黎公约》

（三）强制许可

1. 强制许可的对象。根据《巴黎公约》第5条A款第2项、第5项的规定，强制许可的对象主要是专利，其次也包括实用新型。至于外观设计，公约未规定在任何情况下都可以不实施等理由而取消之，能否可以因其不实施而授予强制许可，由各国自由规定。

2. 强制许可的理由。根据《巴黎公约》第5条A款第4项的规定，对专利授予强制许可是为了防止专利权的滥用，具体提及的原因是该专利的"不实施"，也包括对专利的"不充分实施"。此外，在公众利益需要时，成员国也可以自由决定采取相关措施授予强制许可。

3. 强制许可的条件。一方面，强制许可与取消专利的关系：在涉及专利权滥用的情况下，除非授予强制许可仍不足以防止滥用，否则不应规定专利的取消。授予强制许可是取消专利的前置条件，在授予第一个强制许可之日起2年届满前，不得提起取消或撤销专利的诉讼。另一方面，授予强制许可本身的条件：包括申请强制许可的时间（应在该专利申请之日起4年届满以后，或自授予专利之日起3年届满以后，以较长期限为准）；该专利的不实施或不充分实施没有正当理由；所授予的强制许可是非独占性许可（普通许可），且不得转让、不得分许可，除非将利用该许可的部分企业或商誉一起进行转让。

（四）交通工具的临时过境

根据《巴黎公约》第5条之三的规定，为交通工具自身需要而使用有关专利发明，交通工具临时通过某国领水、领空、领土，不构成专利侵权。这一规定旨在平衡专利权人的权利与公共利益，确保交通工具在必要情况下能够正常使用相关专利发明，而不会因专利侵权问题受到阻碍。临时过境的交通工具所有人无需征得专利权人的许可，也不支付费用。其适用条件主要包括以下几点：第一，成员国身份。享受临时过境豁免的交通工具必须属于《巴黎公约》的成员国，或者是与主张豁免的国家有保护专利权的双边协议或互惠关系的国家。第二，临时或偶然过境。交通工具的过境必须是临时或偶然的，这意味着它们不是长期停留在该国境内，也不是以该国为目的地。第三，专为交通工具自身需要。交通工具上使用的专利发明必须是为了满足交通工具自身的需要，而不是用于其他商业目的，如制造、销售或广告等。第四，适用范围限制。临时过境原则仅适用于交通工具的装置和设备中使用专利发明的情况，而不适用于在这些交通工具上制造或销售受专利保护的产品。第五，非销售和非制造目的。专利产品或按专利方法直接获得的产品不得在临时过境的国家境内销售，也不得以这些产品为原料制造其他产品在该国境内销售，或者从该国出口。

（五）国际展览会上的临时保护

《巴黎公约》第11条规定，各成员国应按其本国法律对在任何成员国领土内举办的官方的或经官方承认的国际展览会上展出的商品中可以取得专利的发明、实用新型、外观设计和商标给予临时保护。发明、实用新型的临时保护期通常为12个月，商标、外观设计的临时保护期通常是6个月。临时保护旨在防止因展览而使发明、实用新型丧失新颖性或被他人抢先申请，不过临时保护并非自动生效，需要展品所有人取得举办国际展览会的成员国的有关当局的书面证明。

在临时保护期内，不允许展品所有人以外的第三方以展品申请工业产权。如果展品所有人在临时保护期内申请了专利或商标注册，则申请的优先权日从展品公开展出之日起算，而非第一次提交申请时起算。

二、工商业标记

《巴黎公约》在工商业标记方面的规定主要集中于商标，为成员国的商标注册、使用、保护、转让等提供了全面的法律框架和指导。

（一）商标的注册

1. 商标在原属国注册后在本联盟其他国家受到同等的注册和保护。《巴黎公约》中关于商标注册的原则经历了一定的演变。《巴黎公约》最初在其第6条中规定了商标注册的独立性原则，以及商标在原属国注册后在本联盟其他国家应受到同等注册和保护的原则。然而，随着时间的推移，这两项原则在解释上出现了混淆。为了明确这两项原则，1958年里斯本修订会议对第6条进行了修订。修订后的第6条确立了商标注册的独立性原则，即各缔约国对商标的申请注册享有独立性，申请和注册商标的条件由各国本国法律决定。同时，为了确保商标在原属国注册后在本联盟其他国家也能受到同等的注册和保护，里斯本修订会议将原第6条中关于商标在原属国注册后应受同等注册和保护的内容单列为第6条之五。该条规定，在原属国正式注册的每一商标，除应受该条规定的保留条件的约束外，联盟其他国家也应和在原属国注册那样接受申请和给予保护。因此，经过里斯本修订会议的修订，《巴黎公约》关于商标注册的原则更加清晰明确，既保障了商标注册的独立性，又确保了商标在原属国注册后在本联盟其他国家受到同等的注册和保护。

2. 国徽、官方检验印章和政府间组织徽记的禁止性规定。根据《巴黎公约》第6条之三的规定，联盟各国应拒绝注册或使注册无效那些未经主管机关许可，而将联盟国家的国徽、国旗和其他的国家徽记、各该国用以表明监督和保证的官方符号和检验印章以及从徽章学的观点看来的任何仿制[1]用作商标或商标的组成部分，并采取适当措施禁止使用。该规定应同样适用于联盟一个或一个以上国家参加的政府间国际组织的徽章、旗帜、其他徽记、缩写和名称。这一规定旨在保护国家的象征和政府的权威不受商业行为的侵犯。

3. 未经所有人授权而以代理人或代表人名义注册商标的，商标所有人有权获得救济。根据《巴黎公约》第6条之七第1款规定，如果本联盟一个国家的商标所有人的代理人或代表人，未经该所有人授权而以自己的名义向本联盟一个或一个以上的国家申请该商标的注册，该所有人有权反对所申请的注册或要求取消注册。这一规定旨在保护商标所有人的合法权益，防止其代理人或代表人未经授权擅自注册商标。

4. 使用商标的商品的性质不能成为注册障碍。根据《巴黎公约》第7条的规定，使用商标的商品的性质决不应成为该商标注册的障碍。这意味着，商标的注册不应受到商品性质的限制，只要商标符合注册的其他条件，就应被允许注册。

（二）商标的使用要求

《巴黎公约》对于商标的使用要求并没有统一的规定，但强调了商标的使用是维持商标注册有效性的重要因素。在一些国家，如果注册商标在一定期限内未使用，可能会被撤销注册。此外，公约还规定了在一些情况下，如国际展览会上，商标可以获得临时的保护。

（三）驰名商标

《巴黎公约》第6条之二规定了对驰名商标的保护。如果一个商标在某一

---

[1] 此处之所以规定"从徽章学的观点看来的任何仿制"，是要说明这种仿制比一般所不允许的商标仿制的范围要窄，因为国家徽记往往包含狮、熊、太阳等这些本身很普通的标志，故应允许将它们自由地用作商标，除非仿制涉及区别徽记的徽章学的特点。参见［荷］博登浩森：《保护工业产权巴黎公约解说》，汤宗舜、段瑞林译，专利文献出版社1984年版，第87页。

国家已经成为驰名商标,并属于有权享受本公约利益的人所有,而其他商标构成对该驰名商标的复制、仿制或翻译,从而易于产生混淆时,联盟成员国应依职权或依利害关系人的请求拒绝或撤销该其他商标的注册,并禁止其使用。这一规定为驰名商标提供了额外的保护,防止其受到侵权行为的侵害。

（四）商标的转让

根据《巴黎公约》第6条之四的规定,商标的转让只有在与其所属企业或商誉同时移转方为有效。然而,这一规定允许各成员国自行规定商标的转让是否必须与所属企业或商誉共同转让。在实际操作中,一些国家的法律允许转让商标而无须同时转让商标所属的企业。此外,公约还规定,如果受让人使用受让的商标事实上会具有使公众对使用该商标的商品的原产地、性质或基本品质发生误解的性质,则联盟国家可以否认其转让效力。

（五）集体商标

根据《巴黎公约》第7条之二的规定,如果社团的存在不违反其原属国的法律,即使该社团没有工商业营业所,本联盟各国也承诺受理申请,并保护属于该社团的集体商标。各国应自行审定关于保护集体商标的特别条件,如果商标违反公共利益,可以拒绝给予保护。集体商标通常用于区别在标记所有人监督下使用该标记的各个企业的商品原产地或服务来源地或者其他共同属性。

（六）商标的保护

《巴黎公约》为商标提供了广泛的保护,包括禁止侵权行为、提供救济措施等。此外,公约还规定了对非法标有商标或厂商名称的商品进行扣押的措施,以及在国际展览会上对商标提供临时保护的规定。这些措施旨在确保商标所有人的合法权益得到有效保护,防止其受到侵权行为的侵害。

三、不正当竞争

《巴黎公约》关于不正当竞争的内容十分丰富,为成员国提供了明确的法律指引和救济途径,有助于维护国际市场的公平竞争秩序。

（一）不正当竞争的定义

《巴黎公约》认为,凡在工商业事务中违反诚信经营的习惯做法的竞争行为即构成不正当竞争的行为。这一定义涵盖了工商业领域中各种违反诚信原则的竞争手段。

（二）不正当竞争的具体表现形式

1. 非法标注商标、厂商名称行为。即未经权利人许可，擅自在商品上标注其商标、厂商名称的行为。

2. 假标记行为。即直接或间接使用假的货源标记或者生产者、制造者或商人标记的行为。

3. 混淆行为。用各种手段对竞争对手的企业、商品或工商业活动制造混淆，包括在经营商业中使用致使公众对商品的性质、制造方法、特点、使用目的或数量发生误解的表示或说法。

4. 毁誉行为。在经营商业中用虚假事实损害竞争对手的企业、商品或工业活动的信誉。

（三）对不正当竞争行为的救济程序

《巴黎公约》对制止不正当竞争的一般救济程序也作了规定，要求成员国有义务保证其他成员国的国民在本国获得制止不正当竞争的有效保护，并对发生在本国的涉及公约所列举的行为，无论是本国人所为还是外国人所为，都应认定为不正当竞争行为。同时，成员国应当承诺保证本公约其他成员国国民获得有效地制止不正当竞争行为的法律救济。

（四）对不正当竞争行为的法律约束

《巴黎公约》通过其规定，为国际知识产权领域的反不正当竞争提供了法律依据，推动了一些国家反不正当竞争立法的进程。它不仅要求成员国在国内法中体现公约的原则，还通过国际合作的途径，共同打击跨国不正当竞争行为。

思考题：

1. 简述工业产权的概念。
2. 简述《保护工业产权巴黎公约》保护的工业产权对象。
3. 《保护工业产权巴黎公约》的基本原则有哪些？

第二十六章
《保护文学和艺术作品伯尔尼公约》

【内容提示】

本章论述了《保护文学和艺术作品伯尔尼公约》概述,其内容主要包括:(1)概述;(2)《保护文学和艺术作品伯尔尼公约》的保护对象的范围;(3)《保护文学和艺术作品伯尔尼公约》的著作权内容和限制;(4)《保护文学和艺术作品伯尔尼公约》对作者权利的保护期限及溯及力;(5)《保护文学和艺术作品伯尔尼公约》关于对发展中国家的优惠的规定。

第一节 概述

一、《伯尔尼公约》的订立

《伯尔尼公约》是著作权保护方面最重要的国际公约之一,也是历史最悠久的著作权国际条约。它提供了高水平的保护,赋予了作者最广泛的一系列权利。

《伯尔尼公约》的形成跟国际经济文化日益频繁的交往直接相关,是为了满足国际保护著作权的需要。正如克洛德·马苏耶所指出的,"复制和使用作品的技术手段的不断完善和国与国之间的越来越不可少的文化交流的发展,要求不仅通过国内法来保护著作权,更要求在国际范围内保护著作权。《伯尔尼公约》遵循这一目标,保护在其每一个成员国内,成员国的作品都得到国民待遇,作者不必履行任何手续,就可以享有这一国民待遇和最低限度的保护。"[1]事实上,在《伯尔尼公约》之前,欧洲国家之间已经存在一些双边条

---

[1] 世界知识产权组织:《保护文学和艺术作品伯尔尼公约:(1971年巴黎文本)指南》,刘波林译,中国人民大学出版社2002年版,前言。

约，缔约国彼此给予对方国民以对等的著作权保护。

1878年，法国大文豪雨果于巴黎举行世界博览会之际主持召开"文学家协会"，会议通过了包含跨国境保护作品的决议。同年成立了"国际文学联合会"，后改名为"国际文学艺术界联合会"（法文简称 ALAI）。ALAI 于1883年9月10日召开大会，由法国法学家 Eugene Pouillet 为主席的起草委员会草拟了10个条款。这就是《伯尔尼公约》最初的基础。[1]在瑞士联邦政府的推动下，1884年、1885年和1886年召开了三次外交会议，讨论缔结著作权保护的国际公约。在1886年9月6日至9日举行的外交会议上，最终通过了《伯尔尼公约》。当时参加会议的有12个国家。[2]第二年，经由8个国家批准，公约于1887年12月5日生效。

《伯尔尼公约》经历了多次修订，其中，重要的修订有：1908年在柏林、1928年在罗马、1948年在布鲁塞尔、1967年在斯德哥尔摩、1971年在巴黎。上述修订加强了作者的权利。比如，1908年在柏林决定对创作者的保护不取决于履行手续；1928年在罗马承认了著作人身权及广播权；1948年在布鲁塞尔通过了保护期不少于作者死后50年的原则，还引进了追续权；1967年在斯德哥尔摩草拟了照顾发展中国家的议定书，作为公约不可分的一部分。

截至2023年12月，伯尔尼公约的成员国为179个。我国全国人大常委会于1992年7月1日通过《关于我国加入〈伯尔尼保护文学和艺术作品公约〉的决定》。1992年10月15日，《伯尔尼公约》在我国生效，适用1971年的巴黎文本。

二、《伯尔尼公约》的基本原则

（一）国民待遇原则

根据《伯尔尼公约》第5条第1款和第4款的规定，公约成员国的国民的作品，不论是否发表，都可以在任何公约成员国内享有该国给予其本国国民作品的同等保护。非公约成员国的国民，只要其作品的第一版是在公约的某个成员国首先出版的，或者在某个成员国及其他非公约成员国同时出版的，

---

[1] See Sam Ricketson, *The Berne Convention for the Protection of Literary and Artistic Works*: 1886—1986, Kluwer, 1987, p. 51.

[2] 签字国为10个：法国、德国、英国、意大利、比利时、西班牙、瑞士、利比里亚、突尼斯、海地。美国和日本作为观察员出席会议。

则可以在公约成员国内享受到本公约所提供的保护。非公约成员国的国民如果在某个成员国有经常住所,则须视其为该成员国的国民而提供版权保护。

(二) 自动保护原则

根据《伯尔尼公约》第5条第2款的规定,著作权的享有和行使无须任何手续。换言之,只要作者创作出文学、艺术和科学作品,就自动获得著作权,而不需要履行登记、缴纳样本等手续。这一原则简化了版权保护的程序,使得作者的作品一经创作完成,即可在公约成员国内受到保护。

(三) 独立保护原则

作者享有公约所规定的各项权利,不依赖于作品在来源国所受到的保护。除公约的规定外,受保护程度及为保护作者权利所提供的司法救济方式,完全适用提供保护的国家的法律。这一原则确保了作品在各国之间的独立保护,不受作品来源国保护条件的影响。

(四) 最低保护原则

由于各国对著作权保护的对象、范围、程度和期限各不相同,《伯尔尼公约》规定了一些各国都能接受的标准,即最低限度保护原则。各成员国对于本国以外的成员国的国民的保护标准,不得低于伯尔尼公约要求的最低标准。如果某一成员国的某些保护标准低于公约的规定,它可以适用于本国国民,而不能适用于外国国民。例如,《伯尔尼公约》规定,一般文学艺术作品的保护期为作者有生之年加死后50年。依最低限度保护原则的要求,各缔约国给予其他成员国国民的保护期限不得少于公约的规定,但可以多于公约的规定。

第二节 《保护文学和艺术作品伯尔尼公约》的保护对象的范围

一、受保护的作品

《伯尔尼公约》第2条确定了受公约保护的作品。

1. 公约并没有给"作品"下定义,而是采用不完全列举的方法加以说明。根据《伯尔尼公约》第2条第1款的规定,"文学和艺术作品"一词包括文学、科学和艺术领域内的一切成果,不论其表现形式或方式如何,如书籍、小册子和其他文字作品;讲课、演讲、讲道和其他同类性质作品;戏剧或音乐戏剧作品;舞蹈艺术作品和哑剧;配词或未配词的乐曲;电影作品和以类似摄制电影的方法表现的作品；图画、油画、建筑、雕塑、雕刻和版画作品；摄影作品和以类似摄影的方法表现的作品；实用艺术作品；与地理、地形、建筑或科学有关的插图、地图、设计图、草图和立体作品。

同时，《伯尔尼公约》第 2 条第 3 款、第 5 款规定：对演绎作品（因翻译、改编等产生的作品）应受到与原作同等的保护；对于文学或艺术作品的汇编，诸如百科全书和选集，凡由于对材料的选择和编排而构成智力创作的，应得到相应的但不损害汇编内每一作品的著作权的保护。

2. 公约把若干涉及受保护作品的问题交由各成员国的国内法加以规定。例如，是否以某种物质形式把作品固定下来作为受保护的条件；对立法、行政或司法性质的官方文件以及这些文件的正式译本的保护；对实用艺术作品以及工业品平面和立体设计的保护，以及此种作品和平面与立体设计受保护的条件。[1]

3.《伯尔尼公约》第 2 条第 8 款规定："本公约的保护不适用于日常新闻或纯属报刊消息性质的社会新闻。"

二、受保护的条件

根据《伯尔尼公约》第 3 条第 1 款的规定，作品受保护的条件主要有两个连结点，即属人标准和属地标准。具体而言，包括以下几种情况：

1. 属人标准。根据《伯尔尼公约》第 3 条第 1 款（a）和第 5 条第 4 款（c）的规定，作者为本同盟任何成员国的国民者，其作品无论是否已经出版，都受到保护。另外，《伯尔尼公约》第 3 条第 2 款规定，对于不属于本同盟成员国的国民的作者，如果在本同盟一成员国国内有惯常住所，则视为该国国民，也与该国国民享有同样的保护。因此，属人标准有两个：国籍与惯常居所。这样，就把无国籍人和难民这种特殊情况包括在内了。公约之所以采用惯常居所而不采用住所的概念，是因为后者在不同国家可能有所区别，而前者对被请求处理争端的法院提出的只是一个事实问题，即作者在某地居住的时间长短。

2. 属地标准。《伯尔尼公约》第 3 条第 1 款（b）规定，"作者为非本同盟任何成员国的国民者，其作品首次在本同盟一个成员国出版，或在一个非

---

[1]《伯尔尼公约》第 2 条第 2 款、第 4 款和第 7 款。

本同盟成员国和一个同盟成员国同时出版的都受到保护。"同时,《伯尔尼公约》第3条第3款对于出版、同时出版等含义作有进一步的界定:"已出版作品",指得到作者同意后出版的作品,而不论其复制件的制作方式如何,只要从这部作品的性质来看,复制件的发行方式能满足公众的合理需要。戏剧、音乐戏剧或电影作品的表演,音乐作品的演奏,文学作品的公开朗诵,文学或艺术作品的有线传播或广播,美术作品的展出和建筑作品的建造不构成出版。这一定义是在斯德哥尔摩会议上确定的,它明确了两点:一是需要取得作者的同意;二是作品引起公众注意的方式,即作品的复制件能够满足公众的合理需要,但不一定是销售、出租、出借,甚至免费发送均可。同时确认某些不构成出版的行为:表演、公开朗诵、有线传播、广播、美术作品的展览、建筑作品的建造。另外,根据《伯尔尼公约》第3条第4款的规定,同时出版是指一个作品在首次出版后30天内在两个或两个以上国家内出版,则该作品应视为同时在几个国家内出版。

3. 电影作品、建筑作品以及结合在建筑物上的其他艺术作品。对于这类作品,除按上述标准确定保护条件外,公约还规定了特殊的连结点,从而增加了这些作品受到公约保护的可能性。根据《伯尔尼公约》第4条的规定,"下列作者,即使不具备第3条规定的条件,仍然适用本公约的保护:(1)制片人的总部或惯常住所在本同盟某一成员国内的电影作品的作者;(2)建造在本同盟某一成员国内的建筑作品或构成本同盟某一成员国内建筑物一部分的平面和立体艺术作品的作者。"这里的制片人既可以是法人(针对其总部),也可以是自然人(针对其惯常住所),而其中未提及制片人的国籍是为了避免发生有关法人国籍的争议。另外,如果涉及两个以上的共同制片人,则只要其中一人符合上述条件即可。对于建筑作品以及构成建筑物一部分的其他艺术作品,只要建筑物属于成员国境内,亦符合受保护的条件。

第三节 《保护文学和艺术作品伯尔尼公约》的著作权内容和限制

一、著作权的内容

《伯尔尼公约》规定的著作权包括著作人身权与著作财产权两部分。

第二十六章 《保护文学和艺术作品伯尔尼公约》

（一）著作人身权

著作人身权，又称精神权利，是指作者通过创作表现个人风格的作品而依法享有获得名誉、声望和维护作品完整性的权利。根据《伯尔尼公约》第6条之二的规定，著作人身权主要包括以下两个方面的内容：一是，署名权。即作者在作品上署真名、假名或不署名的权利，以及禁止他人在自己作品上署名的权利；二是，保护作品完整权。即禁止他人对作品进行歪曲、割裂或其他更改，或有其他损害行为。这一权利是维护作者声誉、保护作品不受篡改的重要保障。另外，给予作者的上述人身权利，在其死后应至少保留到作者财产权利期满为止，并可以由被请求保护国的法律授权的个人或机构行使。

（二）著作财产权

著作财产权，又称经济权利，是指作者及传播者通过某种形式使用作品，从而依法获得经济报酬的权利。《伯尔尼公约》第8条至第14条对著作财产权进行了详细规定，主要包括以下权利：

1. 翻译权。作者在权利保护期限内有翻译和授权他人翻译其作品的权利。翻译权是著作权的核心内容，翻译受著作权保护的作品，必须事先征得原作者的同意。

2. 复制权。作者享有复制或授权他人以任何形式复制作品的专有权利，录音或录像均视为公约所规定的复制。成员国法律在特殊情况下可以允许复制，但必须履行一定的手续，并可能受到公约附件中相关规定的限制。

3. 公开表演权。戏剧作品、音乐戏剧作品或音乐作品的作者有权授权别人以各种方式或方法公开表演或演奏其作品。这包括现场表演和通过技术手段向公众传播表演的行为。

4. 广播权。文学艺术作品的作者有权授权以无线广播或其他方法广播其作品。这包括授权原广播机构以外的另一机构通过有线传播或转播的方式向公众传播广播的作品。

5. 公开朗诵权。版权作品的作者有权授权用各种方式或手段公开朗诵其作品。这一权利与公开表演权相似，但更侧重于以语言形式对作品进行公开再现。

6. 改编权。版权作品的作者有权对其作品进行改编、整理和其他改变。改编可以是将作品从一种形式转换成另一种形式，如将小说改编成戏剧，或将音乐作品改编成管弦乐作品。

7. 音乐作品的录制权。作者对其音乐作品享有录制或授权他人以任何方

· 287 ·

法或形式进行录制的专有权利。这包括对音乐或音乐加戏剧作品的录制，但通常不包括文字作品的录制。

8. 摄制电影权。摄制电影权分为两个方面：一是作者享有授权对其作品进行改编摄制成电影并将电影拷贝进行发行的权利；二是作者有权控制被改编摄制作品的公开传播，其中包括放映权。

9. 追续权。《伯尔尼公约》原始文本中并未直接规定"追续权"。追续权通常是指艺术作品、文学作品或音乐作品的原始作者及继承人，对于该作品每一次转售的增值部分，享有一定比例的受益权。根据《伯尔尼公约》第14条之三第1款的规定，追续权仅适用于美术作品的原件与作家、作曲家的手稿，其权利内容是作者有权从他人对这些原件或手稿的转售中分享利益。此外，只有在作者本国的法律确认追续权，并且在被请求保护国的法律也规定有此权利时，才能请求保护国给予此种保护。

二、对著作权的限制

（一）合理使用

《伯尔尼公约》通过具体规定合理使用的范围，为公众提供了在特定情况下使用受版权保护作品的法律依据，同时保障了版权人的合法权益。

1. 适当引用。根据《伯尔尼公约》第10条第1款的规定，从一部合法向公众发表的作品中摘出引文，包括以报刊摘要形式摘引报纸期刊的文章，只要符合合理使用，并在为达到正当目的所需要的范围内，就属合法。使用时应指明出处，如原出处有作者姓名，也应同时说明。这一规定允许为了介绍、评论或说明某一问题，在作品中适当引用他人已发表的作品。但引用部分应是论证必需的，不能占有较大比重，应仅限于关键词句或段落。

2. 合理教学使用。根据《伯尔尼公约》第10条第2款的规定，本同盟成员国法律以及成员国之间现有或将要签订的特别协议可以规定，为教学解说的目的，允许合法地通过出版物、无线电广播或录音录像使用文学艺术作品，只要是在为达到目的的正当需要范围内使用，并符合正当习惯。这允许以出版物、广播或录音录像形式为教学解说而使用作品，但同样需要注明出处，并且使用范围应限制在教学解说的正当需要内。

3. 对时事性文章的转载。根据《伯尔尼公约》第10条之二第1款的规定，本同盟各成员国的法律不得允许通过报刊、广播或对公众有线传播，复制发表在报纸、期刊上的讨论经济、政治或宗教的时事性文章，或具有同样性质的已经广播的作品，但以对这种复制、广播或有线传播并未明确予以保留的为限。需要注意的是，任何时候均应明确指出出处，不履行该项义务的后果由向之提出保护要求的国家予以法律规定。这一规定允许报刊、广播等媒体转载或广播已发表的时事性文章，但前提是未声明保留此类权利，并且必须指明出处。

4. 时事报道。根据《伯尔尼公约》第10条之二第2款的规定，允许在报道时事新闻时，对在事件过程中看到或听到的文学艺术作品进行复制和公之于众，但这种复制和公之于众必须是在为达到新闻报道目的正当需要的范围内。这意味着，如果报道时事新闻不可避免地需要使用到受版权保护的作品，如国歌、绘画作品、乐曲等，那么这种使用在一定条件下是被允许的。该条款中明确指出，对于时事报道中复制和公之于众的条件，由各成员国的法律规定。

在实际应用中，对于时事报道中涉及受版权保护的作品，需要注意以下几点：第一，遵守成员国法律。在使用受版权保护的作品进行时事报道时，应严格遵守所在成员国的法律规定，确保报道的合法性和合规性；第二，尊重版权人权益。尽管时事报道在一定程度上可以复制和公之于众受版权保护的作品，但仍应尊重版权人的合法权益，避免对作品进行不必要的篡改、歪曲或滥用；第三，标明出处和作者：在报道中引用受版权保护的作品时，应标明作品的出处和作者姓名，以示对版权人的尊重和感谢。

5. 临时录制。根据《伯尔尼公约》第11条之二第3款的规定，除另有规定外，公约关于广播的授权并不意味着授权利用录音或录像设备录制广播的作品，但成员国法律得确定一广播机构使用自己的设备并为自己播送之用而进行临时录制的规章。成员国法律也可以因为这些录制品具有特殊文献性质而批准由国家档案馆保存。另外，临时录制的"临时"性质意味着录制品在广播节目播出后的合理时间内应该予以销毁。不同成员国对"合理时间"的规定可能有所不同，如英国版权法规定的销毁时间为首次使用于广播后的28天，美国版权法是6个月内，加拿大版权法是30天之内。

（二）对复制权的限制

《伯尔尼公约》第9条第2款规定了复制权的例外：本联盟成员国法律可以允许在某些特殊情况下复制上述作品，但此种复制不得与该作品的正常使用相冲突，也不会不合理地损害作者的合法权益。这里提出的限制复制权的三个标准——限于特殊情况、不影响作品的正常使用、不损害作者的合法权益,成为后来人们通常所指的"三步标准"在知识产权国际条约中的开端。由《伯尔尼公约》这一条款开始,"三步标准"已经适用于著作权、著作邻接权、专利权、外观设计权等知识产权,被后来的很多著作权国际公约所承袭,成为检验知识产权之例外或者限制的基本规则。

(三) 对广播权与音乐作品录制权的限制

根据《伯尔尼公约》第11条之二第2款和第13条第1款的规定,成员国可以在其国内立法中规定行使广播权的条件,也可以规定音乐作品录制权的保留条件。但这些只是由各成员国加以规定,是否规定限制条件以及如何规定,完全取决于各国自主。另外,即使作出限制,也不得损害作者的著作人身权与获得合理报酬的权利。

(四) 对翻译权的强制许可

根据《伯尔尼公约》附件第2条的规定,任何声明援用本条规定的权利的国家,就以印刷形式或其他任何类似的复制形式出版的作品而言,均有权以由主管当局所发的非专有和不可转让的许可证来代替公约规定的专有翻译权。另外,公约还规定了翻译权强制许可证的条件。

1. 时间要求。从作品首次出版之日起满3年,或从颁发强制许可证国家的法律规定的更长期限届满后,如果该作品翻译权人未将作品以发证国通用语文翻译出版,也未授权他人出版,则该国的任何国民均可申请许可证,以便用上述语文翻译该作品,并以印刷或类似的复制方式出版译本。这一期限有以下几种特殊情况:第一,如果把作品译成成员国中一个或一个以上发达国家的非通用语文,申请翻译许可证的期限由3年改为1年;第二,作品译成该国通用语言后出版的所有版本如已售完,主管当局也可按以上规定授权其国民翻译出版该作品,此时无具体年限要求;第三,对于可申请期限为3年的强制许可,存在6个月的补充期限;可申请期限为1年的强制许可,存在九个月的补充期限。此补充期限均从申请人将其向著作权主管当局提交的申请书副本寄出之日算起。

2. 目的要求。颁发翻译权强制许可证的目的只限于为教学、学习或研究之用。不过,广播组织为用于教育广播或向特定专业的专家传播专门技术和科研成果的广播,也可以申请翻译权强制许可证。但应注意,对于音像制品和电影作品,以及主要由图画组成的作品(这类作品只有在符合公约附件规定的复制强制许可条件的情况下,才能颁发翻译强制许可证),不得颁发翻译强制许可证。

3. 翻译权强制许可证的撤销。如果翻译权所有者或经其授权出版的译本,其价格与有关国家内同类作品通行的价格相似,且该译本的语文和基本内容与根据强制许可证出版的译本相同,则相关缔约国应撤销已颁发的该强制许可证。然而,在许可证撤销之前已制作的作品复制品,仍可继续发行直至售完。这意味着,即使在有关国家已经颁发了强制许可证,翻译权人仍然有权许可他人进行翻译。并且,当这种强制许可与约定的许可翻译作品在市场上的利益发生冲突时,强制许可将被终止。

(五) 对复制权的强制许可

根据《伯尔尼公约》附件第 3 条的规定,任何声明援用本条规定的权利的国家,均有权以由主管当局发给非专有和不可转让的许可证来代替公约规定的专有复制权。该条还就复制权强制许可的条件作出规定。

1. 可被强制许可复制的作品。《伯尔尼公约》规定,可被强制许可复制的作品主要包括以印刷或类似复制形式出版的作品,以及以视听形式复制的受保护作品或包含受保护作品的视听资料。这些作品应满足一定的条件,即作品的复制权所有者或经其授权的人,在规定的时间内未以与同类作品在该国通行的价格相似的价格,在该国出售作品的复制品,以满足广大公众或大、中、小学教学的需要。

2. 时间要求。自作品特定版本首次出版之日起算的特定期限届满,若该版作品的复制品尚未由作者或经其授权的人以规定价格在该国出售,则该国任何国民都可申请复制和出版该版本的强制许可证。这里的"特定期限"根据作品类型的不同而有所差异:对于一般作品,特定期限为 5 年;对于数学、自然科学及技术领域的作品,特定期限缩短为 3 年;对于小说、诗歌、戏剧、音乐作品及美术书籍,特定期限延长为 7 年。

3. 不得发给许可证的情况。《伯尔尼公约》对复制权不得发给许可证的情况主要包括以下几种:第一,作者已停止为进行复制及出版而申请许可证的该版的全部作品复制品的发行时,不得发给任何许可证。第二,如果所涉及的译本并非由翻译权所有者或在其授权下出版,或者译本所用的不是申请许可证所在国的通用语文,则不得发给复制和出版该译本的许可证。第三,在某些特殊情况下,如果复制权所有者或经其授权的人已经以与该国同类作品相似的价格，为供应广大公众或为大、中、小学教学之用而在该国出售了某版作品的复制品，且该版的语文和基本内容与根据许可证可能出版的版本相同，则应撤销根据相关规定发给的所有许可证。不过，在撤销许可证前制作的复制品可一直发行到售完为止。

4. 复制权强制许可证的撤销。如果某一作品某版的复制品是由复制权所有者或经其授权，以与该国同类作品相似的价格，为供应广大公众或为大、中、小学教学之用而在相关国内出售，且该版的语文和基本内容同根据许可证出版的版本语文和内容相同，则应撤销根据本条发给的所有许可证。不过，在撤销许可证前制作的复制品可一直发行到售完为止。

第四节 《保护文学和艺术作品伯尔尼公约》对作者权利的保护期限及溯及力

一、保护期限

《伯尔尼公约》对作者权利的保护期限规定在公约的第7条，其详细规定了不同类型的作品及其作者权利的保护期限。

（一）一般规定

《伯尔尼公约》第7条第1款规定："本公约给予保护的期限为作者有生之年及其死后五十年内。"这是在1948年布鲁塞尔修订会议上被确定为一项公约义务的。它是所有成员国均须遵守的关于著作权保护期限的最低标准。一般认为，作者的终生加上一段较长的期间，足以使作者的继承人在纪念他的期间能够通过他的作品受益是正常的。绝大多数国家认为，将作者的平均终生和他的直系近亲属包括在内是公平合理的。因此，大多数国家确定以作者有生之年加死后50年作为保护期限。但随着人类寿命的普遍延长，在一些国家的国内法中开始扩张保护期，例如，欧盟与美国等国的著作权法将这一保护期限延至作者有生之年加上死后70年。

关于保护期限的计算，根据《伯尔尼公约》第7条第5款的规定，作者死后的保护期和对特定作品规定的期限是从其死亡或所提及的事件发生之时开始，但这种期限应从死亡或所述事件发生之后次年的1月1日开始计算。即事件发生的当年剩余期间不计入在内，而从次年起按整年计算。

《伯尔尼公约》规定的保护期限并不排除成员国对作者提供更长的保护期限。公约第 7 条第 6 款规定:"本同盟成员国有权给予比前述各款规定更长的保护期。"同时,公约第 7 条第 8 款也规定了例外情况,例如,当被请求国规定的保护期长于作品起源国的保护期限时,被请求国在保护期限上无需给予国民待遇,可以按其作品起源国的保护期限执行。

此外,关于著作人身权的保护期限,《伯尔尼公约》第 6 条之二也规定有最低保护期,即著作人身权至少应在著作财产权的保护期内受到保护。

(二) 电影作品的保护期

《伯尔尼公约》第 7 条第 2 款规定,就电影作品而言,本同盟成员国有权规定保护期在作者同意下自作品公之于众后 50 年期满,如自作品完成后 50 年内尚未公之于众,则自作品完成后 50 年期满。这是 1967 年斯德哥尔摩修订会议上确定的。

(三) 匿名作品或假名作品的保护期

对于不具名作品和假名作品,本公约给予的保护期自其合法公之于众之日起 50 年内有效。但根据作者采用的假名可以毫无疑问地确定作者身份时,该保护期则为《伯尔尼公约》第 7 条第 1 款所规定的期限。如不具名作品或假名作品的作者在上述期间内公开其身份,则适用第 1 款所规定的保护期限。本同盟成员国没有义务保护有充分理由推定其作者已死去 50 年的不具名作品或假名作品。这一规定源自《伯尔尼公约》第 7 条第 3 款,最早见于 1948 年布鲁塞尔文本,并于 1967 年斯德哥尔摩修订会议时修改确定。

(四) 摄影作品和实用艺术作品的保护期

《伯尔尼公约》第 7 条第 4 款规定,摄影作品和作为艺术作品保护的实用艺术作品的保护期限由同盟各成员国的法律规定;但这一期限不应少于自该作品完成之后算起的 25 年。这是由 1967 年斯德哥尔摩修订会议所规定的对两类特殊作品的最低保护期限。

(五) 合作作品的保护期

《伯尔尼公约》第 7 条之二规定,上述规定同样适用于合作作者共有著作权的作品,但作者死后的保护期应从最后死亡的作者死亡时算起。

二、溯及力

《伯尔尼公约》第 18 条规定,公约规定的最低保护,不仅适用于成员国参加公约之后来源于其他成员国的作品,而且适用于该国参加公约之前即已经存在,在其他缔约国仍受保护的作品。但公约允许缔约国通过多边或双边协定来限制公约追溯力的规定在它们之间的适用。

第五节 《保护文学和艺术作品伯尔尼公约》关于对发展中国家的优惠的规定

在1971年《伯尔尼公约》的巴黎修订会议上,为发展中国家确立了6条特别规定,这些规定作为公约的附件,主要内容包括:

1. 翻译权。允许发展中国家在特定条件下,未经原作者授权,翻译受保护的作品,但需支付报酬。

2. 复制权。允许发展中国家在特定情况下,复制受保护的作品以满足国内教育、科研或公共利益的需要,并需支付报酬。

3. 强制许可的附加条件。规定了强制许可的具体条件和程序,确保在保障公共利益的同时,不损害版权所有者的合理利益。

4. 保留条款。允许发展中国家在签署公约时,对某些条款进行保留,以适应本国的实际情况。

5. 版权转让和许可的限制。对版权转让和许可的条件进行了一定的限制,以保障发展中国家的利益。

6. 过渡性安排。为发展中国家提供了一定的过渡期,以便它们能够逐步适应和执行公约的规定。

这6条特别规定旨在通过法律手段,平衡发达国家与发展中国家在版权保护领域的利益,促进文化交流和知识传播。

思考题:

1. 《伯尔尼公约》对作品受保护的条件是什么?
2. 《伯尔尼公约》对我国著作权立法有何重要影响?
3. 简述《伯尔尼公约》对作者权利的保护期限。

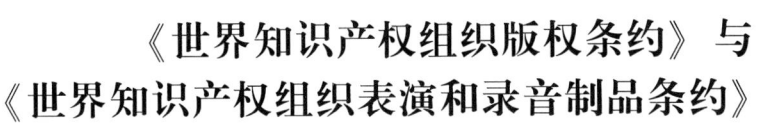

第二十七章
《世界知识产权组织版权条约》与《世界知识产权组织表演和录音制品条约》

【内容提示】

本章论述了《世界知识产权组织版权条约》和《世界知识产权组织表演和录音制品条约》两大条约。其内容主要包括：（1）概述；（2）《世界知识产权组织版权条约》的主要内容；（3）《世界知识产权组织表演和录音制品条约》的主要内容。

第一节 概述

WCT 和 WPPT 是在 1996 年 12 月 20 日世界知识产权组织（简称 WIPO）在日内瓦召开的关于版权与邻接权的外交会议上通过的。WIPO 专家委员会的主席 Jukka Liedes 提出了一份草案作为讨论基础，最终签订了 WCT 和 WPPT。条约还附有议定声明，用以解释条约内容。WCT 和 WPPT 在内容上二者有很多相似之处，也都是为解决国际互联网络环境下应用数字技术而产生的版权保护新问题，实际是"邻接权"条约，知识产权界称之为《因特网条约》。两条约的缔结方都已达到条约生效的要求，分别于 2002 年 3 月 6 日和 5 月 22 日生效。

据数据统计，截至 2006 年 10 月，WCT 有 60 个成员国，WPPT 有 49 个《世界知识产权组织版权条约》成员国。我国政府后于 2007 年 3 月 9 日加入这两个条约，该两条约自 2007 年 3 月 9 日起对我国生效。[1]

---

[1] 我国政府在加入文件中声明，除非另有通知，该两个条约不适用于我国香港特别行政区和澳门特别行政区。

第二节 《世界知识产权组织版权条约》的主要内容

WCT 共 25 条：第 1 条至第 14 条是实质性条款，第 15 条至第 25 条是行政管理条款。另外，还附议定声明 9 条。

一、条约与其他公约的关系

WCT 规定，本同盟各成员国政府保留在它们之间签订给予作者比本公约所规定的更多的权利，或者包括不违反本公约其他条款的特别协议的权利。凡符合上述条件的现有协议的条款仍然适用。据此，WCT 可以给予作者比《伯尔尼公约》所规定的更多的权利或者将不违反《伯尔尼公约》的条款纳入其中。同时，该条约不得与其他条约有任何联系，也不得损害任何其他条约的权利与义务。这里的"其他条约"指 TRIPS 协定、《世界版权公约》等。

WCT 进一步规定，条约的任何内容均不得减损缔约方相互间按《伯尔尼公约》已承担的义务。各缔约方认为《伯尔尼公约》完全适用于数字环境，尤其是以数字形式使用作品的情况，因此规定，缔约各方应遵守《伯尔尼公约》第 1 条至第 21 条及附件的规定。因此，WCT 的著作权保护标准高于《伯尔尼公约》的规定。

二、著作权保护的范围与内容

（一）著作权保护的范围

WCT 规定，著作权保护延及表达，而不延及思想、过程、操作方法或数学概念本身。这一条属于公认的著作权法原理，TRIPS 协定第 9 条亦设有同样的规定。同时，该条约还就数字化技术相关的对象作出专门规定。

1. 计算机程序。计算机程序作为《伯尔尼公约》第 2 条意义下的文学作品受到保护。这种保护适用于各种计算机程序，而不论其表达方式或表达形式如何。这里规定的计算机程序保护的范围，与《伯尔尼公约》第 2 条的规定相同，并与 TRIPS 协定的有关规定相同。

2. 数据汇编。数据或其他资料的汇编，无论采用任何形式，只要其内容的选择或编排构成智力创作，其本身即受到保护。这种保护不延及数据或资料本身，也不损害汇编中的数据或资料已存在的任何著作权。同样，这一规

第二十七章 《世界知识产权组织版权条约》与《世界知识产权组织表演和录音制品条约》

定与《伯尔尼公约》第 2 条的规定一致,并与 TRIPS 协定第 10 条第 2 款的规定相同。

(二) 著作权的内容

WCT 遵守《伯尔尼公约》的相关规定。它对于以数字形式在电子媒介上保存作品的行为作出界定,《伯尔尼公约》第 9 条所规定的复制权及其所允许的例外,完全适用于数字环境,尤其是以数字形式使用作品的情况。

此外,WCT 就数字网络条件下的作品传播规定了如下权利:

1. 发行权。文学和艺术作品的作者应享有授权通过销售或转让所有权的其他形式,向公众提供其作品原件或复制品的专有权。《伯尔尼公约》并没有规定发行权,这是在国际条约中首次对发行权作出定义。

2. 出租权。该条约规定的出租权是与发行权相互独立的权利。根据 WCT 第 7 条规定,计算机程序、电影作品和按缔约方国内法规定的以录音复制的作品的作者,应享有授权将其作品的原件或复制品向公众进行商业性出租的专有权。但是,对于计算机程序,如果其本身并不是出租的主要对象,则上述规定不适用;对于电影作品,除非这种商业性出租已导致对该种作品的广泛复制,从而严重地损害了复制专有权,上述规定也不适用。

3. 向公众传播的权利。根据该条约第 8 条的规定,文学和艺术作品的作者应享有专有权,以授权将其作品以有线或无线方式向公众传播,包括将其作品向公众提供,使公众中的成员在其个人选定的地点和时间可获得这些作品。另外,对于条约第 8 条的规定,还有一项议定声明:仅仅为促成或进行传播提供实物设施不致构成本条约或《伯尔尼公约》意义下的传播;并且,第 8 条中的任何内容均不得理解为阻止缔约方适用第 11 条之二第 2 款。该声明的目的在于澄清互联网的接入服务提供者的责任

三、摄影作品的保护期限

WCT 第 9 条规定,对于摄影作品,缔约各方不得适用《伯尔尼公约》第 7 条第 4 款的规定。《伯尔尼公约》将摄影作品的保护期限缩短为从完成之日起 25 年。该条约认为这种缩短保护期的规定是"不当歧视",故不适用《伯尔尼公约》的该条规定。TRIPS 协定未对摄影作品的最低保护期作出规定,因此被认为成员仍可以适用《伯尔尼公约》的规定。WCT 在这一点上的保护标准高于 TRIPS 协定。

四、限制与例外

根据 WCT，缔约各方在某些特殊的、不与作品的正常利用相抵触、也不无理地损害作者合法利益的情况下，可在其国内立法中对依本条授予文学和艺术作品作者的权利规定限制或例外。而且缔约各方在适用《伯尔尼公约》时，应将对该公约所规定权利的任何限制或例外限于某些特殊的、不与作品的正常利用相抵触，也不无理地损害作者合法利益的特殊情况。这里同样应用了《伯尔尼公约》第 9 条之二在确定哪些属于受允许的限制与例外时所运用的"三步标准"。与之不同的是，《伯尔尼公约》的规定仅适用于复制权，而 WCT 第 10 条的规定应用于该条约以及《伯尔尼公约》所包含的所有权利。这一规定与 TRIPS 协定第 13 条相同，后者将这一标准适用于其所规定的全部权利。

五、技术措施与权利管理信息

对于作品数字化应用，特别是在互联网上的应用，如果不采用必要的技术保护措施或者权利管理信息，以许可或者监督他人的使用，则著作权可能就无法有效地实现。WCT 为此专门作出规定。

1. 技术措施。WCT 第 11 条规定，缔约各方应规定适当的法律保护和有效的法律补救办法，允许作者为行使本条约所规定的权利并对就其作品进行未经该有关作者许可或未由法律准许的行为加以约束，而采取有效的技术措施。

2. 权利管理信息。WCT 第 12 条第 1 款规定，缔约各方应规定适当和有效的法律补救办法，制止任何人明知或就民事补救而言有合理根据知道其行为会诱使、促成、便利或包庇对本条约或《伯尔尼公约》所涵盖的任何权利侵害而故意从事的以下行为：一是，未经许可去除或改变任何权利管理的电子信息；二是，未经许可发行，为发行目的进口、广播或向公众传输明知已被未经许可而去除或改变权利管理电子信息的作品或作品的复制品。

第三节 《世界知识产权组织表演和录音制品条约》的主要内容

WPPT 共分 5 章 33 条：第 1 条到第 23 条（第 21 条除外）是实质性条款，

第二十七章　《世界知识产权组织版权条约》与《世界知识产权组织表演和录音制品条约》

第 21 条以及第 24 条到第 33 条是行政管理条款。此外，还附有"议定声明"10 条。

一、条约与其他公约的关系

WPPT 与其他公约的关系主要体现在其独立性和与其他公约的互补性上。

首先，WPPT 是一个独立的条约。根据 WPPT 第 1 条的规定，该条约与任何其他条约没有任何关联，也不得依据该条约损害依其他条约产生的权利和义务。这表明 WPPT 既不是《罗马公约》框架内的国际公约，也不是《伯尔尼公约》框架内的国际公约。它是一个专门针对表演者和录音制品制作者权利的独立条约，旨在强化数字技术和网络技术环境下这两类主体的保护。

其次，虽然 WPPT 是独立的，但它并不减损缔约方依据其他公约，如《罗马公约》所承担的义务。同时，WPPT 对于表演和录音制品的保护，也不影响文学艺术作品已经享有的版权。实际上，WPPT 在表演和录音制品的保护方面，提供了一些高于《罗马公约》的标准。因此，可以视为是对《罗马公约》的一种补充和提升。

最后，WPPT 还与其他国际公约在共同目标上相呼应，即促进知识产权的保护和利用，推动文化产业的繁荣发展。虽然 WPPT 与其他公约在具体条款和适用范围上可能存在差异，但它们在推动知识产权保护、促进文化创新和发展方面都具有重要意义。

二、保护的范围

WPPT 保护的范围体现在以下两个方面：

1. 保护的主体范围。WPPT 保护属于缔约方国民的表演者和录音制作者。国民的范围适用《罗马公约》的相关规定。根据 WPPT 第 2 条的规定，表演者是指文学艺术作品或民间文学艺术作品进行表演的人。相比《罗马公约》的定义，WPPT 重点强调了民间文学艺术作品。

2. 保护的对象范围。WPPT 保护的对象包括表演和录音制品。WPPT 与《罗马公约》一样，针对的是对作品的表演。录音制品强调对表演的声音、其他声音或者声音代码的固定，不包括电影或其他视听作品。

三、保护的权利内容

（一）表演者的权利

WPPT 第 5 条~第 10 条为表演者提供了全面而细致的权利保护，涵盖了从人身权到经济权利的多个方面，确保了表演者在数字时代能够充分维护其合法权益。

1. 表演者的人身权。根据 WPPT 第 5 条的规定，对于现场表演或是以录音物固着的表演，有权要求承认其系该表演的表演者，可以在表演时或是录音制品上标明其姓名。同时，表演者有权反对任何对其表演进行损害其名誉的歪曲、篡改或其他修改。

2. 对其尚未录制的表演的权利。表演者对其尚未录制的表演，有权授权以广播的方式向公众传播，但再次广播不在此限；表演者对其尚未录制的表演，有权授权以其他无线传送的方式向公众提供，使公众可以在其各自选择的时间和地点获得这些表演；表演者对其尚未录制的表演，有权决定将其固定在任何物质载体上。

3. 复制权。表演者应享有授权以任何方式或形式对其以录音制品录制的表演直接或间接地进行复制的专有权。

4. 发行权。表演者应享有授权通过销售或其他所有权转让形式，向公众提供其以录音制品录制的表演的原件或复制品的专有权，但有关权利用尽的条件，由各缔约国自由规定。

5. 出租权。表演者应按缔约各方国内法的规定，享有授权他人将其以录音制品录制的表演的原件或复制品向公众进行商业性出租的专属权利。

6. 提供已录制表演的权利。此项权利规定于 WPPT 第 10 条。表演者享有授权他人通过有线或无线的方式，包括通过计算机网络，向公众提供其以录音制品录制的表演，使公众可以在其各自选择的时间和地点获得这些表演的权利。这实际上是一种信息网络传播权，是表演者在数字时代的重要经济权利之一。

（二）录音制作者的权利

WPPT 第 11 条~第 14 条对录音制作者的权利提供了全面而具体的保护，涵盖了复制权、发行权、出租权以及提供录音制品的权利等多个方面。这些权利的保护有助于维护录音制作者的合法权益，促进录音制品产业的繁荣和

第二十七章　《世界知识产权组织版权条约》与《世界知识产权组织表演和录音制品条约》

发展。

1. 复制权。录音制作者有权授权他人以任何方式或形式对其录音制品进行直接或间接的复制。这一权利是录音制作者最基本的权利之一，它确保了录音制作者能够控制其录音制品的复制行为，防止未经授权的复制和传播。

2. 发行权。录音制作者有权授权他人通过销售或其他所有权转让形式向公众提供其录音制品的原件或复制品。这一权利使得录音制作者能够控制其录音制品的发行渠道和方式，确保录音制品能够合法、有序地进入市场，并从中获得经济收益。

3. 出租权。录音制作者有权授权他人对其录音制品的原件或复制品进行商业性出租。这一权利保护了录音制作者在录音制品出租市场上的利益，防止了未经授权的出租行为对录音制作者造成经济损失。

4. 提供录音制品的权利。录音制作者有权授权他人通过有线或无线的方式向公众提供其录音制品，使公众能够在其个人选定的地点和时间获得这些录音制品。这一权利体现了录音制作者对其录音制品传播方式的控制，有助于保护录音制作者免受未经授权的在线传播行为的侵害，并促进录音制品的合法传播和利用。

（三）共同条款

WPPT 第 15 条~第 23 条的规定作为共同条款，适用于表演者和录音制品制作者，具体包括以下内容：

1. 因广播和向公众传播获得报酬的权利。表演者和录音制品制作者应享有因商业目的发行的录音制品及其复制品直接或间接地用于广播或对公众的传播而获得一次性合理报酬的权利。各缔约方国内法可以规定，该一次性合理报酬应由表演者或录音制品制作者或由双方共同向用户索取。这一条款确保了表演者和录音制品制作者能够从其作品的广播和向公众传播中获得经济回报，体现了对其劳动成果的尊重和保护。

2. 限制与例外。WPPT 允许各缔约方的国内立法规定对表演者和录音制品制作者的保护方面的限制与例外。这些限制与例外通常与国内法中对作品著作权保护所规定的限制或例外属于相同种类，且限于某些特殊的、不与录音制品正常利用相抵触，也不无理地损害表演者或录音制品制作者合法利益的情况。

3. 保护期限。表演者权的保护期，应从表演录音制品录制之年的年终算起，至少持续到 50 年期满时为止。录音制品制作者权的保护期，应从该录音制品发行之年的年终算起，至少持续到 50 年期满为止；如果录音制品从录制完成时起 50 年未被发行，则应从录制完成之年的年终起至少持续 50 年。

4. 对技术措施和权利管理信息的保护。技术措施是指用于防止、限制未经权利人许可浏览、欣赏作品、表演、录音录像制品或通过信息网络向公众提供作品、表演、录音录像制品的有效技术、装置或部件。权利管理信息是指识别作品、表演、录音录像制品，以及作者、表演者、录音录像制作者，或关于作品、表演、录音录像制品的权利的信息，和代表此种信息的任何数字或代码。WPPT 要求各缔约方规定适当的法律保护和有效的法律补救办法，制止规避由作者为行使本条约所规定的权利而使用的、对就其作品受本条约保护的有效技术措施进行规避的行为，以及制止未经许可而以商业目的进口、销售或以其他方式提供已被规避技术措施的录音制品。

5. 手续。表演者与录音制品制作者无需履行手续即自动获得保护。

6. 适用的时限。根据 WPPT 第 22 条的规定，缔约各方应将《伯尔尼公约》第 18 条条关于公约溯及力的规定比照适用于其所规定的表演者和录音制作者的权利。但对本条约第 5 条关于表演者精神权利的规定的适用限于在本条约对该缔约方生效之后进行的表演。

思考题：

1. 《世界知识产权组织表演和录音制品条约》与其他公约的关系是什么？

2. 《世界知识产权组织版权条约》以及《世界知识产权组织表演和录音制品条约》对我国著作权立法有何重要影响？

参考文献

1. 习近平：《全面加强知识产权保护工作 激发创新活力推动构建新发展格局》（2020年11月30日），载《求是》2021年第3期。
2. 习近平：《在中国科学院第十九次院士大会、中国工程院第十四次院士大会上的讲话》（2018年5月28日），人民出版社2018年版。
3. 习近平：《决胜全面建成小康社会 夺取新时代中国特色社会主义伟大胜利—在中国共产党第十九次全国代表大会上的报告》（2017年10月18日），人民出版社2017年版。
4. 冯晓青主编：《知识产权法热点问题研究》，中国政法大学出版社2021年版。
5. 王迁：《知识产权法教程》，中国人民大学出版社2019年版。
6. 沈世娟：《知识产权法原理与案例》，中国政法大学出版社2019年版。
7. 孙志伟、王春艳：《创新创业知识产权教程》，经济科学出版社2018年版。
8. 刘春田主编：《知识产权法学》，高等教育出版社2022年版。
9. 张玉敏主编：《知识产权法学》，法律出版社2017年版。
10. 吴汉东主编：《知识产权法学》，北京大学出版社2011年版。
11. 刘春田主编：《知识产权法》，高等教育出版社2015年版。
12. 郑成思主编：《知识产权法教程》，法律出版社1993年版。
13. ［西］德利娅·利普希克：《著作权与邻接权》，联合国教科文组织译，中国对外翻译出版公司2000年版。
14. ［荷］博登浩森：《保护工业产权巴黎公约解说》，汤宗舜、段瑞林译，专利文献出版社1984年版。
15. ［美］弗雷德里克·M.阿伯特、［瑞士］托马斯·科蒂尔、［澳］弗朗西斯·高锐：《世界经济一体化进程中的国际知识产权法》（上册），王清译，商务印书馆2014年版。
16. 世界知识产权组织：《保护文学和艺术作品伯尔尼公约：（1971年巴黎文本）指南》，刘波林译，中国人民大学出版社2002年版。
17. 郑成思：《WTO知识产权协议逐条讲解》，中国方正出版社2001年版。
18. 孔祥俊：《WTO知识产权协定及其国内适用》，法律出版社2002年版。
19. 郑成思：《知识产权与国际贸易》，人民出版社1995年版。
20. 熊琦：《著作权激励机制的法律构造》，中国人民大学出版社2011年版。

21. 李琛：《著作权基本理论批判》，知识产权出版社 2013 年版。
22. 曾青未：《演绎作品保护中的独创性与利益分配》，载《四川大学学报（哲学社会科学版）》，2024 年第 1 期。
23. 冯洁涵：《全球公共健康危机、知识产权国际保护与 WTO 多哈宣言》，载《法学评论》2003 年第 2 期。
24. 丁碧波：《国际化背景下专利主张实体诉讼行为的规制》，载《电子知识产权》2019 年第 5 期。
25. 毛昊、刘夏：《经济学视角下中国专利无效制度的改革路径》，载《知识产权》2020 年第 10 期。
26. 朱乃肖、黄春花：《开放式创新下的企业知识产权运营初探》，载《改革与战略》2012 年第 2 期。
27. 蒋舸：《专利非实施主体诉讼中损害赔偿规则的适用》，载《知识产权》2020 年第 11 期。
28. 张体锐：《知识产权非实施行为的法律规制》，载《知识产权》2019 年第 7 期。
29. 吴汉东：《专利间接侵权的国际立法动向与中国制度选择》，载《现代法学》2020 年第 2 期。
30. 王宝筠、李少军：《专利间接侵权的理论分析及现实解决方案》，载《河北法学》2017 年第 10 期。
31. 张其鉴：《我国专利间接侵权立法模式之反思——以评析法释［2016］1 号第 21 条为中心》，载《知识产权》2017 年第 4 期。
32. 郑万青：《论知识产权与传统资源权的冲突及其全球治理》，载《浙江学刊》2007 年第 5 期。
33. 黄玉烨：《知识产权利益衡量论——兼论后 TRIPS 时代知识产权国际保护的新发展》，载《法商研究》2004 年第 5 期。
34. 尹志锋等：《知识产权保护与企业创新：传导机制及其检验》，载《世界经济》2013 年第 12 期。
35. 王博雅：《知识产权密集型产业国际竞争力问题研究及政策建议》，载《知识产权》2019 年第 11 期。